读客®

轻学术文库

既严肃严谨又轻松好看的学术书

英国为什么分为英格兰、苏格兰、威尔士和北爱尔兰

［英］奈杰尔·索尔 编

贾 慧 译

海南出版社
·海口·

The Oxford Illustrated History of Medieval England, First Edition was originally published in English in 1997. This translation is published by arrangement with Oxford University Press. Dook Media Group Limited is responsible for this translation from the original work and Oxford University Press shall have no liability for any errors, omissions or inaccuracies or ambiguities in such translation or for any losses caused by reliance thereon.

中文版权：©2023 读客文化股份有限公司

经授权，读客文化股份有限公司拥有本书的中文（简体）版权

版权所有，不得翻印

图字：30-2023-051号

图书在版编目（CIP）数据

英国为什么分为英格兰、苏格兰、威尔士和北爱尔兰/
(英) 奈杰尔·索尔 (Nigel Saul) 编；贾慧译. —— 海
口：海南出版社，2023.12

书名原文：THE OXFORD ILLUSTRATED HISTORY OF
MEDIEVAL ENGLAND,FIRST EDITION

ISBN 978-7-5730-1286-9

Ⅰ.①英… Ⅱ.①奈… ②贾… Ⅲ.①英国 - 历史 -
通俗读物 Ⅳ.①K561.09

中国国家版本馆CIP数据核字(2023)第161468号

英国为什么分为英格兰、苏格兰、威尔士和北爱尔兰
YINGGUO WEISHENME FENWEI YINGGELAN、SUGELAN、
WEIERSHI HE BEIAIERLAN

作　　者　［英］奈杰尔·索尔（编）
译　　者　贾　慧
责任编辑　徐雁晖　　宋佳明
特约编辑　王　偲　　黄巧婷
封面设计　陈　晨
印刷装订　天津联城印刷有限公司
策　　划　读客文化
版　　权　读客文化
出版发行　海南出版社
地　　址　海口市金盘开发区建设三横路2号
邮　　编　570216
编辑电话　0898-66822026
网　　址　http://www.hncbs.cn
开　　本　710 毫米×1000 毫米　1/16
印　　张　17.5
字　　数　250千
版　　次　2023年12月第1版
印　　次　2023年12月第1次印刷
书　　号　ISBN 978-7-5730-1286-9
定　　价　75.00元

如有印刷、装订质量问题，请致电010-87681002（免费更换，邮寄到付）
版权所有，侵权必究

目 录

编者序

　　近年来，研究中世纪英格兰史的历史学家越发意识到从"不列颠"角度出发研究英格兰史的重要性。越来越多的政治史研究将研究背景从单纯的英格兰范围扩大到了整个不列颠，而在社会和文化领域，R. R. Davies及J. Gillingham等学者则阐明了英格兰人与凯尔特人之间的关系对塑造大众身份所起的作用。本书聚焦于英格兰本身，主要出于两方面考量，一是实操层面，二是知识层面。首先在实操层面，组建一支撰写英格兰史的作者团队要比组建撰写整个不列颠群岛历史的作者团队更加容易。在当今越来越强调"术业有专攻"的时代，拥有必要专业知识并能够撰写英格兰及非英格兰历史权威性读物的学者屈指可数，一位专家一般只会深耕其中一个领域，难以二者兼得。其次在知识层面，中世纪，尤其是中世纪后期，是英国民族认同形成并加以巩固的关键时期。英格兰很早便建立起了中央集权的王室政府，这一点已经是老生常谈了，但英格兰在民族和政治边界的早期融合则非同寻常，值得我们关注。因此，中世纪英格兰史可能看起来范围过窄，却具有中世纪不列颠群岛史所缺乏的连贯性。

　　本书各章节按时间顺序排列，涉及不同主题。开篇为介绍性章节，概述英格兰政治身份的形成以及英格兰与外部世界来往的性质和程度。随后章节则按年代顺序，考察了约公元500年至15世纪末的英格兰政治史。其后章节探讨了大众信仰和教会生活，以及中世纪英格兰社会及经济史。本书最后章节则描述了英格兰在视觉艺术方面和语言与文学方面所取得的成就。

　　本书得以完成应当归功于多人的共同努力。首先是牛津大学出版社的Anne Gelling，从书籍构思至最终成型的每一步，她都时时予以关注。其次应当感谢Sandra Assersohn为本书寻找到了恰当的插图[1]。最后，我想对各章节作者表示感谢，他们彼此合作，造就了一个出色的团队；更重要的是，所有人都在规定日期前后完成了自己的工作。在此，我再次对所有人致以衷心感谢。

---

[1] 本书没有收录原插图。——编者注

| 第一章 |

中世纪英格兰：身份、政治和社会

NIGEL SAUL

比德[1]与英格兰的"诞生"

一个国家在真正成立之前，其国家概念往往早就存在了。如今的法国和德国在中世纪时就是如此，英国亦是如此。现存的最早证据表明，"英格兰"这一概念出现于盎格鲁-撒克逊时期。8世纪20年代或30年代，日耳曼人来到曾经的罗马行省不列颠尼亚（Britannia）并建立起王国后，圣卜尼法斯（St Boniface）详述了"英国人"的明显特点，即酗酒、通奸。诺森布里亚的埃蒂乌斯·斯蒂芬奴斯［Eddius Stephanus，即里彭的史蒂芬（Stephen of Ripon）］在其著作《圣威尔弗里德传》（*The Life of Saint Wilfrid*）中写道，主教威尔弗里德在里昂得以免除死刑是因为人们发现他

---

[1] 诺森布里亚的比德（Bede，古英语中为Bæda或Bēda，天主教译圣伯达，圣公会译圣贝德。672／673年—735年5月26日），英国盎格鲁-撒克逊时期编年史家及神学家，亦为诺森布里亚本笃会的修士；撰有拉丁文著作《英吉利教会史》，被尊称为"英国历史之父"。——译者注（本书脚注如无特别说明，均为译者注）

是"来自不列颠的英国人"（de Anglorum gente ex Britannia）。7世纪末8世纪初作于惠特比的未署名著作《格雷戈里传》（*Life of Gregory*）中写道，末日审判当天，教皇格雷戈里（Pope Gregory）引领英国人（gentem Anglorum）见到了上帝。

英国国家概念早在8世纪就已经存在，着实令人惊讶。我们所称的盎格鲁-撒克逊人四分五裂，而且他们的地理起源本就各不相同。比德在其著作中将盎格鲁-撒克逊人分为了三个族群——源自如今石勒苏益格（Schleswig）的盎格鲁人（Angles）、源自萨克森州（Saxony）的撒克逊人（Saxons）以及源自日德兰半岛（Jutland）的朱特人（Jutes）。他们没有统一的行政管理体系。据比德描述，各民族有行使统治权的统治者，如同王国的国王一样，但是这种管辖权从客观事实来讲几乎并不存在，只存在于旁观者眼中而已。我们可以发现，早期的中世纪英格兰，只是一个地理概念，所以作为国家的英国概念到底是如何形成的呢？

有人认为这个概念最初是由教皇格雷戈里（无意间）创造出来的，《格雷戈里传》中有一则家喻户晓的故事，即格雷戈里在罗马市场上看到了几个来自英格兰的奴隶，说他们"不是英国人，是天使"（non Angli sed angeli）[1]。很有可能格雷戈里这番话广泛流传，为众人所知。不过在格雷戈里之前，入侵不列颠的日耳曼人就已经被称为撒克逊人了，后来则普遍称他们为"Angli"（English），所以格雷戈里这样说也并非巧合。还有迹象表明，坎特伯雷的基督教会可能给英国国家概念的传播带来了影响。教会希望能够吸引所有盎格鲁人和撒克逊人皈依基督教，因此大力推动一个聚合的英国国家概念。比德在撰写《英吉利教会史》（*An Ecclesiastical History of the English People*）[2]时大部分参考资料都来源于坎特伯雷大教堂，给他提供资料的诺瑟姆（Nothelm）后来成了坎特伯雷大主教。从《英吉利教会史》的书名可以看出，比德无意间受到了坎特伯雷

---

[1] Angli本义指盎格鲁人，在此泛指英国人。

[2] 又作*An Ecclesiastical History of the English Nation*。

思想的影响，而且书中谈及不列颠统治者的部分也表明比德已经将不列颠看作一个国家整体，他谈到统治者们对于整个英格兰岛具有统治权。《英吉利教会史》在当时获得了极高的赞誉，其广泛传播也有助于比德及坎特伯雷的思想得到普遍认同。

8世纪、9世纪时，"英国"的概念有多么深入呢？从政治角度看，英格兰仍未实现统一，人们依然忠于当地个人首领。虽然从7世纪起逐渐形成了规模更大的政权，例如7世纪中叶的诺森布里亚王国、8世纪的麦西亚王国，但此时的英格兰仍未有形成一个统一王国的迹象。转折点出现在9世纪末10世纪初，维京人入侵英格兰后，各王国领土重新进行了划分。此前维京人便一直间歇性地突袭英格兰，8世纪60年代，他们加大了进攻力度，英格兰东部及北部王国相继沦陷。871年，维京人转而对威塞克斯发起攻击，并在短短几年内便打到了王国内部。但878年，阿尔弗雷德（Alfred）在埃丁顿（Edington）击败了维京首领古思伦（Guthrum），维京人投降。接下来十年，阿尔弗雷德成了进攻的一方。至9世纪80年代甚至更早，他重新夺回了伦敦，899年阿尔弗雷德去世时，其在中部地区的地位已经得以巩固。阿尔弗雷德的儿子"长者"爱德华（Edward the Elder）继承了父亲的事业，在麦西亚扎稳了根基，并建立了一系列堡垒。10世纪30年代，阿尔弗雷德的孙子埃塞尔斯坦（Athelstan）将统治范围扩大到了北部，所以将埃塞尔斯坦看作第一位统一了整个英格兰的统治者也具有一定道理。与阿尔弗雷德和爱德华一样，埃塞尔斯坦也以建立人民共同的身份认同感为目标，所以他没有在所"解放"的地区重建王国，而是将其纳入了威塞克斯，威塞克斯的疆土得以拓展。正是通过不断吸纳和拓展，威塞克斯最终变为了英格兰。

阿尔弗雷德及其继任者一直致力于树立起自身的"英国"形象。自9世纪80年代末期起，阿尔弗雷德称自己为"盎格鲁-撒克逊国王"［rex Anglorum (et) Saxonum］。在和古思伦签订的协议序言中，阿尔弗雷德称自己的顾问是"所有英国族群的顾问"。而在教皇格雷戈里著作《教牧关怀》（*Cura Pastoralis*）的译本中，阿尔弗雷德在前言里一再提及"英国的"（Englishkind）和"英语"（*Angelcynn and Englisc*）。但除了强调英国概念，他同时一直也在强调英国的君主制根源于威塞克斯：在阿尔弗雷德影响下编成的《盎格鲁–撒克逊编年史》（*Anglo-Saxon Chronicle*）实际上就是一部赞扬威塞克斯王国先辈的赞美诗。作为君王，阿尔弗雷德其实也有些因循守旧，但他非常清楚，如果要形成抗击维京人的统一战线，就需要更广泛地激发起大家的"英国"或国家情怀。因此阿尔弗雷德将他们是"天选种族"的理念植入人心，并使人们对之深信不疑。他命人翻译了比德的作品，并由此获得了灵感。比德在书中讲述了英国人于公元600年前后皈依基督教的故事。几个世纪之后，维京人袭击掠夺英格兰时，基督教的遗留产物陷入危险之中。在阿尔弗雷德看来，英国人遭受这一切是因为同以色列人一样犯下了罪过，如今他们所遭受的种种痛苦都是应受的惩罚。以色列人通过忏悔救赎自己，英国人也应当如此。上帝选择了英国人来经受这项巨大考验，如果能通过考验，便可重新获得上帝的偏爱。阿尔弗雷德在自己的著作及命人翻译的比德作品中都传递了上述信息，并在法律法规中也进行了重申。就连描述西撒克逊人、麦西亚人及肯特人风俗习惯的作品序言也摘录了"摩西十诫"。遵从上帝的训诫于是变成了遵从"英国国王"的旨意，只有这样，未来所有"英国人"才能生存下来。

　　阿尔弗雷德的观念并未立即就为人所接受。在英格兰中部及东部地区，人们对威塞克斯的不断扩张普遍持质疑态度。此前，在与麦西亚王室成员打交道时，阿尔弗雷德不得不圆滑处世。而且同时代并不是所有人都将维京人视为侵略者。在很多人，甚至是威塞克斯人看来，与维京人之间的战争只是权力斗争而非生死存亡之战。同国家的形成一样，民族意识的形成过程漫长，障碍重重。但在10世纪时，这个过程得以加速，与维京人及苏格兰人的抗争显然加强了人们彼此之间的合作，促进了统一身份的构成。自阿尔弗雷德起，威塞克斯历任领导人雄心勃勃，取得了卓越的成就，增强了英国人民的民族自豪感。此时的统治者身份已经开始具有了"帝王"的含义，伍斯特特许状[1]中将统治者称为"帝王"，表明他们对于英国人民具有统治权。至11世纪初，英国政府已经从一定程度上采取了统一措施。11世纪20年代约克大主教沃夫斯坦起草的《克努特法》中，几乎没有体现出任何丹麦或麦西亚特征。不过在此之前，英格兰教会改革的蓝本《修道院协议》（*Regularis Concordia*）[2]就已经是适用于"英格兰所有民族修士及牧师"（Anglicae nationis monachorum sanctimonialiumque）的规定，说明其适用于整个英格兰。四分五裂的英格兰已经不复存在，一个统一的英格兰王国诞生了。

"英格兰"与"外族"

11世纪发生的一系列危机一再打断了英格兰或盎格鲁-斯堪的纳维亚帝国统一的进程。1016年，来自丹麦的克努特（Knud II den Store，995—1035）成为英格兰国王，威塞克斯家族的统治中断；1066年，威塞克斯最后一位英格兰国王哈罗德二世（Harold II）在黑斯廷斯战役中身亡，极具特色的威塞克斯王国灭亡。这两件大事使英格兰在很长一段时间内都成了一个联盟或大型"帝国"的组成部分，其统治者变为来自其他国家的"外国人"。

11世纪初期丹麦人对英格兰的统治也只是昙花一现，维持了不过两代人而已。甚至克努特仍在世时，其统治领域已经出现了明显的分裂迹象。1034年前后，挪威在奥拉夫二世（King Olaf）之子马格努斯（Magnus）的带领下实现独立。1035年克努特去世之后，瓦解进程加快，克努特与艾尔佛基弗（Ælfgifu）的儿子哈罗德一世（Harold I）继承了英格兰，另一个儿子哈德克努特（Harthacnut）则继承了丹麦，英格兰得以脱离丹麦。哈罗德去世后，弟弟哈德克努特继位，丹麦和英格兰再次统一，但

---

[1] 特许状（charter）是指国王及其他领主为授予某人在某地建立城市的资格而颁发的文件。

[2] 又名 *Monastic Agreement*，所以此处译为"修道院协议"。

哈德克努特去世后，两国再次分崩离析，再也没有实现统一。诺曼征服前的二十年，英格兰再次回到了威塞克斯家族的统治之下。

诺曼征服给英国带来的影响比以往更大更持久。一个很明显的原因是英格兰与诺曼底的关系比与丹麦的关系近得多，至少国王只需要穿越海峡就可以统治和管理两个地区。而还有一个原因是相对于此前其他外族的入侵，发生在1066年的诺曼征服对英格兰的入侵更加全面，诺曼人对英格兰进行统治的时间更长。诺曼征服后，英格兰本土势力仍未停止反抗，1070年前后，"征服者"威廉逐渐剥夺了英格兰旧贵族的土地，重新分封给了自己的部下。英格兰贵族阶层重新洗牌，全新的贵族阶层在海峡两岸都拥有土地，正是他们将两岸统治紧紧联系在了一起。1087—1135年，威廉的两个儿子争夺权势，英格兰与诺曼底一度分裂，也是靠贵族阶级才实现了两地的再次统一。对于贵族而言，只有如此才能避免面对一臣侍二主的难题。此外，英格兰教会的"诺曼化"也拉近了英格兰与诺曼底的关系，英格兰的教会组织变为依附于诺曼底主教堂的机构。还有人建议将英格兰变为诺曼人的殖民地，虽然英格兰究竟是否沦为殖民地还有待商榷，但此时的英格兰确实也体现出一些殖民社会的特征。

在极短的时间内，诺曼人的到来对英国传统文化价值造成了冲击。英语地位下降，法语成为上流社会用语，拉丁语则在很长一段时间内承担着政府用语的角色。在英格兰某些大教堂和修道院中，新任职的诺曼教士挑战了早期英格兰圣徒的神圣性，例如坎特伯雷大教堂的兰弗朗克（Lanfranc）从教会年历中删除了一些英国圣徒。但是近年来有证据表明，早在11世纪80年代，人们的态度就已经开始发生变化，诺曼人开始吸收英格兰文化，并与之融为一体。这种转变最早是通过对诺曼征服前的英国教派的尊重体现出来的，例如兰弗朗克恢复了英国圣徒的地位，他的继任者安瑟伦（Anselm）则更加积极地鼓励英格兰教派发展。英格兰的厄尔沃尔瑟夫（Earl Waltheof）虽被处死，但他的教派在克洛兰得到了修道院院长杰弗里（Crowland Abbot Geoffrey）的支持。英格兰圣徒的圣物移至坎特伯雷大教堂、达勒姆大教堂和圣奥古斯丁修道院等盎格鲁–诺曼教堂，并得到了相应的重视。人们普遍认同英格兰圣徒同样具有保护教会、抵御侵略者的力量。同一时期，英国人和诺曼人还推动了圣徒传记的发展。人们记录或改写英国古代圣徒的生平以适应新时代的要求。在诺曼征服之前便来到英国的佛兰德修士、圣贝尔唐修道院的哥斯连（Goscelin of St Bertin）为威尔顿的修女们撰写了伊迪斯（Edith）的生平，为伦敦主教撰写了沃尔夫希尔德（Wulfhilda）的生平。伍斯特（Worcester）主教沃夫斯坦去世后不久，英国人科尔曼（Coleman）便动笔记述了他的一生。坎特伯雷基督教堂的两个英国人——艾德玛（Eadmer）和奥斯本（Osbern）也一直保持着大教堂长期记录圣徒传记的传统。从越来越多的圣徒传记开始使用拉丁语书写能够看出，传记读者既有诺曼人也有英国人。这一点体现出了时代的变迁。

诺曼人对英格兰的过去的关注度与日俱增，极大地促进了文化融合。或许是由于政权尚不稳固，又或许是出于定居英格兰的需求，诺曼人很快便将英格兰此前的经历融入自身历史之中，奥德里克·维塔利斯（Orderic Vitalis）等该时期的主要编年史作家都意识到他们的传承受到了诺曼底和英格兰双方的共同影响。诺曼人杰弗里·盖玛（Geoffrey Gaimar）在12世纪30年代为林肯郡一位小领主的妻子撰写了一部历史作品，将诺曼征服之前的英格兰史纳入了诺曼史中。同样，许多著名的英格兰作家也对诺曼史表现出兴趣，例如里沃兹修道院院长艾尔雷德（Ailred of Rievaulx）在描述1138年的圣旗之战（battle of the Standard）时，引用了沃尔特·埃斯佩克（Walter Espec）讲述诺曼人背井离乡在西西里岛和卡拉布里亚地区英勇作战的演讲作为序言。至12世纪，还有几位作家对不列颠史表现出兴趣，例如：亨廷顿的亨利（Henry of Huntingdon）向读者介绍了亚瑟王的一生，热情洋溢地讲述了亚瑟王经历的战役；同时代作者蒙茅斯的杰弗里（Geoffrey of Monmouth）则描写了不列颠神话，展现出异国风情。杰弗里的作品主要是娱乐读物，向新兴的盎格鲁–诺曼精英阶层展现了他们一直渴望的、充满浪漫主义色彩的过去，满足了这一阶层的精神需求。此外，杰弗里的作品还向统治者们展现出了不列颠历代先辈比法国国王们更加辉煌、不可思议的过去。

至12世纪中叶，英格兰再次被塑造成了一个统一的民族。虽然在接下来的两个世纪中，贵族和佃农仍然使用着不同语言，但人们已经倾向于将各种不同背景的人都称为英格兰人，且这种倾向性越来越强。在统一初期，正如历史上经常发生的那样，人们对此持消极态度。英格兰人认为，与居住在西面的凯尔特邻居相比，自己与众不同，因此有一定优越性。索尔兹伯里的约翰（John of Salisbury）在12世纪50年代写道，威尔士人"粗鲁无礼，像野兽一样生活；虽然名义上他们宣称自己是基督徒，但从生活方式来看，他们并未能像基督徒一样生活"。威尔士的杰拉德（Gerald de Barri）在描述爱尔兰人时同样措辞严厉，他写道："他们如此野蛮，所以我们根本无法说他们具有任何文化……他们像野兽一样生活，依然过着草原上的原始生活，同野人一般。"英格兰人之所以具有这种优越感，可能是因为他们一直认为英格兰经济更为发达。至12世纪中叶，英格兰的经济发展水平的确远高于凯尔特地区。英格兰人的生活水平相较于凯尔特人而言也更高，他们的饮食更好，农作物收成也更好。英格兰人心知自己的生活环境更加富有、更为文明，他们之所以愿意说法语，是因为法语当时正在成为全欧洲共同使用的通用语言。只有在面对国王是法国人而他们是法国国王的臣民这一事实时，英格兰人才会感到自卑。去过法国的英格兰人经常感叹法国人是多么幸福，臣民与国王之间的关系是多么融洽，正如索尔兹伯里的约翰所写的那样："越过大海，我似乎感觉连风都（比英格兰的）更加轻柔了；我发现法国之富庶，各方面物质之充足，令人满心欢喜。法国人民怡然自得。"此前法国从未令约翰感到自卑，他曾自豪地写道："法国人对我们的国王既恨又怕。"但此时的法国，巴黎学校蓬勃发展，大教堂纷纷落成，约翰认识到了法国的成就，身处卡佩王朝治下的法国，他明白这才是文明之地。

约翰所处的时期，欧洲各国的国家身份尚在形成阶段，"国家身份"的概念还比较模糊。政权界限与民众交往界限并不重合，人们对领主和领土的忠诚度一样高。各国形成明确的国家身份的速度并不一致，就英格兰而言，在约翰统治初期，因失去位于法兰西的大部分领地，这一进程得以大大加速。1204年，诺曼底重新为法兰西王国所有，英格兰与自己在欧洲大陆最亲密的伙伴决裂。社会政治变得独立自主，盎格鲁-诺曼贵族经"英国化"，实际上也变成了英国贵族。这一转变在政治用语中也有所体现：贵族和骑士阶级不再像以前那样谈及半封建社会下的话语，如"继承""自由权"等，他们谈论得更多的是国家和群体。1258年，贵族和骑士阶级在给亨利三世的请愿书中要求将城堡分给"英格兰王国本土的忠诚的人"；并且在相关文件中，他们要求女性不得嫁与"不属于英格兰王国的人"。1258年危机爆发的一个主要原因便是，人们抗议亨利三世王廷偏爱其他国家出身的大臣。从某方面来看，之所以出现这种反对声音，表层原因是英国民族情感日益发展，但其实暗含的原因来自国王宠臣与不受宠大臣之间的派系斗争。亨利三世的宠臣主要是来自吕西尼昂家族（the Lusignans）的他同母异父的弟弟们，由于他们来自法国，所以属于"外族人"，这就成了反对派用于驱逐他们的攻击点。此时人们对于"外族人"的抱怨是否应该按字面意思理解还有待商榷，毕竟吕西尼昂家族成员威廉·德·瓦朗斯（William de Valence）的扈从大多还是英国人，但"外族"问题的确已经在政界引起了大家的讨论，这具有重要意义。此前的种族区分已经为新的划分所取代。

英格兰与世界

亨利三世的宠臣来自外族这一事实提醒了我们，中世纪的英格兰从未与外界隔绝。虽然从地理上看，英格兰与欧洲大陆是分开的，但双方一直保持着密切联系。中世纪所有主要的文化运动（加洛林文艺复兴、十字军东征、12世纪的修道院改革等）都深受英国影响；与此同时，欧洲大陆对于英国的创造艺术，尤其是文学、宫廷文化和视觉艺术也产生了重要影响。

英格兰与欧洲大陆之间的联系在早期表现得非常明显，早在公元600年之前，英格兰东南部就与法兰克王国建立起了紧密的联系。肯特东部的墓穴中发现了来自法兰克的商品，在肯特宝库中还发现了来自波尔多地区的墨洛温王朝金币，这都说明了两国之间早已存在贸易往来。两国政治往来始于6世纪60年代，肯特国王埃塞尔伯特（Æthelbert）娶了墨洛温王朝国王查理贝尔特一世（Charibert Ⅰ）的女儿伯莎（Bertha）为后。6世纪90年代起，奥古斯丁（Augustine）前往英格兰传播福音。埃塞尔伯特皈依基督教后，英格兰与欧洲大陆的联系愈加频繁。英格兰（或英国）传教士为欧洲大陆的福音传播做出了贡献。6世纪90年代，一位英国修士圣高隆邦（Columbanus）曾前往法兰克的吕克瑟伊莱班（Luxeuil）并在那里建立了一座修道院。7世纪90年代，诺森布里亚的威利布罗（Willibrord）在弗里西亚（Frisia，现今的荷兰）建立了主教辖区。8世纪初期，比他更年轻的卜尼法斯承接了先辈的工作，在德国布道并建立了富尔达修道院（abbey of Fulda）。上述由传教士们建立的宗教联系和外交往来往往是在建立起贸易联系之后才形成的。至中世纪早期，英国商人的足迹几乎已经遍布了欧洲所有地方。通过萨顿胡（Sutton Hoo）船葬中的随葬品，我们可以直观地感受到当时货物贸易的种类有多么丰富。随葬品中包含了来自罗马的金属牌、墨洛温王朝的金币和拜占庭的银质勺子、餐盘。不列颠群岛虽然地处欧洲边缘，却一直参与欧洲大陆的贸易往来，并与大陆国家进行物品互换。

诺曼征服之后，英格兰对外交往的方向有所转变。此前，英格兰与挪威和丹麦来往频繁，如今减少了与它们的联系，转而加强了与欧洲大陆，尤其是法语国家的往来。这种转变既是诺曼征服带来的直接结果，同时也是席卷欧洲的各种运动的产物。一方面，诺曼征服将英格兰与其南部邻国结为一个政府；另一方面，自教皇格雷戈里七世（Gregory Ⅶ）起，教皇权力越来越大，并确立了自己处于精神王国中心的地位，越来越多的人前往罗马与教皇做生意并寻求他们的支持。欧洲大陆建立起"学校"，即最初的大学，也吸引了人们从英格兰前往南方。例如学者罗伯特·普伦（Robert Pullen）在巴黎教学，而后来成为伊夫舍姆（Evesham）修道院院长的莫尔伯勒的托马斯（Thomas of Marlborough）则在博洛尼亚学习。我们不应脱离大环境孤立地看待诺曼征服及其影响，诺曼征服很有可能只不过是加速了已经开始了的进程而已，因此有人认为诺曼征服最大的影响就是拓宽了贵族和普通教徒的眼界。此时出生于英国的人其实可以在安茹王朝的非英语地区任职，例如索海姆的罗伯特（Robert of Thornham）曾先后被亨利二世派至安茹和阿基坦地区负责当地事务。此外，亨利二世多次通过联姻结盟，为效力于他的普通信徒创造了机会。例如亨利的女儿琼安（Joan）与西西里岛的威廉（William of Sicily）结婚后，塞尔比的罗伯特（Robert of Selby）成了西西里王国的大法官、理查德·帕尔默（Richard Palmer）成了锡拉库萨（Syracuse）主教。

后来安茹王朝终结，但其对英国与欧洲大陆的往来影响甚微，英国国王仍然是法国西南部阿基坦地区的统治者。而且自1259年起，英国国王的地位同法国国王相当。后续继任的国王都通过血缘关系或婚姻联结同欧洲各王室保持了联系，例如：亨利三世娶了普罗旺斯伯爵的女儿为后；爱德华一世娶了卡斯蒂利亚王国（Castile）的公主为后，1299年后又迎娶法国国王的妹妹；十年后，爱德华二世与法国王室联姻，爱德华三世则与埃诺伯爵的女儿联姻。通过联姻，许多来自其他国家的家族融入了英格兰的统治之中，以与亨利三世具有一半相同血统的吕西尼昂家族为例，13世纪40年代至14世纪20年代，该家族都活跃在英格兰政界；14世纪爱德华一世和爱德华三世统治期间，萨瓦骑士（Savoyard knight）奥托一世（Odo de Grandson）及其侄子约翰成了政界的活跃分子。除了政治联系，文化交流也将欧洲统治阶层的精英们联系在了一起。国王和贵族们常具有同样的品位,阅读同一类文学作品,保留着同样的礼节。他们无意间都接受了骑士精神,所以在彼此打交道时想法相近或相同。骑士精神的广泛传播促使欧洲精英阶层横向形成了团结一致的阵线;而从纵向来看,民族团结则在向着相反方向发展。

让·弗鲁瓦萨尔(Jean Froissart)的《大事记》清楚地表明,直至中世纪末期,骑士精神都起到了将欧洲各国上流社会团结在一起的作用。但13世纪末,由于欧洲北部爆发了一系列血战,人们的态度发生了明显转变。传统的横向团结阵线逐渐瓦解,民族精神得以加强。在塑造英国人的自我身份认同感的过程中,两场战争——分别与苏格兰和法国的战争起到了重要作用。苏格兰抗英战争的根源在于爱德华一世企图统治苏格兰,战争自13世纪90年代开始,持续了近半个世纪;而我们常称为"百年战争"的英法战争持续时间更长,从苏格兰战争逐渐平息时开始,断断续续打了超过一个世纪。正是这两场持久、频繁的战争推动了英国人民民族意识的发展。英格兰国王利用这种民族意识赢得了人民的支持以发展自己的事业。爱德华一世在君主制诰[1]中谴责法国人曾试图彻底消灭英语,亨利五世则鼓励臣民们相信自己是天选之民。民族意识得以培育的同时,骑士精神横向联结欧洲各国精英阶层的功能日益衰减,各国逐渐形成了自己的骑士团(order of chivalry)。爱德华三世在1348年前后设立了嘉德勋章(Order of the Garter),要求获得勋章的骑士只对君主尽忠,该模式使得其他国家纷纷效仿。随后其他国家也纷纷设立了类似的骑士勋章或骑士团,如法国的星令勋章(Order of the Star)、勃艮第的金羊毛骑士团(Order of the Golden Fleece)等,均要求成员履行相似的职责。骑士团的成立提高了人们对王室及国家的忠诚度,削弱了欧洲各国横向的骑士精神联结。

---

[1] letters patent,也称为"专利特许证"或"专利证书",是由国家或者国家元首签发的法律文书,以一页公开信模式授权、设立及确立某官方组织,授予某人某种特殊权利,以至授予某人职位、地位或头衔。直译是"公开文书"的意思,此类制诰仅用于颁布需要对公众公开的任命、授予、设立等,与之对应的是非公开文书,意思为只准收信人读的君主密诏(a closed letter)。

至15世纪中后期，英国贵族与欧洲大陆之间的文化纽带及家族联系日渐薄弱，各国君主之间政治联盟、跨国联姻也逐渐减少。从公元200年到1420年，每一位英国王后都是来自其他国家，但此后的九十年间，越来越多的国王在选择王后时将范围限定在本国贵族阶层，除亨利六世之外，其他国王迎娶的王后均来自英国本土。这也与英国当时自身情况有关：约克王朝和都铎王朝（Tudor dynasty）都起源于贵族阶级，所以君主也需要巩固与贵族之间的联系。从联姻情况改变，也可以看出英国与欧洲其他国家的结交范围日渐缩小，曾经在欧洲占据的主导地位也不复存在。1450年后，英国国王几次试图恢复英国地位。例如1475年，爱德华四世追随亨利五世的脚步，率军前往法国。但英国参与争夺欧洲大陆的时代早已过去，至16世纪，角逐主要在哈布斯堡王朝（Habsburg）和瓦卢瓦王朝之间展开，金雀花王朝已不再是重要参与方。

英格兰教会

如果有一个组织能够跨越国界将人们聚集在一起，那一定是教会。教会接纳所有信徒，其成员广泛存在于社会之中，从这个角度来看，教会便是一个普世组织。人一生中会经历的基本仪式，如洗礼、婚礼及去世后的赦罪礼等，都是由教会定义并设立规范的。

教会的团结统一通过教皇至高无上的领导地位得以体现，教皇是基督在世间的使者，也是圣彼得[1]的直接继任者。至13世纪，教皇的影响力已经遍布欧洲每个角落，干涉各国内政、对各国教会征税、赞助十字军东征、召开大公会议（General Council）等。但是三个世纪之前，教皇也只

---

[1] St Peter，天主教中文译"伯多禄"或"伯铎"，正教中文译"裴特若"，唐朝景教译"岑稳僧伽法王"。基督教创始者耶稣所收的十二使徒之一、初代教会的核心人物之一。天主教会认为他建立了罗马教会，是罗马教会的第一位主教，也就是天主教会第一任教宗。

不过是罗马元老院各方势力角逐之时拉拢的对象而已。三个世纪里，教皇的权力得到了极度的扩张，背后有多方面原因，第一个也是最关键的原因是11世纪末期教皇在与王权的权力斗争中取得了胜利，此后很长一段时间，王权式微。第二个原因是12世纪十字军东征兴起，该运动由教皇发起，促使教皇征税。第三个原因是教会法（canon law）及诉讼程序得到了发展，要求起诉人及诉讼当事人前往罗马完成诉讼，并使教皇在司法体系中占据了领导地位。得益于种种原因，教皇得以将地方教会更加紧密地联系在一起、统一基督教世界并在处理相关事务时实现自己的主张。

13世纪，教皇"分发"圣俸或直接任命有俸圣职（benefice），体现出其对掌握最高统治权的渴望。最初教皇只是意图改革和开设座堂圣职团（cathedral chapter）；至13世纪，为教皇服务的官僚日益增多，教皇需要为他们寻求奖励，于是进一步发展了圣俸制度。1265年，教皇诏书（*Licet Ecclesiarum*）规定罗马教廷（papal curia）神职人员去世后其圣俸及相关福利为教皇所有。14世纪20年代，约翰二十二世（John XXII）在通谕（*Ex Debito*）中将范围进一步扩大，规定所有在罗马获得圣职的红衣主教（cardinal）及主教，以及身处两天行程能到达罗马的地方的神职人员，去世后其圣俸及相关福利为教皇所有。通过上述举措，教皇圣职授职的模式得以迅速扩大，克莱孟五世（Clement V）平均每年任命8人，约翰二十二世约40人，30年后的克莱孟六世（Clement VI）则平均每年授予60人高级教职和42人教区圣职。据估计，克莱孟六世担任教皇的10年间，总计任命了超过1600位神职人员。

圣职授职权使教皇能够进行人事任免，成为让教皇手握巨大权力的有效工具，但该权力同时也破坏了人们对于教皇的尊重，并使其卷入了派系争端。国王及贵族等自上而下的圣职推荐人[1]发现他们的需求或被无视

---

[1] "一般来说，某一份圣俸是由某一份教产的所有人提供的。依照中世纪教会的传统，教产所有人拥有教职提名权，称为圣职推荐人。"刘城：《英国中世纪教会研究》，首都师范大学出版社，1996年，第56页。

或遭到否决，而通过正常渠道得以任职的神职人员则发现自己的权益被剥夺。因此相较于欧洲其他地方，英格兰反对教皇圣职授职的呼声最高、引起的争议最大。14世纪，英国下议院对于教皇授职进行了强烈谴责，并在1307年的克莱尔议会（Carlisle parliament）上首次公开反对，提交了一份反对教皇授职及英国财产外流的请愿书。1309年，大贵族们向克莱孟五世发出了一封抗议信。1343年4月，下议院和世俗领主一起抗议向外国人授予圣职。1344年、1346年及1347年的议会上，议员们再次提交请愿书，以示抗议和反对。爱德华三世利用人们的激烈反对情绪迫使教皇做出让步。1351年，爱德华三世批准了《圣职授职法令》（Statute of Provisors），规定如果圣职任命侵犯了圣职推荐人的权利，国王作为地位最高的赞助人，有权进行干预，并有权在职位空缺时进行任命。教皇对该法令得以通过感到非常恼怒，一直致力于将其废除，但在一定程度上也表现出妥协的态度。14世纪中后期，教皇及国王双方都做出了让步。国王承认教皇有圣职授职权，而教皇则默许了国王有权提名任职人员。这种双方达成的非正式一致意见对国王更加有利，虽然教皇仍保留了集权的形式，但实际上，王室对于教职任命的影响力得以迅速增大。在此之前，主教和修道院院长通常是由教会决定，教会一般会选择一位教会内部的成员或至少是熟知的人，但国王接管任职人员选拔工作之后，便使教廷派、公职人员及贵族后裔等更多的政治人物获得了任职机会，相较之下，成为主教的学者或宗教人士却极少。因此，至14世纪60年代，英国教会的主教们大多是按照爱德华三世的意愿挑选出来的，很符合他的心意。所以在中世纪晚期，教会与王室的关系不再像亨利二世与贝克特（Becket）、约翰与英诺森三世（Innocent Ⅲ）之间那样剑拔弩张也就不足为奇了。

在教会生活的其他领域中，王权相较于教会也具有了愈加明显的统治地位。14世纪早中期，国王对于教会的资助迅速增加。爱德华一世在其统治的35年间，给逾900人授予了圣职。爱德华二世在在位的20年里，任命了1400人。至爱德华三世，其在位的前25年里，这一数字已经超过了3000。因此，听命于国王而非教皇的神职人员越来越多。此外，国王还积极出台措施禁止人们向罗马教廷上诉，以防自身利益受损。1353年，英国议会颁布了《王权侵害罪法令》（Statute of Praemunire），规定凡在国外法庭诉请从而冒犯国王权威之人应当接受审判；拒不接受审判者，将没收其财物。同《圣职授职法令》一样，该法令并未得到严格执行，但起到了完善授职立法的作用，并使国王具有更多与教皇谈判的筹码。爱德华三世及其继任者们为赢得英法战争所采取的措施也表明王室给教会带来了重要影响。14世纪、15世纪，在英国军队出征时，国王都颁布命令要求人们为英国军队祷告，祈祷英军能够凯旋，如1342年出征布列塔尼（Brittany）、1355年普瓦捷（Poitiers）会战、1380年白金汉伯爵领导的对法骑行劫掠（Buckingham's *Chevauchée*）、1420年征服诺曼底等。至中世纪晚期，英国的教会名义上仍然是天主教教会的一部分，但已逐渐为王室所用。至爱德华三世统治时期，英国教会已变为"英国国教"，即基于国王之下、使国王占据强大统治地位的国家教会。16世纪，亨利八世也追随了前几任统治者的步伐，确立了王室至高无上的地位。

教会上层权力日渐集中化，但平时人们在进行宗教表达时依然带有浓烈的地方色彩。人们通常不会抽象地想到"教会"（the Church），更多的是想到"教堂"（churches），即主教座堂（cathedral church）、修道院（abbey church）、堂区教堂（parish church）等。教堂深受人们喜爱，是当地社区的中心，并且通常能够引发社区自豪感。早在14世纪初，约克大教堂中殿重建时，北方贵族便慷慨捐助，资金源源不断地流向了大教堂，后来为表示纪念，便在拱廊的拱肩上放置了贵族们的盾徽。15世纪80年代，萨福克郡的朗梅尔福德教堂（Long Melford church）的中殿和圣坛重建时，捐赠者的姓名被刻在了教堂高窗的石雕上。中世纪后期，尤其是教区教堂重建项目的数量之多、规模之大都说明了教堂在当地社区具有重要地位。教堂体现了人们的自我认同感及地方意识。

圣徒崇拜更有力地加强了宗教地方主义的发展。圣徒之所以在日常虔信活动中颇受人们追捧，原因在于他们使得普通民众更容易地参与到了宗教活动当中。圣徒是庇护人、保护者，也是中间人，并且他们的身份得到了普通人的认同。通常人们认为圣徒一直存在于世，就居住在保存其圣物的地方，例如圣卡斯伯特（St Cuthbert）住在达勒姆（Durham）、圣埃塞德丽达（St Ætheldreda）住在伊利（Ely）。图尔的圣马丁（St Martin of Tours）的墓志铭写道："主教马丁长眠于此，其灵魂与上帝同在；但种种奇迹表明，他就位于此，完完全全身在此处。"中世纪圣徒的追随者一般都住在圣徒所在地，当然也有一些圣徒的追随者分布范围更广泛，例如人们认为，圣卡斯伯特的影响力覆盖了整个英格兰北部。1346年英国人在内维尔十字（Neville's Cross）附近与苏格兰人交战时，正是打着圣卡斯伯特的旗号，随后战争胜利也归功于圣卡斯伯特，因为侵略者令他愤怒，英国人才取得了胜利。中世纪晚期，越来越多的圣徒成为国家的庇护人，例如早在12世纪，法国便已经将圣德尼（St Denis）设为了国家主保圣人（patron）。随后两个世纪，虽然过程并不顺利，但圣乔治（St George）也变为了英国的主保圣人。当英军在阿金库尔（Agincourt）战役中遇到法军时，他们高声呼喊"圣乔治，请保佑英国吧"。

圣徒的力量通常是通过神迹体现出来的，人们将圣徒创造奇迹的能力视为其拥有神恩的证据。奇迹发生的故事使一些神殿成了大众朝圣的中心，中世纪名望最高的朝圣胜地都不在英国，其中最著名的当数罗马和耶路撒冷，此外据说葬有圣徒雅各（St James）的圣地亚哥以及拥有三王神龛的科隆也颇有名气。英国境内最为著名的朝圣地是坎特伯雷大教堂的圣托马斯（St Thomas）神殿。1220年转移圣物时，圣托马斯神殿每年供品的价值已经超过了1000英镑。相比之下，大多数英国其他神殿都不太引人注目。13世纪，人们大多前往英国早期圣徒的神殿，例如伊利的圣埃塞德丽达、利奇菲尔德（Lichfield）的圣查德（St Chad）和贝弗利（Beverley）的圣约翰（St John）等圣徒的神殿；随着英国人自我民族意识增强，前往上述三位圣徒墓地的朝拜者数量大大增加。但是人们对某一位圣徒的狂热崇拜和追捧通常并不持久，同教会生活的其他方面一样，潮流兴起之后过一段时间便会退却。即便是追随坎特伯雷圣托马斯的潮流，在15世纪也逐渐消退了，神殿供品金额骤减至每年不足100英镑。宗教改革前夕，英格兰最受欢迎的神殿是沃尔辛厄姆（Walsingham）的圣母神殿（Our Lady）及布罗姆霍尔姆修道院（Bromholm Priory）的圣十字架神殿（Holy Rood），但如今也默默无闻了。

到了15 世纪，信徒不再像从前那样前去朝圣了，背后存在多种原因，其中之一是人们表达虔信的方式逐渐改变了。中世纪早期和中期，信徒主要通过瞻仰和敬拜圣物体现虔信，而中世纪后期则演变为图像崇拜。围绕种种图像，英国各地还出现了各类小型崇拜团体。图像成为人们祈祷和表达虔信的辅助工具，但无法激励人们踏上朝圣之旅。信徒不再朝圣的第二个原因是他们自己收集了圣物。至14世纪，收集少量圣物相对容易，例如约翰·法斯特尔夫爵士（Sir John Fastolf）收藏的圣品中包含了一个真正的十字架、圣乔治的一只手臂和施洗者圣约翰的一根手指。他的亲戚威廉·豪特（William Haute）收藏了圣尼古拉斯（St Nicholas）和圣巴多罗买（St Bartholomew）的骨头碎片，以及"大天使加百列（Archangel Gabriel）从天堂降临向圣母玛利亚致敬[1]时所踏着的石头"。收藏圣物风靡一时，囊括了中世纪晚期宗教历史中众多重要主题。一方面，该现象还说明信徒依然崇拜圣徒，后者并未失去其影响力；但另一方面，也表明人们趋向于摒弃更为传统的宗教表达方式。对于富贵人家而言，此时朝圣似乎已经不是那么重要了。例如法斯特尔夫家族在自己家便已经收集齐了所有想要的东西，不仅有圣物，还有《圣经》、赞美诗（psalter）、时祷书（book of hours），以及其他部头更小的宗教作品等；而且他们都识文断字，所以可以自行阅读。正如科林·里士满（Colin Richmond）所言，宗教变得愈发"私有化"（privatized）。虽然该时期的历史学家都尽力避免

---

[1] 此处指加百列降临告知圣母玛利亚她将受圣神降孕而诞下圣子耶稣。

使用"私有化"这个表达，但显然人们的态度已经悄然发生变化，这些转变将破坏旧秩序，并为宗教改革铺平道路。

英国文化？

中世纪大部分文学和艺术创作都与宗教信仰息息相关。此时的艺术（或者说至少是视觉艺术），就本质而言就是宗教艺术。赞助人委托工匠制作艺术作品一般都是出于宗教虔信的意图，而负责进行制作的手工艺人则认为自己展现出了未来王国的样子。真正的艺术与个人宗教行为密不可分，可以说艺术便是基督教整体愿景的产物。

地方化使得宗教表达形式多种多样，这也造就了艺术创作的多样性。欧洲各地绘画和手抄本的风格都各有不同，教堂的设计和布局也体现了地区或民族色彩。从艺术角度来看，欧洲只不过是一个地理概念而已。那么英国是否具有自己独特的文化或风格呢？整个中世纪期间，英国文化是否存在明显的或具有代表性的特征呢？

纵观整个中世纪，无论何种形式的英国艺术，都受到了其他国家艺术风格的影响，并因此而日渐丰富。可以发现，早在5—7世纪，第一批日耳曼人到达并定居不列颠时，就已经给英国艺术带来了影响。日耳曼人将动物形状和各种生物缠绕交织的图案融入了英格兰当地的凯尔特艺术传统中，造就了海岛艺术风格（Insular style）。热爱使用交错图案、几何形状和动物装饰是该风格的一个显著特征，在珠宝设计中体现得淋漓尽致。6世纪末罗马传教士到达英格兰，给英国艺术带来了新的影响。具有代表性的古典主义艺术形式由地中海地区传至英格兰，激发艺术家们在创作中展现更加宏大、自然的艺术风格。最典型的案例是《林迪斯法恩福音书》（Lindisfarne Gospels）中描绘的圣马太（St Matthew）肖像，画中圣徒将双脚放在凳子上，正在写福音书，他的助手正扯着窗帘躲在后面观察他。

整幅画技艺精湛，对再现性艺术（representational art）风格进行了尝试。

撒克逊时期最开始的两三个世纪中，英国艺术及建筑已经可以根据几个英国标志性的艺术特征进行区分，其中最典型的特征是其线性表达形式，正如玛格丽特·里克特所写的那样，盎格鲁-撒克逊和凯尔特艺术从一开始，本质上就完全是线性的，而且地中海艺术风格不论哪种形状，不论是人像还是叶形图案，在融入海岛艺术时，也都变为了线条状。线性表达形式是几个世纪中英国艺术风格里反复出现的特征，《拉姆西修道院赞美诗》（Ramsey Abbey Psalter）是11世纪温彻斯特艺术家们着色轮廓线条艺术的代表作，其中的十字架以及创作于公元1000年的《坎特伯雷赞美诗》都是线条艺术的典型代表，后者目前藏于大英图书馆。诺曼征服之后，线性艺术特征又在建筑设计中重现，建筑立面上出现了线性拱廊，例如卡斯尔艾克修道院（Castle Acre priory）和林肯大教堂（Lincoln cathedral）西侧立面上都雕刻着一排排拱廊，层层叠加，异常宏伟壮观。英国艺术的第二大特点是热衷于使用交错图案。交错、缠绕的装饰图案是早期凯尔特艺术的典型特征，《林迪斯法恩福音书》中的"挂毯页"是该特征的充分体现。12世纪，交错图案在《洛锡安圣经》（Lothian Bible）等豪华作品中有所体现，14世纪又出现在了《圣奥梅尔赞美诗》（St Omer Psalter）和《利特灵顿祈祷书》（Litlington Missal）中。虽然交错图案在有些时期并不突出，但在英国艺术创作中从未被忽视。

纵观中世纪中晚期英国艺术和建筑史，吸纳外国艺术影响并对其进行重塑是不变的主题。10世纪及11世纪初期，对英国艺术影响最大的是加洛林王朝，宏伟、装饰繁复的手抄本绘画风格逐渐在英国流行起来。英国南部"温彻斯特"艺术风格的标志——镶边叶形装饰和神圣光轮[1]，都起源于加洛林王朝。宗教建筑中，加洛林风格的应用也越加广泛，如教堂整体呈现出十字形结构，教堂中央或西侧建起塔楼，东西两端设立圣坛。11世

---

[1] mandorla，呈尖椭圆、杏仁形，在绘画、雕刻等艺术作品中，常围绕耶稣基督和圣母玛利亚。

纪建成的温彻斯特大教堂及舍伯恩修道院气势恢宏，与加洛林艺术风格以及此后奥托王朝所带来的影响密不可分。

11世纪末期到12世纪，对英格兰影响最大的是诺曼人。早在诺曼征服的十年之前，诺曼风格就已经深受"忏悔者"爱德华（Edward the Confessor）喜爱，他在命令重建威斯敏斯特教堂（Westminster abbey）时便采用了该风格。约11世纪70年代至12世纪20年代，英格兰所有主要教堂都根据新风格进行了重建。在英国发展起来的罗马式（Romanesque）建筑兼容并蓄，蒂克斯伯里修道院（Tewkesbury Abbey）和格洛斯特大教堂（Gloucester cathedral）的巨型立柱源于勃艮第或意大利北部地区，柱身和柱基上的装饰细节图案则保留了英国自身的艺术风格特征，整个建筑物的基本设计则源自诺曼风格。鲁昂（Rouen）附近的瑞米耶日修道院（Jumièges Abbey）建于11世纪30年代，设计更加精湛，给威廉公爵和玛蒂尔达（Matilda）在卡昂（Caen）修建修道院提供了新式参考模型，自此也传播至英国。在英国，这种新式风格的主要特征是双拱顶湾[1]、交替使用的墙墩与束柱[2]、大胆创新的廊台（gallery）以及采用交叉拱（groin vaulting）后得以改变的高窗（clerestory）和侧廊（aisle）。诺曼人在达勒姆、罗切斯特（Rochester）、沃尔瑟姆（Waltham）、伊利建造的教堂均采用了上述设计，建筑物结构清晰、气势恢宏且具有厚重感，内部庄严肃穆，整体效果极佳。诺曼式建筑体现出帝国主义建筑的诸多特征，当人们注视着这些建筑物时，很容易便会产生诺曼人想要在英国留下自己印记的感受。

不过英国教堂在接下来半个世纪内便发生了更多变化，已经与诺曼式教堂大相径庭，而且截然不同于诺曼征服后在诺曼底建起的教堂。其中一大差异是英国教堂的纵深不断增加——瑞米耶日修道院的中殿纵向有八个拱顶湾，位于卡昂的女子修道院（Abbaye-aux-Dames）有九个拱顶湾，而

---

[1] 圆柱和房屋桁架之间的空间，教堂建筑中多为拱顶，所以可称为拱顶湾。
[2] compound pier，不再是简单的圆形柱子，而是由多根柱子合在一起形成。

圣奥尔本斯教堂及伊利大教堂的中殿具有十三个拱顶湾，温彻斯特大教堂和诺维奇（Norwich）大教堂则具有十四个拱顶湾。教堂越来越长，一方面可能是为了展现帝国实力，另一方面是为了在举行宗教仪式时中殿能够容纳游行队伍，当然这也与英国人追求建筑平面效果有关。在接下来的一个世纪，英国教堂建筑的平面设计发展达到了顶峰，大型教堂的东端得以延长，例如伊利大教堂唱诗班席的拱顶湾由四个增加至十个，而温彻斯特大教堂唱诗班席的拱顶湾则由五个增加至九个。诺曼底和巴黎大区（Île-de-France）的教堂却从未这样扩展过，依然保持着紧凑的结构，较小的部分融入了更大的建筑结构中，法国人从未强调教堂建筑的长度，他们关注的是高度。

除了注重平面结构，英国人对建筑立面表面纹理也很讲究，泥瓦匠们热衷于在墙面样式中融入传统元素。1066年之前，诺曼底教堂的内外墙面大多简单朴素，但后来在英国，教堂墙面越来越精致。彼得伯勒（Peterborough）、达勒姆和伊利的大教堂侧廊都运用了壁上拱廊（blind arcade）。诺维奇大教堂塔楼上的拱廊层层叠加，并饰有几何图案；达勒姆大教堂的圆柱上同样饰有几何图形。诺曼征服一个世纪后，罗马式风格逐渐演变为哥特式风格，但英国人几乎没有改变建筑技艺，没有采用哥特式建筑轻盈、高耸的结构特征，只专注于该风格下丰富的建筑装饰。例如分别从12世纪80年代和90年代开始重建的韦尔斯大教堂和林肯大教堂中，拱券线条制作精细，拱肋数量增加，建筑表面装饰繁复。英国当地泥瓦匠观察并研究了新建筑风格后，对其进行了重新诠释，将其变为了英国特有的风格。

至中世纪末期，英国艺术和建筑与众不同的特征越发明显。"垂直式"（perpendicular）是英国哥特式建筑在最后发展阶段的特征，现今人们认为该特征与法国采用大幅花窗的辐射状（rayonnant）哥特式风格具有一定联系，但很快"垂直式"就呈现出了早期历史学家所说的"英格兰特有的风格特征"。欧洲大陆没有任何完全与"垂直式"相同的风格，法国哥特式在后期逐渐变得更加华丽、繁复，因而被称为"火焰式"风格（flamboyant）。相比之下，英国的"垂直式"更加内敛，窗饰简洁，未采用曲线，仍是使用横平竖直的直线线条。正如温莎城堡（Windsor castle）中的圣乔治礼拜堂所呈现的那样，窗户的表面图案普遍都采用了网格形式。

所有艺术形式中，只有英国建筑最具有本土特色。泥金手抄本中，直至中世纪晚期都能观察到外国艺术元素，例如14世纪早期的《圣奥梅尔赞美诗》和《戈尔斯顿诗篇》（Gorleston Psalter）中耶稣受难的画像比例精妙、具有雕塑一般的立体感、纹理效果令人产生错觉等特点均受意大利的艺术风格影响。14世纪70—80年代意大利人物绘画手法在德伯恩家族（de Bohun family）的一组精美手稿中也得到了充分体现。接下来的一个世纪中，《贝德福德诗篇与时祷书》（Bedford Psalter and Hours）、韵律诗《圣埃德蒙生平》（Metrical Life of St Edmund）等作品，也展现出了法国、荷兰、德国艺术的特征。但自从英国人完全撤离法国以后，英吉利海峡两岸艺术交流减少，英国泥金手抄本创作灵感来源有限，创作之路孤独无依。虽然在伊顿公学礼拜堂（Eton College chapel）的壁画中仍能看到低地国家（Low Countries）的艺术特征，但直到16世纪20年代，德国画家小汉斯·荷尔拜因（Hans Holbein the younger）来到英国，才从整体上给英国绘画艺术注入了新鲜活力。

中世纪晚期，英国成就最辉煌的领域当数文学领域。至14世纪中叶，英语又变为了英国文学创作的重要语言媒介，作家们使用英语进行的文学创作更加成熟、自信。该时期文学的一大特点是使用了古英语诗歌的头韵模式（通过重复首字母或开头多个字母实现押韵）。最著名的头韵诗人是威廉·兰格伦（William Langland），兰格伦出生于英国中部地区，大部分职业生涯在伦敦度过，其作品《农夫皮尔斯》（Vision of Piers the Ploughman）是这个时代最优秀的诗作之一。其他的头韵诗作中，绝大多数是在英国中部地区的西北部附近完成的。《高文爵士与绿骑士》

（*Gawain and the Green Knight*）创作水平极高，其作者可能与王廷有关。头韵诗复兴潮流接近尾声时，一种新型英语文学体裁，即目标群体为法语作品阅读者的浪漫文学和故事诗（fabliaux）应运而生，该类型文学作品的代表人物是乔叟（Chaucer）、约翰·高尔[1]（John Gower）和约翰·克兰弗爵士（Sir John Clanvowe）。乔叟曾任国王侍从，他是同时代作家中的佼佼者，其成就得到了大家的认可。乔叟涉猎范围极广，精通法语和意大利语，且比任何一位前辈都更加擅长这两种语言。乔叟的文学成就极高，证明了他生来便拥有文学才能，也拥有非同寻常的感知能力。同英国中世纪历代作家一样，乔叟也熟知欧洲大陆主要思潮，他将所有可以运用的元素进行了改编或加以重新诠释，因此乔叟的作品也体现出了英国艺术的折中主义。乔叟及其同时代作家，同莎士比亚及其同僚一样，均在其文学作品中体现出了佩夫斯纳（Pevsner）所谓的"英国艺术中的英国性"。

---

[1] 卒于1408年。

| 第二章 |

盎格鲁-撒克逊英格兰（500—1066）

JANET L. NELSON

盎格鲁-撒克逊历史

历史常常经由口口相传形成。早期的中世纪历史学家口述历史，后来则以《圣经》为范本形成了书面材料。比德的《英吉利教会史》是以"英国人"本就存在为先决条件的：这个被上帝选中的民族，本就要前往应许之地，也与土著居民完全不同。盎格鲁人（拉丁语为Angli）皈依天主教是该书的重要内容，而关于英国人是如何"来到"英国的，比德几乎只参照了一个书面文献——吉尔达斯的《不列颠毁灭记》（*The Ruin of Britain*）。但是吉尔达斯在书中描述的，与其说是历史，倒不如说是预言。在书中，吉尔达斯写道，不列颠人是"上帝的选民"，而他们的"君主和牧师"早已背弃了自己的使命，违背了上帝的命令，因此理应受到上帝的惩罚，被异教徒入侵。吉尔达斯将这群入侵者称为"撒克逊人"。吉尔达斯当时一定是希望能够以此推动改革，激励不列颠人遵从神的指示，但最终却未能实现这个目标。

　　后来的历史学家们在描述盎格鲁–撒克逊时期的历史时也有不同的侧重点。17世纪的主题是解放约曼农[1]（yeoman），1066年时他们臣服于诺曼领主，但他们坚持实行普通法，并屡次抵抗了外族（如苏格兰）入侵。19世纪的主题是英国如何成为国家。斯塔布斯主教（Bishop Stubbs）巧妙地描述了这个故事，故事的主人公是英国人（不论处于哪个阶级），完全不同于罗马人和凯尔特人，他们与日耳曼人喜好相近，建立起了民主、文明的国家。斯塔布斯描写了全盛时期的英格兰帝国，并在20世纪前便猜想到了德国可能会发动战争。后来20世纪许多历史学家的作品只不过是换了一种方式重新描绘斯塔布斯笔下的故事。弗兰克·斯坦顿（Frank Stenton）便是这样完成了《盎格鲁–撒克逊英格兰》（Anglo-Saxon England）一书，该书是《牛津英格兰史》（The Oxford History of England）的第二卷，至今仍是一部知名著作。盎格鲁–撒克逊初期的历史非常符合斯坦顿的写作要求：定居英格兰、皈依基督教、解放最底层自由农以及独特的文化特征等都是良好的写作主题。9世纪维京人试探着入侵英格兰，由此诞生了规模不大但强盛的威塞克斯，在10世纪时统一了英格兰。盎格鲁–撒克逊后期的历史相较而言没有那么精彩，斯坦顿将公元950年之后的时期称为"衰退期"。

　　现代记叙英国历史的学者通常精通古英语，并对文化历史感兴趣。语言和文学最能体现出英国的独特性，因为大多数古英语文学作品都诞生于盎格鲁–撒克逊后期，所以这个时期尤为重要。那时的埃尔弗里克（Ælfric）和沃夫斯坦（Wulfstan）使整个学术界都深受启发。仅存的诗歌手稿也是永恒之作，例如诗歌《贝奥武甫》（Beowulf），虽然不确定其创作时间是8世纪还是10世纪，但这都不影响其成为经典。盎格鲁–撒克逊

---

[1] "yeoman"一词在中古英语中意为"年轻人"和"侍从"，又译为"自耕农"。早期约曼农主要是指地位在乡绅阶层以下的自耕农，即自由持有农。在14—15世纪农奴制解体的过程中，过去的农奴——维兰的地产变成了公簿持有地，公簿持有农的实际地位已接近小自由持有农，"约曼"一词的含义扩大到所有独自经营土地的自耕农，包括自由持有农、公簿持有农和长期佃农。这时，约曼农基本上代表了整个农民阶级。但是，在历史著作中，约曼农的含义并不是十分确定的，作者们往往给以不同的解释。其中一种观点认为，约曼农是农民阶级的上层。

人在历史的长河中保持了文化的延续性，就连诺曼征服也未能将其打断，因为征服者们也被英国文学所折服。随后中古英语的出现，使得英国文学从乔叟及《高文爵士与绿骑士》逐步发展至斯宾塞（Spenser）及莎士比亚时代。

还有一类文学作品与上述文学作品息息相关，并在20世纪末风靡一时，即国家传记。这类作品通常由历史学家所著，主要描述国王日益增长的权力以及中央政府如何在地方政府的协助下日渐强大。这类文学作品从诺曼征服时期开始出现，《末日审判书》即是这一时期的经典著作。随后，国家传记类作品也描述了亨利二世、爱德华一世等国王统治时期的英国，轻而易举征服了威尔士和爱尔兰（本身并不是国家）、异常艰难地征服了苏格兰（通过模仿英格兰变得更像是一个国家）的英国，以及初具大帝国形态的英国。

本章并非像以上所述的文学作品那样以事件为基础描述历史，而是以图片为依据展开叙述。盎格鲁-撒克逊时期的英格兰王国及英国独特特征是如何形成的，可从图片中窥得一二。文化方面，盎格鲁-撒克逊文化光芒闪耀，却也因从欧洲大陆借鉴良多而失去了其独特性。政治方面，地方贵族势力与中央王权并存，前者依附于后者却又相对独立，二者关系并不稳定。保留下来的地方特色有时甚至会遮盖住威塞克斯王权的光芒。还有教会，也与社会和政治历史紧密相连。要了解制度变化必须基于政治历史这个大背景，反之亦然。图片能够使人印象深刻，更具情节性，因此可以引发深入思考。所以用图片辅以解说历史再合适不过了。

定居英格兰

5世纪及6世纪时尚未有依据事件描述历史的文字记录，吉尔达斯的作品是唯一"史料"，但是他所写的与其说是历史，倒不如说是宗教说教，他以《旧约》的手法生动地描绘了残暴的君主和牧师，以证明不列颠人所遭受的灾难是神的惩罚，因此这份史料也只能让人对罗马军团撤离后的不列颠有一个模糊的了解。吉尔达斯所了解的罗马不列颠晚期历史来源于罗马历史学家，在他们的描述中，不列颠人受到了来自北部的皮克特人及西部的苏格兰人（爱尔兰人）的攻击，他们向罗马人请求救援却遭到拒绝，只能自己对抗外敌入侵。罗马历史学家还提到，撒克逊人成了不列颠人的雇佣兵。根据吉尔达斯的描述，不列颠人请来撒克逊人对抗外敌，于是撒克逊人乘着三艘船只到达了不列颠"东部"，但很快麻烦来了，撒克逊人叛变并与"前敌人"皮克特人结盟攻打不列颠人。不列颠人内部分裂，节节败退，城池和田地遭到破坏。后来，在罗马贵族安布罗休斯（Ambrosius）的带领下，不列颠人重新团结在一起并打败了撒克逊人，迎来了一段和平时期，吉尔达斯恰好生活在这一时期。当战争再次爆发，吉尔达斯悲观地预言道：已经无人能够阻挡盎格鲁-撒克逊人的继续扩张，不列颠人很快将被赶到凯尔特地区。

吉尔达斯在书中几乎没有提到各个历史事件发生的时间，因此很难通过他的作品形成年表。欧塞尔主教圣日耳曼努斯（Bishop Germain of Auxerre）的传记（写于460年）中提到，他于428年到达不列颠肃清贝拉基异教徒，并发现撒克逊人联合了皮克特人。如果吉尔达斯撰写《不列颠毁灭记》的时间并非像如今所猜想的那样是6世纪40年代，而是470年（这也更能说得通为什么作者吉尔达斯以及目标读者如此精通拉丁语），那么撒克逊反叛便极有可能发生于5世纪20年代。吉尔达斯并不在乎事件发生的时间，但比德却对时间关注有加。比德在8世纪20年代撰写《英吉利教会史》时试图重现5世纪到6世纪的历史，他参照吉尔达斯的作品推测撒克逊人到达不列颠的时间是450年，但是无法找到更可信的资料来证实其正确与否。《盎格鲁-撒克逊编年史》的编写始于9世纪，融合了多种来源的史料，后文中我们还会进行详述。这部编年史对于撒克逊人到达不列颠的描述相比比德的著作，补充了神话人物波特（Port）的事迹，他的名字源于朴次茅斯（Portsmouth）。但其是否真实存在无法得到证明，因为并没有其他相关资料。

据吉尔达斯描述，罗马军队在5世纪初撤离不列颠，意味着不论是从军事角度还是从政治角度，罗马不列颠时代都结束了，这一点也得到了欧洲历史学家的证实。那么吉尔达斯笔下残暴的君主又是在哪里继续他们的罗马式统治的呢？[其中一位暴君的碑石如今仍位于威尔士南部德韦达郡（Dyfed）。]这些王国多位于西部，从吉尔达斯的描述——"城池和田地遭到破坏"也可推测不列颠东部和南部罗马化的设施已经消失殆尽。考古学家证实当时不列颠的日常生活已经发生改变：5世纪的不列颠没有出现新铸造的货币，轮制的陶器、石头或砖砌的建筑，除威尔士南部外，也没有出现拉丁文铭文。罗马人遗留下的建筑废墟被盎格鲁-撒克逊人称为"巨人的作品"（the work of giants，拉丁语为enta weorc）。从墓地发现的公元450年以前，以及越来越多的5世纪下半叶的文物证实，当时居住在肯特郡、泰晤士河谷、汉普郡（Hampshire）的居民的着装方式及葬礼习俗都与欧洲大陆的"野蛮人"相同。因而，考古发现与吉尔达斯所描述的撒克逊人迁移到不列颠能够互相印证，但是吉尔达斯并未提及在泰晤士河谷及汉普郡也存在大规模人口迁移。

考古证据只能体现某一段时间的风貌，因此考古学家及历史学家都不赞成依靠这种碎片化的考古证据还原整个历史。外族向不列颠迁徙的历史便是对此很好的例证。比德在书中写道，迁移到不列颠的主要是来自日耳曼北部的"撒克逊人、盎格鲁人和朱特人"，日耳曼北部发现的历史遗迹虽然不能证明比德这一说法有误，但在高卢（Gaul）北部也发现了大量朱特人留下的印记。所以外族是通过什么路线迁移到不列颠的呢？他们是分批途经弗里西亚及高卢迁移到不列颠的吗？有多少人是在撒克逊人乘着三艘船到达不列颠之后迁移来此的？他们是用多长时间，又是以怎样的速度迁移的呢？所有这些问题都尚未得到解答。是否也有可能是海平面的变化导致弗里西亚沿海城市洪水泛滥，因而致使人们向西迁移呢？他们是否像比德所说的那样是因为"大不列颠岛物产丰饶"而主动迁移至此的呢？古墓里发现的刀剑说明移民的身份是士兵，而这些士兵和军官需要的粮食，又是谁耕种的呢？近期根据考古发掘船只的大小计算得出，5世纪中叶到6世纪中叶有数十万人横渡海洋来到英格兰，他们都是士兵吗？人们认为黑斯廷斯（Hastings）、罗丁（Roding）等地名是源于人名（分别为Heasta, Roda），而一个地方的核心群族往往有亲属关系，但这并不能成为划分种族的依据。5世纪汉普郡墓穴中的骨头（类似古迹，尚未在其他地方发现）经体质人类学家鉴定源自两类不同的人群——高大的男性和矮小的女性，由此推断盎格鲁-撒克逊男性与大不列颠女性联姻了，这就能讲得通为什么比德笔下的第二位霸主——6世纪的威塞克斯王"查乌林"（Ceawlin），会有一个凯尔特名字了。据记载，欧洲大陆各国的统治者，不论是"蛮族"之间，还是"蛮族"与罗马人之间，都经常联姻。虽然撒克逊男性与凯尔特女性之间的联姻与欧洲大陆的情况有所不同，但确实有助于人们了解凯尔特人发生了什么。这也并不能排除凯尔特人大规模成为奴隶的可能，因为盎格鲁-撒克逊语言中"奴隶"（slave）是"weal"，即英文中的"不列颠"（Briton）。据估计，4世纪时大不列颠人口为四五百万，因此当时凯尔特人不太可能遭到种族灭绝或大规模驱逐。盎格鲁-撒克逊的统治对语言产生了深远影响，古英语中几乎没有凯尔特语词汇，并在9世纪成了除威尔士及西南部外大不列颠的通用语言。

考古学家们对于定居地尚未达成一致意见。此前大家普遍认为，不论乡村还是城市都是在5世纪甚至更早的时候突然被废弃。但经过更加细致的查证发现，5世纪时乡村仍有居民居住，且没有任何迹象表明此后村庄遭到了暴力拆除。居民定居地点的不断变迁也能说明大部分人口是如何迁移的。5世纪时人们沿罗马时期修筑的道路快速移动到肯特内陆，而在西米德兰兹郡（West Midlands），这种迁移发生得更晚，速度相对较慢，且移民数量更少。再来看看伦敦的萨瑟克区（Southwark）等城镇地区，考古学家们在罗马不列颠遗址上经常会发现一层深色土层，此前大家认为该土层恰好能够说明废弃城镇重新变为了土地，而现在考古学家们则认为该土层说明罗马时期之后人们仍然居住在这里，只不过建造房屋所用的材料从砖石变为了篱笆和木材。林肯（Lincoln）近期的考古工作也更加证实了罗马时期的城镇及基督教会遗址在5—6世纪时仍以某种形式继续存在，大家猜测其原因可能是外来的军队直接驻扎在了罗马时期遗留的军事要塞上并以此为中心逐渐统治周围地区。

20世纪70年代末在萨勒（Sarre）和1994年在多佛（Dover）出土了6世纪肯特墓穴，在类似墓穴中都发现了装饰华丽的女性墓穴，墓穴中还埋藏着奢华服饰（诸如金色织锦的面纱绑带等）、名贵珠宝首饰、源于欧洲大陆的玻璃器皿等二十多样物品，其中最引人注目也最令人费解的是死者双膝之间放置了一个水晶球。可能在当时水晶球被视为具有超自然力量的护身符，这也说明能够拥有它的女性一定具有不低的社会地位。据比德描述，居住在肯特的是朱特人。因此水晶球的主人有可能是朱特人，但也有可能是不列颠人，若是后者则说明不列颠人的上层精英那时仍继续在原住居民中发挥重要作用。刚才描述的这位身着华服的墓穴女主人也有可能是从肯特嫁往了别国，这也是结盟或形成霸权的标志和手段。例如，埃塞尔伯特的女儿埃塞尔伯赫（Æthelburh）嫁给了诺森布里亚国王。埃塞尔伯特是比德所列的第三位"霸主"，在比德的记录中埃塞尔伯特"在位五十六年，死于616年"。在肯特还能发现不同文化通过其他方式相互影响、彼此交融。比如6世纪90年代，在肯特能够遇到不列颠基督教徒，他们的一些在罗马传教士眼中比较奇怪的行为能够说明他们是凯尔特基督徒，而非异教徒。比德曾提到坎特伯雷有一座名为圣马丁的大教堂，这座教堂是根据5世纪末及6世纪时，法兰克人最喜爱的圣徒命名的，当时法兰克人是高卢的统治者。埃塞尔伯特娶了一位法兰克公主为妻，这位公主和她的法兰克王族对于基督教传入肯特发挥了至关重要的作用。法兰克人从罗马帝国的经验中获益良多，这也促使埃塞尔伯特进行效仿。而法兰克人在6世纪，已然成了西欧的霸主。

近些年的研究认为，5—6世纪盎格鲁-撒克逊的政权更迭始于领主之间土地和人力的争夺。彼时各领主所拥有的领土面积狭小，例如埃塞克斯西部某一领主所占土地面积只有50平方千米左右。在争夺战争中失败的一方逐渐被规模更大、更稳定的一方收归所有，而后者之间的内部差异也因此越来越大。这种国家形成的方式较为可信。《部族藏书》（Tribal Hidage，可能源于7世纪，但更有可能直至8世纪才形成如今的版本）这一文件似乎记录了从前那些规模极小的独立族群，例如"Hitchin"和"Chiltern"，他们后来都变为了较大王国的朝贡者。臣服者们承认大领主具有"指挥权"，即大领主可以指挥大批士兵，同时也可以指挥人员（可能也是士兵？）征税。当今历史学家们可将这种方式称为"行政管理"。7世纪的王室法律中提到了"郡长"（ealdorman，拉丁语为duces）、"指挥官"（commander）、"地方大贵族"（regional magnate），国王通过他们来维护地方秩序。考古发现也印证了这种层级分配。奢华的"贵族"墓穴与普通墓穴之间的差别越来越大，墓穴中武器的数量成为判定墓穴主人是不是贵族的一个标志。当然正如前文提及的肯特墓穴一样，墓穴中的其他陪葬物品也能体现出主人的地位。

在伍德布里奇（萨福克郡）附近发现萨顿胡葬船便是最好的例证。该墓地首次发掘于1939年，并于20世纪80年代末期进行了再次发掘。一号土墩（Mound I）中的随葬品不仅华贵无比，还与不同地区息息相关：斯堪的纳维亚半岛（船葬已证实是斯堪的纳维亚人的送葬方式）、地中海沿岸，以及法兰克。死者钱包里有39枚硬币，全部源于法兰克，但每一枚都来自不同的造币厂。通过货币可以判断葬礼发生于约630年，这套精心挑选的收藏品可能是一份外交赠礼，象征着法兰克的霸主地位，比德也证实了该时期东盎格利亚（East Anglia）与法兰克王室往来频繁。毫无疑问，萨顿胡一号土墩绝对是一位国王的葬地，其主人有可能是比德所说的第四位霸主——东盎格利亚国王雷德沃尔德（Raedwald）。随葬品中发现了"石制权杖"，上下端雕刻着人头像，权杖最顶端是一只雄鹿，这件随葬品看起来像是一件王权象征物。787年，巴伐利亚统治者在承认自己的国家已被法兰克征服时，曾交出了与上述随葬品类似的权杖（baculus），权杖上端同样刻着人头像。萨顿胡墓地中还发现了一项设计精巧但造型稍许可怕的头盔、一面装饰精美的盾牌、一个曾用于大型剑袋上的大号袋扣，这些物品暗示其主人是一名战士，这也符合当时的历史，因为在盎格鲁–撒克逊早期的英格兰想要使王权行之有效，就一定要具备战争领导权。墓中许多陪葬物品还显示出了巨大的财富，其中一些比较老旧，例如6世纪初拜占庭制作的镀银餐盘，还有刻有"Paul"和"Saul"字样的银汤匙，它此前曾被考古学家看作洗礼礼物，但更有可能是东盎格利亚人从一个4世纪时期的罗马银库掠夺而来的，后来变成了王室传家宝。最近重新对萨顿胡进行考古发掘，发现了萨顿胡墓地还有数个土墩，全部都建于7世纪，其中至少包含一个女性墓地。此外，在萨顿胡最东侧，还发现一些死者被埋葬时姿势怪异，显然他们是被处死的，也有可能是殉葬者。这个大型船葬看起来更像是异教徒的送葬方式，这在当时有些格格不入，因为彼时其他盎格鲁–撒克逊国王都信奉了基督教。但即便是异教徒的身份，也并不妨碍葬于一号土墩的国王变得强大而富有，且并未影响他与信奉基督教的欧洲大陆进行密切交往。在比德的描述中，雷德沃尔德在基督教与异教之间选择了折中，可能葬礼策划者希望通过葬礼表达新的立场，但若真是如此，这种做法日后可没有发展前景。

基督教化

谈到基督教就无可避免要看一下比德的观点。罗马大教皇格雷戈里派意大利修道士奥古斯丁带领传教士们前往不列颠，这在比德看来显然是一个巨大的进步：盎格鲁–撒克逊人得到了上帝的恩赐。奥古斯丁传播福音的行动显然成功了，不仅展现了福音的力量、基督的力量，还使得欧洲大陆的古老文化占据了权威地位。后来，传教士们希望源于罗马的文字能够让那些不识字的士兵闻风丧胆。正是在奥古斯丁及其他传教士的影响下，埃塞尔伯特"效仿罗马人，用英文将司法命令撰写成文，一直保存到了今天"，这也是古英语第一次以文字的形式呈现出来。毫不意外，《埃塞尔伯特法典》的第一条就规定了如果损坏神和教会的财产，需进行赔偿。比德说"基督教带来了翻天覆地的变化"，确实也不无道理。但是这些变化发生速度较慢，且并不连贯，发生的方式与《英吉利教会史》中所描述的并不相同。按照格雷戈里的计划，奥古斯丁出使的目的地不应是坎特伯雷，因为格雷戈里翻阅当时罗马已有的记录发现不列颠尼亚的首都是伦敦，但伦敦显然不符合奥古斯丁的要求，相比之下，埃塞尔伯特肯特王国的首都更加合适。英国教会在发展之初肯定在一定程度上对世俗政权有所妥协，但比德并不认同这一观点。

比德的成就是举世瞩目的，他所描写的历史是我们能够看懂的，每个故事都有主题，各个事件连贯有序，而且还标明了历史事件发生的时间！比德在芒克威尔茅斯-贾罗（Monkwearmouth-Jarrow）修道院将来自各地的原始资料编纂成了教会史，其中源自坎特伯雷的资料尤其宝贵（这些资料是比德关于肯特的所有信息的来源）。7世纪末期，各国国王和人民接连信奉了基督教，并且得益于主教们的辛勤工作、修道士的虔诚祷告以及牧师的热心服务，教会得以建立，这对比德而言都体现出了上帝的大能。为了得到更直观的感受，我们再来看一场葬礼：卡斯伯特的葬礼。卡斯伯特是诺森布里亚人，也是比德最喜爱的圣徒之一。卡斯伯特以牧师、传教士常见的命名方式给自己起了名字，他任职于梅尔罗斯（Melrose，现在位于边界附近，当时还不是）的一个修道院，主要负责诺森布里亚地区的教牧关怀[1]工作。据比德描述，卡斯伯特在当地出行布道每次都要花费一个月时间，去说服当地居民信奉基督教。后来卡斯伯特去了林迪斯法恩

---

[1] 指在宗教活动中牧师或主教给予教民在精神上的关心与帮助。

（Lindisfarne），此地虽然现在看来比较偏远，但在当时具有重要的政治地位，那里有一个主教辖区和一座大教堂，位置靠近诺森布里亚国王多次到访的班堡（Bamburgh）皇家城堡。卡斯伯特后来被国王选为了主教，尽管大部分时间都隐居于法恩岛（island of Farne）上，他还是在687年葬于林迪斯法恩教堂中。随后埋葬地点几次变更，他最终葬在了达勒姆。但不可思议的是，卡斯伯特的橡木棺和里面的一些物品仍保存完好。卡斯伯特的身体是用拜占庭丝绸包裹起来的，这在当时是伟人的待遇。卡斯伯特脖子上戴着一个精致的景泰蓝十字架（让人想到了肯特妇女的胸针和萨顿胡国王的剑袋扣），他的工作用品也随葬在身边：一个便携的圣坛、一把象牙梳（授予圣职时使用）和一本能放进口袋的福音书，这些物品以欧洲大陆惯用的方式用皮革绑在了一起。我们能以此窥见不论在肯特还是诺森布里亚，基督教的传播都非常成功，这主要是因为教堂不仅设立于权力中心，也设立于偏远地区。英格兰的基督教会是拉丁基督教不可或缺的一部分，不论与罗马教皇还是法兰克基督教会，抑或是爱尔兰或小岛爱奥那（Iona）都保持着经常性联系。尽管比德的视野聚焦于英格兰基督教，但他并不保守。比德希望能为分裂的盎格鲁-撒克逊政权寻求一个可行的解决方案，他将不列颠人视作教皇格雷戈里，或者说上帝的选民。比德的愿景就是建立英格兰教会。

教会

在描述完卡斯伯特完美的一生之后，比德的故事就止步不前了，因为和吉尔达斯一样，比德在自己的生活中看到了教会腐败的一面。受到外部世界的影响，教会分裂成众多地方小教会，无法继续完成使命。在《英吉利教会史》中比德并未提及其原因，但在《致埃格伯特的书信》（*Letter to Egbert*）中，比德分析了产生问题的主要原因，认为是教区难以管理、牧师不足，以及土地等基本资源短缺等。对比德而言，地产只有两个功能：一是用于在教区建教堂，二是国王可以用土地来奖励保家卫国的士兵。在贾罗修道院外，比德却发现"各大修道院除了名声什么也没有了"，贵族们借虚假的借口"侵夺"地产以"满足自己的私欲"，而已婚教士则只能住在贵族的住所中。贵族还通过获得王室特许令将地产传承给自己的继承人。比德的抱怨一针见血地指出了问题症结所在：特许令原本意图让国王和贵族"一直"为教会提供资助，而不是将财产都留给亲属；但是到了8世纪，特许令却变成了帮助贵族侵夺教会权益的工具。

比德会这样想着实令人惊讶，因为虽然他在小时候就被父母送到了教会，但几乎可以肯定他出生于一个贵族家庭。当然当时很多人持有与比德不同的观点。卡斯伯特所在的教区有一本书，人们将其称为"生命之书"，书中记载了所有捐赠人的名字，当时人们捐赠财物后，修道士们便会为他们祈祷，大家认为通过这样的礼拜仪式能让灵魂更容易去往天堂。达勒姆修道院记录的长名单上，不仅有修道士和神职人员，还有许多贵族、公爵、国王等达官贵人，其中也不乏女性，除了修女和修女院院长，还有王室和贵族女性。20世纪80年代在埃塞克斯郡的巴金（Barking）修女院遗址上发现了两类特别的物品：一类是金线，显然修道院里当时住有上流社会女性，精美的衣着显示出她们非同一般的社会地位；另一类是尖笔，一种书写工具，用来记录修女院的创始人以及想要举办礼拜仪式的捐赠人，因此名单以及仪式相关记录便能保存下来。虽然比德想要将基督教与世俗生活区分开来，他的偶像卡斯伯特某种程度上也是如此，但同时代其他人却忙着通过交换礼物、用土地换取礼拜仪式等方式将二者联系在一起，法国历史学家将这种交换模式称为"虔诚的炼金术"。王室和贵族的捐赠使得教会变得异常富有，其中以坎特伯雷为最，《末日审判书》相关研究发现早在公元800年，基督教会所获赠的财产已经同1066年一样数额巨大。因此总体而言，基督教被引入不列颠的头两个世纪里对资源的分配方式产生了重要影响，在某些方面其影响一直延续到了宗教改革时期。当时资源主要分配给国王、贵族和教会三方，而《英吉利教会史》对大家最大的误导就是忽略了贵族，让大家误以为只有国王和教会两方。得益于《英吉利教会史》，我们知道了很多7—8世纪国王的名字，但这部著作除成为主教或圣徒的贵族外并未描述其他贵族；《致埃格伯特的书信》让我们误以为贵族破坏了教会，但实际上贵族对于维护和发展教会都功不可没。所以想要了解"比德的时代"，有时我们必须摒弃比德的一家之言。

如果我们将口述历史、书面文献和图片资料一起看的话，就能发现7—8世纪教会事务和世俗生活是一个不可分割的整体。例如，诺森布里亚的鲁斯韦尔十字碑（Ruthwell Cross，现位于苏格兰西南部）讲述了基督生与死的故事。十字碑上的画像（尤其是抹大拉的玛利亚的画像）和藤蔓装饰都受到了欧洲大陆的影响。虽然有所损坏，但十字碑还是能够呈现出十字的形状，整体就像是耶稣受难的十字架。十字碑两侧刻有符文（早期北欧的一种字母文字形式），内容是诗歌《十字架之梦》（*The Dream of the Rood*），这首诗只在英格兰南部一个10世纪的手抄本中完整地保存下来了。在诗中，十字架向基督诉说着基督"诞生时"的苦痛和荣光。要了解鲁斯韦尔十字碑的意义，我们得想象一下它矗立在户外而非小教堂里的情形，从下面这个关于8世纪初盎格鲁-撒克逊传教士圣威廉巴（St Willibald）的故事片段〔作者是修女海格伯克（Hygeburc）〕便能窥知一二：

> 威廉巴在3岁时突然患上重病，他的父母束手无策。心急如焚时，他们将威廉巴抬到了救世主的十字架旁而非教堂里。在盎格鲁-撒克逊习俗里，贵族的庄园里都会有一个十字架用于祭拜天主，十字架往往位于比较显眼的位置以方便大家每天前去祈祷。威廉巴的父母就将他放在一个十字架前，并承诺如果孩子能够病愈，便让他受洗并终身为基督服务……上帝听到了他们的祷告，威廉巴恢复了健康。

鲁斯韦尔十字碑不仅表现出贵族信仰基督教的一种方式，也体现出一种教牧关怀。从外表来看，十字碑是"官方"风格，体现出基督教神学；碑上刻画的基督诞生以前的图片是地地道道的基督教图片；诗歌部分非同寻常，展现了北欧将十字架看作生命之书的宗教主题。同样的诗歌后来又出现在几百英里[1]以南的地方，说明此时英格兰的宗教习俗已经统一并得到了传承。最初出资打造十字碑的资助者读到上面的碑文了吗？如果读到了，是否用心体会和接受了呢？同往常一样，我们的问题永远比答案多——但也足够让我们了解盎格鲁-撒克逊早期基督教传播的规模了。

弗朗克斯盒（Franks Casket）现收藏于大英博物馆，它的名字让人联想到19世纪的收藏家奥古斯都·弗朗克斯爵士（Sir Augustus Franks），他来自法国，弗朗克斯盒恰巧也是中世纪时在法兰克王国南部的布里伍德（Brioude）保留下来的。（根据最近一个可靠推测）这个盒子是一位盎格鲁-撒克逊学者作为礼物送给布里伍德的圣朱利安（St Julien）当作神龛用的。可以断定，弗朗克斯盒是8世纪初盎格鲁-撒克逊的一件工艺品。上面的鲸骨板块最初应该是固定在木材上的，盒子里面可能储存过物品。盒子上刻有北欧文字用以描述图画，而图片则体现出欧洲大陆元素，例如上面刻着罗穆卢斯（Romulus）和雷穆斯（Remus）正在由母狼哺乳的场景。盒子上还刻有典型的基督教场景，如三博士来拜（Coming of the Magi）[2]。盒子上也特别刻画了北欧主题，例如9世纪古英语作品中提到的传奇人物韦兰·史密斯（Weland the Smith）。弗朗克斯盒具有典型的盎格鲁-撒克逊特征，体现了基督教化前与基督教传入后宗教、文化的融合。

---

[1] 1英里约等于1.61千米。
[2] the Magi是耶稣出生时从东方前来朝圣送礼的三位贤人，又被称为"东方三博士"，他们的礼物代表了尊贵与圣洁。

新主张与新联系

到了8世纪，书面文献就非常丰富了，因此也成为我们了解盎格鲁-撒克逊文化的必要途径之一。该时期，王室政权，尤其是麦西亚政权愈发强大，《部族藏书》可能就是在该时期完成的。现存的王室宪章中，源于8世纪30年代到9世纪60年代麦西亚王国的宪章数量众多，一方面是因为伍斯特大教堂从中受益颇多，其相关文档都得以妥善保存下来；另一方面是因为麦西亚王室的权力更迭速度放缓，两任国王埃塞尔博尔德（Aethelbald，716—755年在位）和奥法（Offa，756—796年在位）在位时间超长，使得麦西亚能够稳定发展。与之相反，诺森布里亚由于政权不稳定，实力已经大不如7世纪时，无法再与麦西亚抗衡了。可能就像比德所说，由于经济不景气，教会在诺森布里亚也没有发挥稳定政权的作用。其他规模更小、实力更弱的国家也都归麦西亚统治。麦西亚规模相对较大，且地理位置优越，位于英格兰低地农业资源最为富饶的地区。当然8世纪时，盎格鲁-撒克逊国家并不仅仅依靠土地获取财富，贸易也得到极大发展，此时商业中心、进行国际贸易的季节性港口、沿海及河口设立的开放交易场所鳞次栉比，这主要是为了满足王室及贵族对名贵商品，如高档陶瓷、琥珀、海象象牙、磨石、红酒、珠宝、高档纺织品等的需求，他们常把这些物品作为礼物互相赠送。贸易活跃说明盎格鲁-撒克逊与欧洲西部甚至更远的国家往来愈加频繁，朝圣者不论男女，纷纷踏上前往罗马的道路。（据称因此每个意大利城镇都有盎格鲁-撒克逊妓女。）威廉巴一路走到了耶路撒冷，其他盎格鲁-撒克逊传教士则被欧洲大陆新的王权所吸引：法兰克、阿拉曼和巴伐利亚的领导者们发现传教士们不仅能促进宗教发展也有利于政治稳定，因此非常欢迎他们。盎格鲁-撒克逊传教士们自愿漂洋过海前去帮助弗里斯兰人、图林根人和撒克逊人皈依，其中最为有名的是圣卜尼法斯，直至今天他都被尊称为"日耳曼人的使徒"。圣卜尼法斯称"传教士们告诉当地人'他们身上流着同样的血液'"，由于语言相近，大家很容易相信彼此同根同祖。上述宗教、文化和经贸往来说明盎格鲁-撒克逊时期的英格兰已经向欧洲大陆开放。

内陆国家麦西亚通过接管曾经属于东撒克逊（比德称其为）"大都市"的伦敦向东南扩张，以便直接参与对外贸易。考古学家现在比较确信，8世纪时的商业中心伦敦应位于现在的奥德乌奇（Aldwych）附近。埃塞尔博尔德国王规定"伦敦港为王室所有，不论是用本人船只还是借用他人船只，只要进入伦敦港便须缴纳通行费"，埃塞尔博尔德还规定罗切斯特大主教可以有一艘免除交通费的船只。上述规定在9世纪时得到了一位国王的证实，但这也只是众多宪章中的一两条，也正是因为它跟日常文件别无两样，才愈发体现出其意义非凡。通行费成为王室收入的重要来源，因此免收通行费可是一项不一般的特殊待遇。当然王室收取通行费就必须得保证交易场所有专门负责的工作人员（有可能是具备某些技能的专业人士，他们一般头戴帽子而非头盔）保障交易安全，这样大家才会觉得通行费值得交。再来看看罗切斯特大主教，他不仅有自己的船只进出伦敦港，也同其他商人交易，我们可以想象大主教及其家人吃饭用的是法兰克瓷器，他的教堂里装饰着来自欧洲大陆的金属牌子，他的庄园里磨坊用的是莱茵兰（Rhineland）地区的磨石。

奥法国王用的磨石是什么样的我们无须想象，因为考古学家已经在斯塔福德郡（Staffordshire）塔姆沃斯（Tamworth）的皇家水磨坊发现了从别国进口的磨石。奥法也对伦敦很感兴趣，他在伦敦铸造了货币并严格控制了铸币，每一枚硬币都彰显着王室的权威，迄今在麦西亚出土的奥法时期货币全部都是本国货币。看来奥法在位时，外国商人入境麦西亚必须将自己带来的货币兑换成麦西亚货币（这套兑换机制在10世纪时才广泛运行）。在撒克逊南安普顿（Hamwih）发现的奥法时期的硬币也是源于麦西亚，证实了相关文献中的发现：那时威塞克斯也隶属于麦西亚。造币对奥法很重要，因为货币是商贸往来的媒介，如披风就从英格兰出口到加洛林王廷，然后又被慷慨赠予了罗马教皇。

查理大帝增加法兰克硬币重量后，奥法也随之效仿。奥法甚至还提出让自己的儿子迎娶查理大帝的女儿。查理大帝深感这个提议实在过分，便宣布禁止与麦西亚继续进行贸易往来，可见当时贸易是多么重要。奥法"利用"女儿的方式比较传统，就是把她们分别嫁给东英吉利、威塞克斯、诺森布里亚的国王。联姻不仅意味着麦西亚与这些王国联盟，也意味着麦西亚成了霸主，因为其中两个王国都要依赖麦西亚抵御外敌，甚至可能三个都是如此。肯特此时有多位国王在位，奥法进攻肯特，击败了抵御力量，成功吞并了肯特。奥法还想控制坎特伯雷，因为坎特伯雷在盎格鲁-撒克逊教会中具有最重要的地位，但是肯特大主教并不配合，于是奥法便说服教皇在麦西亚的核心地带利奇菲尔德建立一个新的主教区。此时恰逢奥法的儿子埃格弗里斯（Ecgfrith）于787年加冕继承王位（这还是盎格鲁-撒克逊历史中第一次国王加冕），与奥法一同统治麦西亚。奥法曾在坎特伯雷铸造带有妻子辛妮丽（Cynethryth）王后名字的硬币，这是盎格鲁-撒克逊时期唯一以王后名义发行的货币，可能也与埃格弗里斯加冕有关。为了确保儿子能够继承王位，奥法不惜杀人无数，奥法发现了国家政权是否稳定与王位是否能顺利继承，以及是否能由王位的顺利继承而避免纷争息息相关，他从查理大帝的经历中领悟到了让教会参与王室仪式的重要性。位于北安普顿郡的布里克斯沃思（Brixworth）教堂，是当代卡洛林式建筑，很有可能便是麦西亚国王向贵族们展示王权的地方。

奥法在位时沿着麦西亚—威尔士边界修建了一项庞大的土石工程，即奥法大堤（Offa's Dyke），虽然人们进行了大量发掘工作，仍不能确定大堤的每一部分是何时修建的，有些部分可能早在奥法上位之前就已经存在了。奥法去世后，王位传承至第四代左右，有个威尔士人称修建大堤的奥法是个暴君，大家有这种印象也有道理，因为奥法大堤可能就是靠奴役威尔士奴隶建造而成的。奥法多次袭击威尔士，根据作战需求，大堤既可以起到防御作用，也可以在进攻时派上用场。大堤规模宏大，体现出这位盎格鲁-撒克逊早期的国王有多么雄心勃勃，当然也展示出了王室的实力。只要读一读当时法兰克的外交辞令，历史学家们便会发现当时奥法与查理大帝可以说是旗鼓相当。奥法喜欢扰乱其他国家的稳定局势以将其变为自己的附属国，对于敌人他喜欢将其流放，从这些方面来看，奥法和查理大帝则不是一路人。查理大帝庇护了被流放者，并耐心等待时机，后来在法兰克王国的帮助下，威塞克斯和诺森布里亚国王又重新夺回了自己的王位（肯特未能成功）。对于9世纪初的法兰克而言，不论上述国家还是麦西亚，都只是附属国而已，当时的查理曼帝国版图已经扩张至贝内文托（Benevento）和波罗的海（Baltic）。埃格弗里斯只比父亲奥法多活了二十周而已，所以早期的盎格鲁–撒克逊国家，没有一个能够长期保持霸主地位。正如比德所述，对于年轻贵族而言，只要给他们足够丰厚的回报，他们便能够抛弃自己的国家投靠其他国王。

维京时代

奥法去世后，麦西亚的巅峰时代也随之而去，但关于麦西亚在9世纪60年代前衰落速度和程度的描述常常是言过其实的。在《盎格鲁–撒克逊编年史》[1]中威塞克斯可谓一枝独秀。《编年史》最早的手稿可能是9世纪90年代在温彻斯特成型的，所用语言为古英语，书中首页列举了威塞克斯所有国王，上至"494年乘船到达彻迪克海岸（Cerdicshore）的"彻迪克（Cerdic），下至阿尔弗雷德。《编年史》分为上下两部，分别追溯了沃登（Woden）至彻迪克、阿尔弗雷德至彻迪克时期的历史。855年的条目下，《编年史》记录了阿尔弗雷德、其父亲埃塞尔伍夫（Æthelwulf）至亚当（Adam）的历史，而829年条目下则写道"埃格伯特（Egbert，威塞克斯国王，阿尔弗雷德的祖父）征服了麦西亚以及亨伯河（the Humber）以

---

[1] 本章简称《编年史》。

南地区，他是第八个被称为'布雷特瓦尔达'（Bretwalda），即'不列颠统治者'的国王"。《编年史》中列举的"布雷特瓦尔达"主要就是将比德所列的"霸主"翻译为了古英语。我们可以将《编年史》视为朝代史，而且其在撰写过程中受阿尔弗雷德影响较深，例如853年的条目下记录了10世纪时的一个故事，"埃塞尔伍夫将阿尔弗雷德送往罗马，当时的罗马教皇利奥四世（Leo Ⅳ）为他举行了仪式，授予了他国王的身份[1]"。但是由于当时阿尔弗雷德年仅4岁，且还有三位兄长在世，其他证据表明埃塞尔伍夫实际上计划将国家划分为两部分，由两位较年长的儿子分别继承，事实也正是如此。所以《编年史》中关于阿尔弗雷德在罗马的记录并不能说明他被奉为了威塞克斯继承人，但确实对读者有所误导。有人认为这显然是在阿尔弗雷德的授意或默许下徒增的一段历史，用以提高他的声望。

埃格伯特和埃塞尔伍夫在位时都极大扩张了威塞克斯的版图，起初威塞克斯只包含威尔特郡（Wiltshire）、汉普郡、萨默塞特郡（Somerset）和多塞特郡（Dorset），后来原本在8世纪属于麦西亚附属国的苏塞克斯、萨里和肯特也在埃格伯特在位时被纳入了威塞克斯的版图，但它们还保留着各自独特的身份。随后埃格伯特又征服了埃塞克斯，前往东南部攻打古老的凯尔特王国都摩尼亚（Dumnonia）并攻占了德文（Devon）。据《编年史》记载，838年康沃尔郡人曾与丹麦人结盟抵御威塞克斯，但"埃格伯特让他们落荒而逃"。至9世纪40年代，原本属于麦西亚的伯克郡（Berkshire）也被归入威塞克斯，麦西亚式微，反而成就了我们所说的"伟大的威塞克斯"（Greater Wessex）。当然麦西亚仍掌控着泰晤士河谷和伦敦，还是一个富裕的内陆大国；9世纪50年代初期，麦西亚变为了威塞克斯的盟友：《编年史》记载，853年埃塞尔伍夫的女儿嫁给了麦西亚国王。

---

[1] 实际授予的是罗马执政官称号。

导致麦西亚及其他盎格鲁-撒克逊国家逐渐衰落的原因，除了威塞克斯，还有一个外部因素，那就是维京人（虽然早期维京人也零星进行了几次袭击），几乎无人能够预见他们的影响。维京人最初来自斯堪的纳维亚，《编年史》作者（们）有时称他们是"丹麦人"，他们中许多（如果不是大部分的话）是从法兰克前去攻打盎格鲁-撒克逊的，他们早在加洛林王朝9世纪40年代就已经建立了自己的舰队，且每支舰队都有相应的船长。法兰克内战吸引了丹麦人前去趁火打劫，法兰克人花费二十年时间才使得抵御有所成效；丹麦人还时不时从法兰克漂洋过海袭击肯特和威塞克斯沿海地区。865年秋天，法兰克的防御工作已趋于完善（关于这一点《编年史》并未提及），"一支强大的外族军队（古英语中军队是here）"来到了英格兰（《编年史》写道），"在东盎格利亚安营扎寨；在那儿丹麦人获得了马匹，并与东盎格利亚议和了"。866年这支军队进攻诺森布里亚一举得胜，攻占了约克。867年他们南下来到麦西亚，麦西亚人弃战议和。867年丹麦军队又攻击东盎格利亚，东盎格利亚国王艾德蒙（Edmund）战死沙场，丹麦人"征服了东盎格利亚所有土地"。871年，这支军队开始攻打威塞克斯，也是在这一年阿尔弗雷德继承了王位。

维京人为何能如此迅速获得成功？865年，诺森布里亚发生了一场"内战"导致御敌不力（内战双方最后都死于维京人手下）。而其他国家的国王在遇到维京人时，第一反应都是"议和"，也就是给他们钱财，此前加洛林王朝用过这个策略，针对规模相对较小的维京军队经常行之有效。但是盎格鲁-撒克逊人面对的是由几个小团队整合起来的"大军"（Great Army，古英语为micel here），面对的敌人不再是几百人而是几千人，形势可就完全不一样了。而且与加洛林王朝抗衡的这些年，维京人积累了大量陆战和水战经验，他们精于寻找和建造防御工事，也擅长突袭周围的乡村。他们还是谈判高手，能够发现愿意合作的贵族和国王。有些部队首领愿意就此在英格兰定居，英格兰东部和北部地区很多地方都是以斯堪的纳维亚语命名的，说明当时维京首领掌控了广阔的领土，同时也说明当时普通农民可能也移民至英格兰了。这与9世纪时维京人移民至法兰克王国的情况截然不同。

军事方面，阿尔弗雷德在871年占据一个优势：维京人征服英格兰的速度过快、范围过大，他们需要时间巩固管理。威塞克斯面对的维京军队规模较小，并非维京人的所有军事力量。关键时刻阿尔弗雷德能够赢得胜利，878年他在威尔特郡埃丁顿取得的胜利至关重要。威尔特郡长伍尔夫希尔（Wulfhere）叛逃，投奔了维京一方。如果阿尔弗雷德战败，这样的叛逃行为将会接踵而至。阿尔弗雷德罢免了"背叛了自己和国家的"郡长，并剥夺了他的土地。阿尔弗雷德运气不错，加洛林王朝动荡（更换国王频繁、少数族裔问题凸显），引来了"维京大军"（法兰克作家也用"大军"形容维京军队，但所用语言是拉丁语），所以9世纪80年代，阿尔弗雷德得到喘息之机。

趁此机会，阿尔弗雷德采取了两项重要举措。第一项举措是在整个威塞克斯建立起防御体系，在古英语中称为"堡"（*burh*，要塞）。在有些地方，如汉普郡的温彻斯特，部分罗马旧城墙仍屹立不倒，所以使用的是旧的防御工事；而在有些地方，防御工事是重新建造的，例如在伯克郡沃灵福德（Wallingford）垒起了土城墙。温彻斯特和沃灵福德的防御工事规模最大的两个"堡"，壁垒长约3018米，其他地方规模相较而言更小一些。有证据表明，各"堡"内部结构相似，都在中心位置铺设了呈十字形交叉的网状街道。后来很多要塞变为了集市，还常设有铸币厂。很有可能阿尔弗雷德在设计时已经考虑到了后期用途，他相信"智慧能够带来财富"。但即便891年维京军队从法兰克战败重返英格兰，威塞克斯的这些堡垒也未派上用场。这些要塞驻守着塞恩（thegn，贵族）和士兵，在遇到战事时能够成为先锋部队，《编年史》中便描述了这样一场战役：893年"驻守要塞的塞恩"与郡长合作在帕丁顿（Buttington）塞文河（the river Severn）上追击并击败了维京人。

第二项举措就更非同寻常了，阿尔弗雷德发起了文化改革。这项举措还留下了一些纪念物，其中一个是在阿宾顿（Abingdon）出土的该时期的宝剑，剑柄上饰有福音传教士的小标记。这把剑可能说明当时与异教徒发生了新型的基督教战争。另一件在萨默塞特阿塞尔内（Athelney）要塞发现的珠宝与阿尔弗雷德相关度更高，上面刻着"阿尔弗雷德制"。与之相似的"阿尔弗雷德宝石"还发现了另外两件，结构相似，体积更小，其中一件是1990年多塞特郡发生悬崖滑坡后发现的。阿尔弗雷德命人将教皇格雷戈里的《教牧关怀》（*Pastoral Care*）古英语译本连同阅读指针（æstels）一起派发给各主教，发现的这三件宝石可能是阅读指针中价值最高的部分。一枚阅读指针价值50曼库斯（mancus），合1500银便士。主教们是阿尔弗雷德"最得力的塞恩"，对于赐予财物的人，他们总是很热情。阿尔弗雷德希望能利用主教的教牧职能实现自己的目的，他翻译了一系列拉丁文"必读书目"，书籍传递了社会信息、服从和服务的精神，以及最重要的一点——忠于上帝委任的国王。所以《编年史》和比德的《英吉利教会史》古英语译本也是必读书目。文学史学者称阿尔弗雷德是英语的首位推动者，政治史学者则对阿尔弗雷德赢得和保持人心的方式赞赏有加。阿尔弗雷德的著作使我们能了解他的性格和想法。他将来自撒克逊、麦西亚和威尔士的学者邀请至宫中，这使得他能够博采众长。阿尔弗雷德效仿查理大帝，重视文化发展，他将基督教拉丁文作品翻译为古英语并整理成册，同时还明确了学识可以创造财富以吸引人们学习，这在当时独树一帜。

阿尔弗雷德是一位伟大的政治家。不论是奥法还是威塞克斯历任国王，都未能收服肯特，而阿尔弗雷德在他在任期间解决了这个问题。维京人的进攻使各个教区（它们可能就是比德不欣赏的类型）纷纷撤离肯特修道院，此前坎特伯雷大主教主管这些修道院并手握它们的财富，而阿尔弗雷德将财产分配权掌握在了自己手中。阿尔弗雷德似乎热衷于利用修道院的土地扩大威塞克斯王室地产，此后他用同样的政策将阿宾顿修道院（minster of Abingdon）的土地分配给了爱国将领以示奖励（对此比德并不完全赞同）。

维京人攻打麦西亚王国时，阿尔弗雷德趁势而入并彻底击垮了麦西亚，发生在879年的埃丁顿战役结束后不久，麦西亚王国就不复存在了，仅在西南部还留有一位郡长埃塞尔雷德（Æthelred），他"在阿尔弗雷德离开时掌权"，埃塞尔雷德娶了阿尔弗雷德的女儿埃特尔弗莱德（Æthelflæd），他们后来将阿尔弗雷德的堡垒政策延伸至伍斯特等地。据《编年史》记载，他们的婚礼可能是在886年举行的，当时"所有'英国人'，包括盎格鲁人，即麦西亚人和撒克逊人，都向正在伦敦的阿尔弗雷德鞠躬"。对于这样一个仪式，举办场地选在伦敦是再合适不过了。阿尔弗雷德并没有从维京人手中重新夺回整个英格兰，但他扩大了威塞克斯，并统治了麦西亚的部分领土。阿尔弗雷德的愿景是宏大的，并未将斯堪的纳维亚人排除在外。实际上阿尔弗雷德的某一版家谱里也的确包含斯堪的纳维亚人。而且现代版本的《编年史》里将人按种族划分了，其实原版中并没有，原版只记载了两军相遇，其中一方是由阿尔弗雷德和郡长征召的军队。那时种族区分不如异教徒与基督徒的区别重要，而且人们认为种族鸿沟并不难以弥合：毕竟可以让维京人皈依基督教。

王国的形成

大家倾向于把10世纪形容为征服和统一的时期，阿尔弗雷德本有可能征服和统一英格兰，但未能如愿。为征服英格兰的其余地区，威塞克斯两代人都在不断战斗，但一直未能实现，这不是仅靠武力就能解决的。埃塞尔斯坦出征诺森布里亚时，曾到访卡斯伯特教区的临时住所切斯特街（Chester-le-Street）。后来有故事描述埃塞尔斯坦带去了大量珍稀礼物，打开了卡斯伯特的坟墓并将礼单放在了卡斯伯特耳边。这个故事现在看来并不可信，但埃塞尔斯坦在大约934年时前往对抗苏格兰人的途中的确祭拜了卡斯伯特，并在他的墓前放了比德的著作《卡斯伯特生平》（*Life of Cuthbert*）。这部10世纪初期的手稿卷首插画描绘了埃塞尔斯坦戴着奥托风格的皇冠，正向圣徒呈书的场景。也可能是出于自身信仰原因（埃塞尔斯坦是一位著名的文物收藏家），埃塞尔斯坦对诺森布里亚的著名圣徒采取了和解的态度，对斯堪的纳维亚人也是如此，斯堪的纳维亚先辈在9世纪末已成为卡斯伯特的信徒。934年，埃塞尔斯坦的随从中有六位首领或者说"厄尔[1]"（相当于盎格鲁-撒克逊时期的郡长）的名字源于斯堪的纳维亚语，那时在诺森布里亚的斯堪的纳维亚人几乎已经全部皈依基督教了，他们皈依的速度非常快，以至于在英格兰几乎没有发现任何文物能证明斯堪的纳维亚人是异教徒。卡斯伯特的信徒身份已经成为一个地区大家共有的身份象征，也使人们在新政权下更易于彼此融合。

10世纪出台了一系列法律，证明王室权力日益增强。阿尔弗雷德之后的盎格鲁-撒克逊国王几乎全都留下了立法记录，只有两位除外。历史学家普遍认为，"听命于国王的地方政府"体系是诺曼征服后英格兰的典型特征，该体系在此时似乎已初具规模。法院和法官受到严格监管；《埃德加法典》中还明确命令一位厄尔和两位郡长负责"维护和平"。在各个"堡"，还有城守（reeves，皇家军官）负责监管贸易和铸币。这不禁让人想到了法兰克王国，那时英格兰的法典显然是照搬了法兰克的法律法规。不过，10世纪时盎格鲁-撒克逊国王们还在广泛立法，而加洛林王朝已不再继续了。当然立法和行政管理不能混为一谈，要证明法律得以执行，历史学家们还需要找到国王或其他官员解决纷争、惩罚犯罪的记录。10世纪时，不仅王室政府发展壮大，城镇和乡间贵族的权力也日益增大。"威塞克斯征服"（West Saxon conquest）使得不论是王室还是其他威塞

---

[1] 盎格鲁-撒克逊贵族有厄尔（earl）、塞恩（thane）和格奈特（geneat）三类，厄尔最高，塞恩次之，格奈特再次之。厄尔的最初词源是"ealdorman"，即"郡长"，肯特地区则用earl，原意为盎格鲁-撒克逊人的"首领"、"酋长"或"将领"，常常担任军队的指挥，也常译为"伯爵"。

克斯家族的子弟自10世纪初便扎根于麦西亚和东盎格利亚。10世纪中叶，"半边王"（Half-King）埃塞尔斯坦成了东盎格利亚郡长和英格兰东部大贵族（magnate），而埃尔夫希尔（Ælfhere）则成了麦西亚郡长，掌管中西部。这些大贵族行使地方权力，为自己、家人及国王服务。10世纪时所有王后都出自郡长家族，反映出这些家族势力之大，也说明了地方贵族是如何产生影响的。几乎所有记录在案的法律纠纷都涉及贵族阶层，他们的政治利益到底是什么，我们也只能推测。其中一个不寻常的案例是一位寡妇被判使用巫术并被溺死，她的土地收归国王所有，最终这块地归温彻斯特主教埃塞尔沃尔德所有。从其他资料可知，埃塞尔沃尔德是缔造了王国的神职人员，在王室的支持下，任何他认为伊利修道院（monastery of Ely）应该拥有的财产，都会从其他人手中夺来。

10世纪推行的修道院改革也将王室、贵族和教会的利益紧密联系在一起。埃德加为新温彻斯特修道院所制定的《教规》卷首便是一份长长的文件，为教会生活定下规矩，从中也能看出国王希望教会如何刻画和纪念他：国王为上帝服务，而上帝则授予国王权力。修道院改革使在俗教士被取代（比德早已将不同教会模式相对立），也确立了埃德加在当代宗教中的重要位置。10世纪时，佛兰德斯（Flanders）伯爵们，即盎格鲁－撒克逊国王的表兄弟（阿尔弗雷德在9世纪90年代将一个女儿嫁给了佛兰德斯伯爵），与英格兰保持了密切联系，也实行了本笃会教义。改革中，贵族纷纷捐钱建造修道院，使人们养成祈祷的习惯，认为祈祷不可或缺，这对统治者而言大有裨益。贵族捐赠也促进了埃德加与地方大人物们——主教结盟，这在温彻斯特表现得尤为突出，埃德加与主教埃塞尔沃尔德（《编年史》中描写853年温彻斯特的部分中的marginal crosses可能就在他手中）联手使温彻斯特修道院拥有了巨大资本。新建的修道院为举办奢华的王室仪式提供了可能，另一个从改革中获益的例子是巴斯修道院：973年，埃德加及其王后在巴斯举行了加冕礼，标志着他们对多个民族的人民具有统治权。之所以选择在巴斯举行典礼，可能是因为巴斯仍留有罗马遗迹，

（如一首诗所想象的那样）这些遗迹可能被视为"巨人的作品"。

975年，埃德加去世，东英吉利改革后的拉姆西（Ramsey）修道院有一位作家描述麦西亚修士受到疯狂攻击，有些历史学家也发现那时出现了"反修道院热潮"。东盎格利亚和麦西亚郡长家族之间爆发了派系斗争。与此同时，麦西亚"迫害者"埃尔夫希尔在他资助的伊夫舍姆修道院却深受爱戴。理论上讲，所有人都是支持改革的；但实际上在很多地方，改革再次引发了此前一直存在的地方权力争夺，这主要是由于郡长头衔虽不能世袭，但权力总是要承袭下去的。总之，改革过程中总会有很多变化和妥协。

世人都支持正义，当时最需要正义的人群非寡妇所属。在44份大多为10世纪、11世纪的盎格鲁-撒克逊遗嘱中，11份来自女性，其中大部分可能是寡妇。以埃塞尔吉夫（Æthelgifu）为例，她的遗嘱可追溯至980年，19世纪60年代在室外考古中被发现时，遗嘱包装严密，仍可反映出其内容。埃塞尔吉夫出身贵族阶层，在赫特福德郡（Hertfordshire）和贝德福特郡（Bedfordshire）均拥有庄园，在郡级范围内属于大贵族。她的遗嘱开头便是向国王和王后赠送遗产，希望他们能够实现她的愿望。埃塞尔吉夫是在郡级法庭宣告遗嘱的，严格来说该法庭包含了两个郡，出席人数逾2000人，均为男性，都成为这份遗嘱的见证人。除了将羊群、自由农和农奴、土地以及伦敦一处房产留给亲属，埃塞尔吉夫还将部分财产留给了圣奥尔本斯教堂，教堂后来保存了这份遗嘱。对于那些愿意为她的灵魂唱诗祝祷的女性，埃塞尔吉夫还赠予了她们一本诗集。从这份遗嘱中，我们能够感受到埃塞尔吉夫的愿望和担忧：她希望能够在属于自己的修道院中，伴有几位女仆和女性亲属过完剩余的时日；但她又担心男性亲属和想要掌控她财产的人会阻止她这样做。王权不容反抗，但埃塞尔吉夫也极大煽动了地方舆论。虽然宗教运动带来影响，但人们冷静下来就会意识到在领主的领地上和法庭里，争取到更多权益和实权也很重要。盎格鲁-撒克逊后期，地主阶级的出现在土地规划上也有所体现。在林肯郡哥尔托庄园

（Goltho Manor）出土的住宅，周围建有沟渠和栅栏，看起来就像一个小型"堡"，有可能埃塞尔吉夫的房子也是这样的。虽然国王"维护了和平"，但人们在建设住宅时还是不忘加强防御设施。

盎格鲁-撒克逊后期的铸币业充分体现出王室政府的工作效率。所有货币都以国王的名义发行，且不允许任何外币流通。埃塞尔雷德二世在位期间（978—1016），约有60家铸币厂运营，亨伯河以南几乎每个人的住处15英里以内就有一家铸币厂。货币发行权下放到各铸币厂，因为每七到十年所有货币都要召回并重新发行。发行新货币后，人们只能更换货币，因为旧货币已被废止，不能继续流通。每次铸币时，国王和铸币者（铸币者的名字也刻在硬币上）都要从中获利。埃塞尔雷德的铸币者不仅有王室人员，还包含了郡长，在北方尤为如此。这其实是一种征税方式，国王和贵族在某种程度上瓜分了财物。埃塞尔雷德格外需要良好运行这套征税体系：他在位期间，斯堪的纳维亚人卷土重来，由强大、团结的丹麦政府组织，由丹麦国王斯维恩（Swein）和他的儿子克努特（Cnut）相继率领，较9世纪时进攻规模更大，军队装备更加精良。埃塞尔雷德同9世纪统治者们所采取的策略一致，就是给丹麦人一大笔钱让他们暂时撤军。就这样，埃塞尔雷德的政权从992年一直持续到了1016年。仔细阅读有关税收方式的资料便可了解地方政权有多么恣意妄为：例如在中部地区，"掠夺者"埃德里克（Eadric Streona）利用收税的职务之便公报私仇或拉拢政治上的朋友。盎格鲁-撒克逊后期的铸币业既证明了行政管理方式日益成熟，也解释了地方政府与中央政府如何互相进行利益输送，以便玩弄权势。

到1016年，英格兰已经收集并向其他国家输送了大量白银。显然盎格鲁-撒克逊后期的英格兰，像8世纪一样，非常富有，这主要是因为其自身资源丰富，羊毛生产日益重要（埃塞尔吉夫拥有数量众多的羊，所产羊毛肯定有一定市场），以及进出口活动日趋频繁。比特林斯盖特相继建了多个码头，考古学家根据其木材的年轮确定其最早建于埃塞尔雷德时期，这与记述了伦敦已有欧洲大陆商人的书面资料相一致。从此至整个11世纪，整个伦敦财富不断积累，商贸往来持续增加，英格兰因此财力雄厚，享誉国外。

埃塞尔雷德遭人贬低了数世纪，直至最近的编史中，对他的评价才有所改善。林德赛（Lindsey）有人同意与克努特联手"掠夺"。1014年，埃塞尔雷德对他们进行了报复："埃塞尔雷德来到林德赛，林德赛被烧杀成空，目之所及所有人都被杀了。"这种针对性极强的武力行为其实也是一种行政管理方式。不论是这个事件，还是埃塞尔雷德整个在位期间的表现，都说明10世纪统一英格兰的时机尚未成熟。重压之下，英格兰王国再次分崩离析，诺森布里亚和麦西亚先后臣服于丹麦王国，而威塞克斯还在苦苦抵抗。埃塞尔雷德死后，他的儿子埃德蒙于1017年同意克努特的提议，按照从前的麦西亚—威塞克斯界线将英格兰一分为二。

征服

11世纪时，盎格鲁-撒克逊英格兰被征服了两次，除了1066年那次，其实早在1017年埃德蒙去世时，克努特便征服了英格兰。但这并不能说明盎格鲁-撒克逊末期的英格兰已日渐"衰退"，实际上英格兰发展速度之快前所未有，并且被征服使英格兰愈发团结。彼时种族差异相对而言越来越无足轻重，而与欧洲大陆的联系则非常重要。一位女性的一生可以体现出这些特征：诺曼底公爵理查德（Duke Richard）的女儿艾玛（Emma）于1002年与埃塞尔雷德完婚（《编年史》特别提到了这桩王室婚姻），据《编年史》记载，1017年，克努特"下令娶埃塞尔雷德的遗孀、理查德的女儿为妻"。这对夫妻向新温彻斯特修道院呈交十字架的画像与10世纪末埃德加向上帝呈交宪章的画像形成鲜明对比：艾玛的地位之高令人震惊。王后身份和丹麦-诺曼血统，使得艾玛的第二段婚姻代表了权力移交，将"王国移交"给一位可以同时掌管英国和丹麦的征服者。克努特在英格兰对贵族采用合作的态度，对温彻斯特采用和解的姿态。当然也有一些变化，比如郡长变为了厄尔。但20世纪末的历史学家们认为克努特在位期间，盎格鲁-撒克逊末期的英格兰非但没有衰落，反而展现出强大的实力。

艾玛与埃塞尔雷德之子爱德华（Edward）被流放至诺曼底，他在那儿度过了二十五年，从一个男孩成长为一个男人。由于英格兰王室发生了一系列变化，爱德华于1042年登上了英格兰王位，在位期间他重用诺曼人，并考虑将王位传给威廉公爵（Duke William）。尽管如此，爱德华王朝还是同克努特王朝一样英国化。广泛使用书面文字是此前加洛林王朝的特征之一，在诺曼底已经不复存在，但忏悔者爱德华在位期间，书面文字的使用在英格兰又变得非常活跃。爱德华派发给斯塔福德郡的令状[1]可能看起来平平无奇，但采用这种行政方式，中央指令可清楚地下达给郡级主要人物。郡级长官，同往常一样，还是拥有领地权力的地方巨头，他们始终为自己家族谋求利益。威塞克斯也变为了领地，其统治者是克努特的支持者戈德温厄尔（Earl Godwin）。戈德温有五个儿子和一个女儿，各个都雄心勃勃，他的女儿伊迪斯在爱德华上位之初便嫁给了他：双方对这桩婚姻都非常满意。《末日审判书》虽于1086年完成编纂，但也记录了"爱德华国王在世时及去世后"哪些人拥有了多少土地，其1066年1月5日的记录显示，在整个英格兰，爱德华国王所拥有的土地比任何人都多，且价值最高。但戈德温五个儿子拥有的土地加起来比国王的土地范围更广、价值更高。伊迪斯所有土地面积也颇具规模，但现代历史学家不知应该将其归为爱德华"一方"还是戈德温后代一方。戈德温儿子们的立场也并不统一，其中两兄弟彼此抗衡，纷争严重。但不论是他们还是伊迪斯，都要仰仗国王才能维持他们的阶级和社会地位，当然国王的统治也离不开他们任何一方的支持。到爱德华王朝后期，哈罗德·戈德温森（Harold Godwinson）

---

[1] 国王政令文书中，不加盖印玺的文件称为特许状（charter），加盖印玺的文件称为令状（writ）。

已成为最主要的贵族，1066年1月6日，爱德华去世并葬于威斯敏斯特新建的修道院教堂中，哈罗德也在这个教堂加冕为王。

此时也是整个盎格鲁-撒克逊时代中最著名、最令人难忘的时期。《巴约挂毯》（一幅手工刺绣）便是在11世纪70年代由一群英国女性制成的，那时英国女性的刺绣水平达到顶尖。挂毯制作地点距离坎特伯雷的圣奥古斯丁修道院不远，还有一些图文书提供了该挂毯的图片。《巴约挂毯》虽然是在征服者威廉的弟弟巴约主教厄德（Odo）的资助下完成的，却是一幅典型的盎格鲁-撒克逊风格作品。挂毯描绘了哈罗德带领随从骑行至苏克塞斯博沙姆（Bosham）用餐的场景。哈罗德深受盎格鲁-撒克逊文化熏陶，但他对诺曼底也极为熟悉。挂毯中哈罗德及其随从的衣着服饰、生活方式、宗教习俗、武器和马匹都与威廉及其随从的并无太多不同之处（除了他们的发型不一样）。虽然威廉征服了英格兰，取代了哈罗德坐上王位，但在黑斯廷斯战役中，双方其实本质上是共享同一种文化的，即拉丁基督教世界的贵族文化。在二者的巨大共性面前，语言差异或发型差异实在微不足道。这也解释了为什么哈罗德在诺曼底会有一种身处家乡的感觉；更重要的是，这说明了为什么即便威廉说的是法语而非英语，人们也能接受他成为英格兰国王，以及为什么那时法兰克人会把英格兰看作第二故乡。

第三章

诺曼征服（1066—1215）

GEORGE GARNETT

　　"谈论法律的声音越大，违法之事就越多"，这句话出自盎格鲁-撒克逊一位编年史家给征服者威廉写的讣告。讣告言辞辛辣，这位编年史学者意识到诺曼征服后英格兰政权转移说明一个真理：努力证明诺曼底公爵威廉对忏悔者爱德华的王位继承的合法性，其实恰恰说明其不合法。对此诺曼人表示抗议。或许在此我们应该试图得出结论。诺曼人征服英格兰的说辞中细节丰富，他们的措辞以及提出的参考依据成为日后新政权众多文件的基石，这反映出英格兰社会被诺曼人重新塑造的程度之深。此后英格兰社会的法律体制也是在诺曼征服时期宣言的基础上建立起来的。同20世纪的极权主义政权一样，诺曼人似乎已经意识到要想掌握政权就必须掌控历史，于是政府官方对过往历史提出了一个自己的版本并极力宣传。通过揭秘诺曼征服对历史的解读，可以发现其对新政权的影响，从而了解英格兰如何被诺曼征服塑造和改变。

威廉公爵称王

忏悔者爱德华膝下无子无女，征服者威廉便声称自己是爱德华指定的合法继承人和继位者，历史学家们基本接受了这个说法的全部或者说大部分内容，但是并没有任何诺曼征服前的资料能够证实这一说法。我们只能参考诺曼征服后在诺曼底撰写的资料，例如约1070年由瑞米耶日的威廉（William of Jumièges）完成的《诺曼底公爵事迹》（*Deeds of the Dukes of the Normans*），以及1077年由普瓦捷的威廉（William of Poitiers）完成的征服者威廉传记。普瓦捷的威廉主要聚焦于诺曼征服以及征服者威廉是如何登上王位的，而这在瑞米耶日的威廉看来只是事件发生后的补充记录而已。尽管细节详尽程度有所不同，但两部作品都记录了同一个故事，本质上并无差异。忏悔者爱德华在去世前于1051年选择威廉继承王位，他之所以将王位传给威廉主要是因为自己曾在诺曼底获得帮助，想以此来表达感激之情。11世纪英格兰第一次被占领时，爱德华和其他幸存的王室成员曾被丹麦国王克努特流放，当他重新回到英格兰成为国王时，他想通过赠予王位的方式报答诺曼底公爵。爱德华在确认贵族们愿意效忠于诺曼底公爵后，便派人前往诺曼底告知公爵他的决定。派出的信使是坎特伯雷新任大主教瑞米耶日的罗伯特（Robert of Jumièges），他是诺曼人，由诺曼亲王爱德华（Normannophile Edward）引入英格兰，当时也遭到了威塞克斯厄尔戈德温及其儿子的反对。尽管如此，戈德温等厄尔（当时的东盎格利亚厄尔哈罗德除外）最终还是同意了爱德华的决定，由威廉继位。

如果说在最初决定由威廉继位时，哈罗德持反对意见，那么为何诺曼底的书面资料用很大篇幅记载了1064年或1065年哈罗德在出访大陆时称自己是愿意效忠威廉的呢？那时哈罗德已经承袭了父亲的权力，成为威塞克斯厄尔。诺曼人称，是爱德华国王将哈罗德派遣至诺曼底，由他再次确认十年前关于威廉继位的决定，且哈罗德早已臣服于威廉并已经着手处理相关事宜，帮助公爵在爱德华死后顺利继位。但显然他并没有这么做，反而声称爱德华在临终前命他继承王位。诺曼底的书面资料并没有对英格兰方面的相关记录提出质疑，比如爱德华是否真的任命哈罗德追踪自己的健康状况。但对于瑞米耶日的罗伯特出访欧洲大陆一事，诺曼底资料中提出了异议，因为英格兰文献只将罗伯特的出行描述为新任大主教必须前往罗马，并未提及诺曼底或王位继承相关事宜。两方的资料对此的描述毫无共同之处，着实奇怪，因为不论英格兰史料还是诺曼底史料，对于此前忏悔者爱德华在位期间的种种细节描述都已然非常翔实。历史学家们试图将关于1066年1月5日爱德华去世当日描述并不一致的两种资料结合起来，形成一个连贯的故事。由于两版史料并不是对于同一个历史事件的表述有所不同，而是内容上有所矛盾，所以整合工作绝对是一个巨大的挑战。

比如，据英格兰史料记载，爱德华同父异母的兄弟"刚勇者"埃德蒙国王的儿子和孙子1057年从流放国匈牙利返回英格兰。埃德蒙是1018年丹麦完全征服英格兰前最后一任英格兰国王，他的儿子和孙子是西撒克逊王族最后的男性成员，该家族从7世纪起一直统治着威塞克斯以及后来的英格兰，所以他们被称为"王储"（aetheling）。除了丹麦征服者克努特及其儿子，历任威塞克斯及英格兰国王都是从王储变为国王的。据《盎格鲁-撒克逊编年史》记载，埃德蒙的儿子在回到英格兰后立马就离奇去世了，但他的孙子埃德加（Edgar）在爱德华在位期间仍存活于世。诺曼底史料也承认了埃德加的王储身份，但是并未记载他返回了英格兰。这并不奇怪，因为如果是国王授意让王储回国，那么他就不会让诺曼人继承王位，这与之前的描述并不相符，所以在诺曼底史料中就这么被一笔带过了。而关于委任威廉为国王以及哈罗德前往诺曼底的故事，不论是当代还是近现代的英文资料均未提及，最早涉及这两件事的资料还是马姆斯伯里的威廉（William of Malmesbury）等12世纪编年史家的英文叙事。威廉试图将英格兰史料与诺曼底史料结合，归纳成一个故事，但他自己都搞糊涂了。别无他法，最终他只能将哈罗德前往诺曼底归结为航船偏离航线，而非国王指派。

由于缺少可靠资料，要想将两个版本的故事合而为一，只能选择一个为主另一个为辅，或者就是在没有明确证据的情况下讲述一个新故事——比如由于国王要传位于威廉公爵，哈罗德便安排了王储回国。还有一种思路是不要将两方史料看成是由于立场不同才导致描述不一致，而是将其归咎为信息不全面才导致描述不相符。《盎格鲁-撒克逊编年史》便属于这一种情况，但这本书有幸留存下来的手稿大多是基于爱德华时期的文献资料完成的，也不像诺曼文献目的性那么强，后者不论是描述爱德华时期的历史还是更早的英格兰历史，都是为了证明威廉公爵继位合法合理。尤其是普瓦捷的威廉，他的整部作品都贯穿着法律术语。但即便如此，这些资料又有多少能让人信服呢？依照英格兰传统，威廉公爵称王合理吗？

从结果来看，这并没有达到预期效果，甚至还导致12世纪初英格兰动荡不安。盎格鲁-撒克逊时期的英格兰还从未有过这样的委任，没有一个国王将王位像普通财产或一块土地一样赠送给非王室成员。虽然诺曼资料以及威廉自己都极力证明他祖父的妹妹艾玛是爱德华的母亲，但他也算不上是彻迪克家族成员，因此没有资格成为王储。也就是说，按照英格兰传统，威廉根本不可能成为王储的候选人。而且不论继位者是否在场，都没有证据表明在国王去世前，贵族们会表示效忠继位者以确保王位继承顺利。那么为什么诺曼史料要以这种方式证明威廉获得王位合情合理呢？

从瑞米耶日的威廉的《诺曼底公爵事迹》中我们可以找到答案。书中描写了自罗洛（Rollo）起众多公爵的一生，每位公爵在生命尽头都会安排好下一任公爵，即继承人。据书中描述，当公爵感到自己时日不多时，他便会召集公国的大臣们，大臣们询问公爵想要把爵位传给哪一个儿子，公爵会从儿子们中选择其一（往往是长子），然后大臣们便一一表明自己是否会效忠继位人。所以早在公爵去世之前大臣们便已经与下一任公爵紧密联结，如果此后任何人对继位人提出异议，就可被视为背信弃义。这就解释了为什么爱德华委任威廉继承王位的方式并不符合英格兰传统。诺曼史料将公爵继位的方式挪用到了1051年的英格兰。虽然在英格兰确实不太可能采用这种方式，但也无法证明其真伪。这个答案也只能用于解释诺曼史料是否合理，与《盎格鲁-撒克逊编年史》中关于爱德华时期的记录还是无法相提并论。

当然，这也不能说明爱德华死后哈罗德立即继位就名正言顺。爱德华的王后是哈罗德的妹妹，但与威廉公爵相比，他也并没有更具备成为王储的资格。哈罗德的王位同样并不合法，也不符合英格兰传统。而且，哈罗德声称爱德华是在垂危之际委任他成为下一任国王的，但是即便为了讨论哈罗德这一说法是否合理，我们假定国王有权选择非王室成员继承王位，这也与我们所了解的英格兰王室继位方式并不相符。王储埃德加的境遇也能反映出爱德华在位时英格兰王国便已经存在隐患了。埃德加并未获得特许状，也没有拥有11世纪时专门为王储准备的领地。埃德加的言论从未被历史学家们认真对待（马姆斯伯里的威廉在讨论王位继承一事时曾记录忏悔者爱德华推荐了"出身与王室最为接近的"埃德加继承王位，但他的言论也前后自相矛盾）。在发生诺曼征服时，埃德加年满14岁，此前的王储在这个年纪时通常已经拿到特许令并能够从自己的领地获得收益了。11世纪时有多位国王是十几岁时便继位了，一旦哈罗德逝世，英国人便可推选埃德加为王。由于戈德温的儿子们，尤其是哈罗德手中掌握大量土地，他们所拥有的资源比国王的更为丰富，所以爱德华在执政末期已经沦为"懒王"[1]（roi fainéant）。这种情况下，唯一一位合法继承人被边缘化也就不足为奇了。

从《盎格鲁-撒克逊编年史》中可以看出，哈罗德肯定还是感觉自己的新王位不够稳固。书中戈德温的手稿（E部分）详细阐述了哈罗德被指定、推选为国王及举行涂油礼的过程，而其他国王的继位过程，几乎没有任何记录。书中两场仪式的描写反映出一个事实，即哈罗德在爱德华去世第二天就举行了加冕和涂油仪式。上一任国王刚一去世，新任国

---

[1] 一般用于指法国历史上墨洛温王朝最后几个王权软弱、不问政事的国王。

王便举行加冕和涂油仪式，这在英格兰历史上还是史无前例。可见，哈罗德比彻迪克家族任何一个成员都急于加冕为王。一份经常被人忽略的诺曼征服后的英格兰史料，伯里圣埃德蒙斯（Bury St Edmunds）执事赫尔曼（Herman）所写的《圣埃德蒙的奇迹》（*Miracles of St Edmund*）描述了哈罗德是如何"巧妙运用武力"篡取了王位，缩短了爱德华的葬礼以举行自己的加冕礼。如果不是因为这本书其他内容与诺曼官方史料并无相似之处，而且爱德华的医生是伯里圣埃德蒙斯修道院院长鲍德温（Baldwin），《圣埃德蒙的奇迹》估计会被看作赫尔曼受诺曼人影响歪曲事实而写的作品而被摒弃。《巴约挂毯》上爱德华临终前周围有很多人我们无法辨认身份，鲍德温很有可能是其中一员，所以赫尔曼的著作可能是对哈罗德加冕仪式的最接近于目击者的描述了，其语气与《盎格鲁-撒克逊编年史》E部分形成鲜明对比。《巴约挂毯》直观地展现了哈罗德和威廉的称王过程，二者分量相当，但哈罗德的部分缺少细节和法律论证，这有可能是因为哈罗德并未像威廉一样前往教廷获得教皇支持，也有可能是因为哈罗德很快便被威廉打败了。

威廉称王的影响

证明威廉继位合法的所有资料都预示了诺曼政权的特征。这些资料中，爱德华将王位传给威廉就好像英格兰王国是一份遗产，与普通财产或土地无异。换句话说，英格兰变成威廉的所有物了。既然威廉继承了英格兰，那么整个王国就是他的了。因此，任何人无论手中拥有何种土地，这些土地都间接或直接为国王所有。盎格鲁-撒克逊时期的英格兰王室贵族体系复杂，且贵族不一定拥有领地；而威廉时代，人权与地权合为一体。

完成于1086年，即威廉去世前一年的杰作《末日审判书》充分体现出这一特点。书中记录了英格兰每一寸土地的所有者是谁，几乎没有遗漏。

首先按照盎格鲁-撒克逊时期的各个郡进行划分，郡级下又分为直接和间接属于国王的土地。前者是国王和代表国王的官员直接开发的土地；而后者则为主教、修道院院长和世俗贵族所有。从国王处获得土地的人，不论是教会人士还是世俗贵族都被称为国王的直属封臣[1]（tenants-in-chief），他们与国王建立起了一种分封关系。这与盎格鲁-撒克逊时期的塞恩们截然不同，后者具有法定地位，且不一定拥有国王的财产，也就是说，盎格鲁-撒克逊时期不存在直属封臣。诺曼征服后，所有封臣与国王的联系，以及他们获得的土地，都是建立在国王接受他们效忠的基础上的。不仅世俗封臣如此，教会人士想要获得封地也要臣服于国王。英国史家艾德玛于12世纪初在坎特伯雷写书时曾批评这一事实：自诺曼征服以来，想要成为主教或是修道院院长"首先得成为国王的依附者（homo，即homagium，臣服）"。

臣服礼成为除礼拜仪式外诺曼征服后英格兰最庄重的仪式。臣服礼具有实际意义，代表着土地保有权的授予，其中一方宣誓效忠，另一方则授予土地，这是礼拜仪式所不具备的功能。"臣服者"（封臣）在封君面前以乞求的姿态下跪，将双手置于封君手中，并发誓为君主尽忠。君主接受臣服，并授予新封臣土地，只要封臣完成君主下达的任务，便可在任期内受到君主保护。威廉不仅将土地分封给了同他一起征服英格兰的将领以示奖励，还将少数幸存下来的盎格鲁-撒克逊地主封为直属封臣，例如伊夫舍姆修道院院长埃塞维格（Æthelwig）和伍斯特主教沃夫斯坦，他们都叛敌投奔了新政权。威廉的一大创新是在盎格鲁-撒克逊现有服兵役的规定外又给直属封臣增加了军事服役配额制度[2]。国王发给埃塞维格的一份令状偶然保存下一个副本，上面写着埃塞维格最迟要在1073年完成骑士役份额。可以推断，诺曼征服后不久，直属封臣便要履行骑士役了，而埃塞维格应该是在他成为封臣、为获得修道院领地而臣服时便要履行骑士役了。

---

[1] 又译为"总佃户"或"总封臣"；英文中也称为"baron"，男爵。
[2] 又称骑士役。

也就是说，英格兰王国内所有依靠国王获得土地保有权的封臣，都要履行骑士役。

骑士役只适用于直属封臣，且份额多少并不是按照土地划分，一般是取决于封臣个人想要履行多少义务。在征服初期，封臣可能还无法获得所有分封给他的土地，部分土地要到日后才能封赐到位。这种情况下，封臣在履行骑士役时就会有所保留。但很快威廉国王就征服了整个英格兰，除了边界地区，封臣需履行全部骑士役。据教会编年史描述，主教和修道院院长们很快就发现与其靠自己养着骑士完成骑士役，不如将自己手中的土地再分封出去，由佃户为他们完成骑士役，于是许多被剥夺了财产的盎格鲁-撒克逊人发现自己变成了次级封臣（subtenant）。这绝对不是次分封形成的唯一原因，但绝对是一个重要原因。直属封臣参考了国王与自己的关系模式建立起与次级封臣的联系。《末日审判书》记录了每个郡直属封臣下第一和第二级次级封臣。在现存最早（1085年）的记录次分封的文件中（实际上是两次分封，其中一次是以提供军事服役为条件获得的次分封），赫里福德（Hereford）主教使一位直属封臣罗杰·德·拉西（Roger de Lacy）成了自己的次级封臣，当时直属封臣保有其他封臣小块土地的现象非常普遍。从索尔兹伯里（Salisbury）大会上呈现给国王的土地调查结果来看，传统的封建社会金字塔结构并不适用于英格兰土地分封制度，还具有误导性。《盎格鲁-撒克逊编年史》记录道，"整个英格兰保有土地的人，不论身份如何，不论领主是谁（whosesoever men they were）"，都效忠于国王。编年史家并没有选用盎格鲁-撒克逊语中的某个词语来表示次级封臣[1]，而且也没有体现出英格兰人传统意义上的贵族（lordship）与领主的区别，前者并没有将人的等级与土地联系在一起。伍斯特的弗洛伦斯（Florence of Worcester）在12世纪初将《盎格鲁-撒克逊编年史》翻译成拉丁文时，把这一段翻译为了男爵的骑士次级封臣。索尔兹伯里

---

[1] 原文whosesoever men they were，直译意思为"不论他们是谁的人"，所以《盎格鲁-撒克逊编年史》中尚未提出"次级封臣"这个概念。

盟约[1]（Oath of Salisbury）在诺曼征服后首次对次分封做出了明确定义，自此以后不仅直属封臣，那些次级封臣"不论身份如何"，也都臣服于国王。同时盟约再次强调了不论次级封臣从领主处分得什么，最终都属于国王。盟约在次级封臣和国王之间建立起直接联系，这对英国这一时期的历史产生了深远影响。

对威廉而言，《末日审判书》的完成意味着诺曼征服后开始的贵族土地和人事改革几乎全部完成了。这部巨作记录下了威廉时期英国的地产情况，大部分历史学家都认为这本书如它所宣称的一样，是对事实的客观记录。但是由于《末日审判书》最初的作用主要是让国王了解土地保有情况，要基于威廉王室对历史的解读进行撰写，所以像瑞米耶日的威廉和普瓦捷的威廉所撰作品一样，《末日审判书》的内容也具有一定倾向性。

瑞米耶日的威廉和普瓦捷的威廉都承认哈罗德虽然是通过编造遗嘱继位的，但他确实曾经是英格兰国王，黑斯廷斯战役便是上帝对他的审判。但在普瓦捷的威廉的描写中，给哈罗德加冕的是坎特伯雷的篡权大主教斯蒂甘德（Stigand），这也会让人怀疑哈罗德从未称王[2]。〔实际上，正是因为斯蒂甘德身份特殊，哈罗德选择了约克大主教埃尔德雷德（Ealdred）为其加冕，后来为征服者威廉加冕的也是埃尔德雷德。〕普瓦捷的威廉也因此断言哈罗德的加冕礼无效；由于不同于盎格鲁-撒克逊人，诺曼人认为只有举行过加冕仪式的国王才是真正的国王，所以人们很容易认为由斯蒂甘德加冕的哈罗德，严格来说，根本就没有成为过国王。威廉将已故英格兰人的土地以及从其他地方夺来的土地进行了重新分配，为了防止土地分配变为毫无章法的资源抢夺，必须设立一个分配的参考基准。如果分配过程要以盎格鲁-撒克逊此前的分配作为基准，那肯定要参考诺曼征服

[1] 当1086年8月征服者威廉到达索尔兹伯里的时候，"他的议政大臣们也来到了那里，全英国所有的占有土地的人，不论身份如何，不论他们是谁的封臣，也都来到了那里。他们都服从于他，成为他的封臣，并且向他宣誓效忠，申明他们将忠于他而抵制所有其他的人"。这就是著名的索尔兹伯里盟约。钱乘旦：《英国通史》（第二卷），江苏人民出版社，2016年，第169页。
[2] 斯蒂甘德曾被教皇取消教会职位，所以由他加冕会被认为是一场"无崇奉的加冕典礼"。

之前的土地所有情况。由于威廉继位的理由是爱德华传位于他，所以这个基准是以爱德华统治期间，或者更准确地说是以爱德华去世那一天的最后时刻，个人法定拥有土地的情况为准。所以威廉重新分配土地时的决定因素，除了国王封赐，还有爱德华时期的土地所有情况。

这种方式既尊重了"爱德华统治时期"英格兰人的土地所有权，同时又剥夺了那些不想臣服于威廉的人的土地。在著名的佩南登希思审判（Penenden Heath trial）中，厄德主教被国王剥夺了财产，由于处罚有失公允，就连全心全意支持威廉的教皇都颇有微词。哈罗德从未成为过国王这个结论并非立马就得出的，但从《末日审判书》来看，这个结论显而易见：除了在两次简短的校对中出现过，哈罗德在书中从未被视为国王；他的统治从未被写进这本史书。即便是极少数情况下，《末日审判书》不得不描写哈罗德统治期间发生的历史事件时，通常也只是将哈罗德称为厄尔而非国王。而描述威廉到达英格兰时，书中对威廉征服英格兰避而不谈，仿佛根本没有发生过，威廉国王直接继承了爱德华的王位，仅此而已（所以说《末日审判书》也具有一定倾向性）。威廉称王的说辞对《末日审判书》处处都具有影响。

每个人对每项土地的保有权是参考"爱德华国王去世"当天个人所拥有土地情况，由威廉国王重新授予。诺曼人"土地保有"（tenurial）这个概念相对简单，而在盎格鲁-撒克逊人的观念中，这个概念涵盖的意义丰富，包含了土地所有权（tenure）、贵族身份（lordship）和审判权（jurisdiction），所有这些权利都被诺曼人归结为了一个动词——拥有（held）。概念的不对等导致威廉统治时期土地申请数量众多，影响了威廉的政权。所有人都根据爱德华时期自己的先辈拥有多少土地来判断自己应享有的所有权，虽然只有在出现纷争时才会明确提出这一点，但从《末日审判书》来看，几乎每一个条目都提到了"爱德华时期"先祖们所拥有的权利。也就是说，所有人能获得的所有权取决于其先辈在威廉国王的前任，即爱德华国王去世那一天所拥有的权利。这个模式未能明确土地所有权源于国王，但也间接强调了这一点，而且突出了只有合法继位的国王才能使各项权利生效。但威廉时期获得土地依靠于国王封赐的模式，对于盎格鲁–撒克逊英格兰而言非常陌生，虽然威廉试图将其统治时期的英格兰与过去的英格兰融为一体，想要证明自己是爱德华指定的合法继承人，但终究威廉时代与盎格鲁–撒克逊时期截然不同。甚至从《末日审判书》来看，那些为了与过去的英格兰相联结的尝试，恰恰造成了威廉统治时期社会的种种重大缺陷。

诺曼征服意味着盎格鲁–撒克逊时代的结束和新时代的开启，巴特尔修道院[1]（Battle Abbey）的一位编年史家于1180年明确表明了诺曼征服具有承上启下的意义。威廉建立巴特尔修道院以弥补自己在征服战争中犯下的过错，据称修道院立有一个高高的圣坛，位置恰好便是哈罗德战死的地方。直属封臣们向威廉二世描述该修道院"标志着双方共赢"，因为"王室取得了战争胜利，而贵族们获得了封地"。早在一个世纪以前，《末日审判书》其实就已经通过国王分封及封臣进行次分封隐晦地表达了这层含义。但《末日审判书》也处处体现出土地分封过程中，国王具有绝对权威，封臣与国王之间的紧张关系便由此而来。此后由于其他因素共同作用，紧张关系进一步恶化，这也成了诺曼征服至《大宪章》（Magna Carta）时期英国历史中的核心问题。

直属封臣不满的缘由

随威廉一起征服英格兰的将领成了直属封臣，但他们大部分都是诺曼人。在诺曼底及法国其他地区，这些将领按习俗可以继承他们父亲（或其他长辈）的财产，不论国王还是公爵、伯爵等统治者，几乎都无权插手此

---

[1] 又译为"战争修道院"。

事。这一点与盎格鲁-撒克逊英格兰的习俗有相似之处。而诺曼征服后的英格兰，财产分配方式与之前的模式产生巨大差异，直属封臣的财产由国王封赐，也可直接被国王没收。直属封臣的任期与他们和国王的私人关系息息相关，而当封臣去世时，私人关系终止，封臣任期也就不复存在了，土地便又归还于国王，用更准确的术语表达便是收归国王所有。封赐土地时，国王暂且放弃土地所有权以换取封臣为之提供服务，封臣去世后，国王便又恢复了对土地的直接掌控权。虽然据《末日审判书》记录，除了国王封赐的土地，还有部分土地是封臣从先辈手中继承而来的，但对于这部分独立于国王所有的土地，封臣及其后代也不具有所有权。这与诺曼底传统的做法便不同了，继承人只有臣服于国王，征得国王的同意延续父辈的土地保有权，才能得到土地。大多数情况下，只要继承人给出的价码合适，历任国王一般都很乐意延续他们的土地保有权。于是便产生了封建王朝的"继承金"（relief）这个概念，封臣继承人要获得封土需要向封君缴纳一大笔继承金，由于数额过大，这笔钱通常由继承人先行承诺，之后再慢慢支付。虽然封臣继承人对于交付一大笔继承金心存不满，但他们往往都会准备好这笔钱，因为在英格兰征服的土地幅员辽阔，远远超出了诺曼底地产的价值。而继承金对于国王来说，也是诺曼征服后在英格兰未继续沿用诺曼继承传统带来的最大益处之一。

关于国王是如何无情剥削封臣的，《末日审判书》提供了比较确凿的证据。虽然索尔兹伯里盟约确立的次分封对于国王也很重要，但《末日审判书》主要还是聚焦于教会和世俗直属封臣。书中记录每个郡的土地情况首先做的就是列举出各直属封臣在该郡保有的土地和资源，这样排版便于计算封臣的财产。如果封臣去世，那么就要准确核算出国王封赐给他多少财产，然后火速将令状发给相关郡守（sheriff），派他们负责收回这些财产，这种管理方式记录于现存最早的王室账簿——1130年的《国库卷档》（pipe roll）。教会封臣如若去世也是一样：主教或修道院院长去世时，其所在的教堂拥有的土地应当归还国王。教会职位空缺时便由王室接管其领地的做法遭到了艾德玛的谴责，他称这是诺曼人的首创之举。但艾德玛错误地以为收归财产的做法是从诺曼底引入英格兰的，实际上这是在诺曼征服后的英格兰才产生的。与世俗封臣的封地不同的是，至少到12世纪，教会的封地即便是收归国王所有也不会与其他封地混在一起，而是单独分类。据艾德玛描述，只有国王接受教会继位者效忠并分封给他土地时，才意味着继位者可以上任了。同样教会的其他部门和任命也是以这种分封的方式完成的，所以艾德玛总结道，"不论教会还是世俗事务，所有事都要等国王首肯"。

封臣对此产生的不满多数并未表达出来而是压抑在心底，国王成功地营造出一种社会秩序良好的假象，并强调如果现有体制被打破，后果将非常严重。但是当手握所有资源的国王去世后，封臣们一直积压的不满立即爆发了，他们趁此机会拨乱反正，从他人手里夺回原本应属于自己或父辈的土地。威廉去世后出现了一段短暂、动荡不安的权力真空时期。

事实证明，诺曼人在英格兰根本无法确保王位继承有序进行，以致威廉去世后，英格兰一度处于无政府状态。回想威廉继位时花了大力气给大家宣扬其继位的合理性，两相对比，颇为讽刺。当然这种混乱状态，也可部分归咎于同时处理英格兰和诺曼底两处的继任事务过于复杂，令人始料未及。1087年，征服者威廉决定将英格兰和诺曼底的政权分开，按照诺曼底的习俗，诺曼底公国应当由其长子罗贝尔（Robert）继承，但威廉又不希望罗贝尔同时继承英格兰王位，于是便选择次子鲁弗斯（Rufus）成为下一任英格兰国王。根据诺曼底习俗，征服而来的土地可以由非长子继承，但在继承传统上将公国（属于遗产，patrimony or inheritance）与英格兰（征服所得土地，acquisition or conquest）区分得如此清楚，与1066年威廉宣称按诺曼习俗继承爱德华的王位形成鲜明对比，很是讽刺。据称爱德华早就安排好要将英格兰作为一块土地或者一份财产遗赠给威廉；如今威廉将土地划分给后代继承，这与普通大贵族的做法无异。虽然威廉早已预感在英格兰按照诺曼习俗继承王位有可能引起混乱，诺曼习俗有可能无法适用于英格兰，但是他还是未能跳出传统思维，将公与私区分开来。威廉在临终前，特意提前为鲁弗斯安排了加冕仪式，这也为日后诺曼王室靠政变（法语coup d'état）继承王位埋下了伏笔。1087年，英格兰与诺曼底分裂，加上罗贝尔与鲁弗斯兄弟不和，致使同时在诺曼底也拥有地产的直属封臣们陷入两难境地，经常引得鲁弗斯不悦、发怒，封臣们心中也更为不满。

　　1100年，鲁弗斯狩猎时意外身亡，英格兰再次陷入1087年时的无政府状态，一片混乱。鲁弗斯的弟弟亨利抓住机会，在鲁弗斯身亡三天后便举行了涂油礼，并前往温彻斯特占领了国库。但是此时罗贝尔公爵已经结束第一次十字军东征返回诺曼底，这使亨利备受威胁，感到自己的处境非常不利。由于担心罗贝尔会宣称自己对于英格兰具有更高主权，亨利并未试图占领诺曼底公国，而是在加冕当天就自己会如何执政，做出了一系列承诺以获得英格兰封臣们的支持。这份文件，或者说宣言，后来被称为亨利一世的《加冕宪章》或《自由宪章》（虽然并不具备宪章的基本特征；由于并无明确受众，它被马姆斯伯里的威廉称为"法令"），文件中列举了直属封臣们的不满之处。但即便处境艰难，亨利也没有放弃收回教会和世俗封臣封地的权力，这可能是因为收回封地的权力是诺曼征服后建立起的土地分封制度的核心。威廉承诺做出一部分让步和牺牲，主要是针对收回封地衍生出的其他权力，例如他承诺对封臣继承人只征收"公正且合法数额的份地继承金"。但缴纳继承金这个事实说明，封地无论怎么看都不是真正属于封臣继承人；而"公正且合法数额"本身也自相矛盾，因为没人能给用于讨好国王所送的礼金定出公正、合法的数额。至于亨利的其他承诺，例如不会在教会更换负责人的空白期倒卖教会资产、不对封臣的未成年继承人实施监护权、未得到封臣授意的情况下不私自婚配封臣之女等，并没有人监督这些政策是否实施到位。一份如今尚存的亨利时期的《国库卷档》表明，一旦王位稳固，这些承诺便不作数了。虽然亨利称自己的执政方式将完全不同于鲁弗斯，但也强调要恢复"爱德华国王与威廉一世的律法"，沿用诺曼征服后的体制，在这一点上其实亨利与鲁弗斯并无二致。亨利娶了玛蒂尔达（Mathilda）为妻，玛蒂尔达是埃德加的姐妹玛格丽特（Margaret）的女儿。亨利此举意图在于与此前的英格兰王国产生联系，但据马姆斯伯里的威廉描述，封臣们对此嗤之以鼻，戏称他为"Godric"、玛蒂尔达为"Godgifu"[1]。对于亨利装模作样地声称要恢复爱德华时期的律法，封臣们也是极尽嘲讽。

所以《加冕宪章》并没有缓解封臣与国王之间的紧张关系，因为它未能建立起一套约束国王的机制。由于国王地位特殊，约束机制确实很难形成。亨利在对直属封臣许下承诺的同时也要求他们对自己的次级封臣做出同样的改变。直属封臣管理次级封臣与国王管理他们相似：直属封臣由国王任命，在行使领主权力时依照的是封君的管理模式。至于那些最初并非依靠分封而是靠从父辈那里继承得到土地的封臣，也一样要依赖国王、效忠于封主，这恰恰说明国王成为封主并不合理。

《加冕宪章》本身体现出了这种不合理性。《加冕宪章》之所以存在，与鲁弗斯去世及亨利上位前的三天权力真空期息息相关，由于情况紧急，起草者根本来不及思考王权的本质这种形而上学的问题，只能着眼于亟待解决的实际问题。《加冕宪章》体现出所有问题的根源在于普通封臣与国王根本没有可比性。比如《加冕宪章》要求所有人在鲁弗斯去世后的三天权力真空期内获得的财产都要物归原主，而另一条规定则写明了教会封臣去世后、继位者上任之前，教会及次级封臣的封土都要收归国王所有。两条规定情况类似，但处理方式完全不同。之所以不同，是因为国王作为唯一主君（liege lord），没有比他更高一级的领主了，国王去世后他所拥有的王国便不可能收归其他人所有。国王并不适用于普通封臣去世后封土须被收回的规定，而《加冕宪章》的起草者也想不出国王去世后，他

---

[1] 封臣们多为征服英格兰后留下的诺曼人，他们看不起玛蒂尔达的盎格鲁-撒克逊出身，所以嘲讽亨利为"Godric"、玛蒂尔达为"Godgifu"，这两个名字在当时都是有"傻帽"意思的盎格鲁-撒克逊姓名。

所拥有的权利应如何处理，因此在文件最开头只写明亨利是依照"英格兰王国直属封臣们的共同决定"继位的。由于直属封臣的地位取决于与国王的私人关系，当国王去世后，他们就不再是这位国王的封臣了，所以《加冕宪章》中只能将封臣们写成是"英格兰王国"的封臣。将直属封臣归属于一个抽象概念史无前例，听起来也颇为荒谬，于是亨利加冕后封臣们立马变成了"他的"封臣。《加冕宪章》开端难以定义封臣所属确实体现出国王去世后，不知王室土地、封臣、国王权利应归谁所有的状况。分封体制直接并最终依赖于国王，导致国王成为这个体制中最大的矛盾。

这也解释了为什么即便国王表示愿意，也无法设立机制约束唯一主君。次级封臣不满于直属领主给他们的待遇，而索尔兹伯里盟约将次级封臣与国王直接联系起来，鼓励了次级封臣要求国王成为所有人的统一领主，这样他们的封土就能够得到国王的保障，而且也有可能致使国王对封臣行使领主权力的方式加以约束。当然对于上无领主的唯一主君来说，他在行使权力时不会有任何限制。这一点似乎微不足道，但对从诺曼征服到《大宪章》时期的英国政治、历史来说至关重要。除了个别教会团体和新兴城镇，整个英格兰社会都是由人们彼此之间的关系网构成的，国王也不例外，而且他与直属封臣的关系可谓典型范例，具有指导意义。诺曼征服后，国王掌握主要资源，即盎格鲁－撒克逊公共权力——国王充分利用了盎格鲁－撒克逊时期英格兰形成的相对成熟的管理机制（此前在诺曼底公国并未实行过类似机制）。可以说诺曼征服后的英格兰，不存在社会，只有个人及其家族。

直属封臣表达不满的方式

虽然亨利一世成功加冕为王，但是他的王位并不稳固。上位之初，亨利便担心兄长罗贝尔公爵会举兵入侵英格兰，而后罗贝尔的进攻愈加频繁。据艾德玛描述，这时是坎特伯雷大主教安瑟伦召集了直属封臣，说服了他们不要违背曾对国王做出的承诺，才帮助亨利保住了王位。这也是罗贝尔进军英格兰失败的原因之一。后来基于1091年在相似情况下与鲁弗斯达成的一致意见，罗贝尔也与亨利达成了和解。但始终未能解决的问题是，在英格兰和诺曼底公国都有地产的封臣们怎么办，他们只能在两位君主中选择其一。11世纪90年代，罗贝尔参与第一次十字军东征，出于资金需求，他将公国抵押给了鲁弗斯，所以这个问题至少可以说是暂时得到了解决。而根据奥德里克·维塔利斯不乏阿谀奉承之词的记述，也能看出亨利在1101年与罗贝尔达成和解时，很明显就已经开始暗中削弱兄长在诺曼底的地位了。其间双方发生了为数不多的几次激战，1106年在廷切布雷（Tinchebrai）战役中，亨利打败了罗贝尔。罗贝尔公爵被俘并被终身监禁。在马姆斯伯里的威廉看来，恰好在诺曼征服后四十年之际，英格兰一举打败诺曼底，这是神的旨意。

亨利的胜利意味着英格兰与诺曼底回到了征服者威廉死前的状态，由一位君王统治。威廉临终前随意将英格兰与诺曼底拆分，给个人或家族在英吉利海峡两岸均有地产的大地主们造成了麻烦，而亨利的胜利解决了奥德里克提出的这个困境。该问题一直是造成诺曼征服后封臣不满的原因之一，也致使封臣们在王室继承问题上纷争不断，王权不稳。王权不稳进而又导致封臣主权和继承不稳定，因为不论鲁弗斯还是亨利都利用统治权排除异己、嘉奖自己的支持者，此外两任国王及诺曼底公爵还搜集钱财以支持王权斗争。尽管据奥德里克描述（也可能是为了尽力证明亨利接管诺曼底的合理性），英格兰与诺曼底一分为二的状态令封臣们不满，却也并非一无是处。相较于质疑王国或公国继承人是否合法，封臣们更加关注自己的诉求是否能得到满足，而王权纷争也为封臣们提供了翻身的机会，那些在鲁弗斯时期处境艰难的封臣们，后来几乎可以肯定都受到了亨利的嘉奖。

廷切布雷大捷意味着这种机会不复存在了，《加冕宪章》中对封臣们的不满一一做出应答，但如今亨利可以对此置之不理了。据如今仅存的《国库卷档》记载，直至1177年，英格兰王室收入才超过了当时的水平，而此后亨利二世统治期间，王室收入也不过是增长了两倍。廷切布雷战役并未能解决致使封臣不满的问题，反而给亨利机会加剧了这种情况。而且战后封臣们已经不能再以往常的方式表达不满了，即便表达了也毫无意义，封臣们的满腹牢骚基本无处可说。虽然罗贝尔公爵的儿子威廉·克里托（William Clito）让亨利感到棘手，尤其在1120年亨利唯一一个具有法定继承权的儿子死于一场海难后更是如此，但威廉·克里托的意图仅限于诺曼底而非英格兰，所以英格兰的局势比以往任何时候都更稳定。编年史学者们纷纷赞颂亨利维护了英格兰的和平，但从亨利去世后的局势来看，亨利时期的和平是通过镇压不满而非建立起良好社会秩序实现的。

斯蒂芬统治时期

据编年史学者记载，1135年亨利于诺曼底去世的消息传回英格兰时，暴乱再次发生。社会阶层比封臣更低的人们屠杀了王家森林里的动物以宣泄不满。威廉·马尔特拉瓦斯（William Maltravers）也成为攻击目标，亨利曾将庞蒂弗拉克特（Pontefract）没收充公的领地奖赏给了威廉——这片领地原本应是伊博尔特·德·拉西（Ilbert de Lacy）从其父亲罗伯特那里继承而来的，却在二十年前被没收了。虽然史书中并未过多记录类似事件，但很可能这种情况非常常见。同1087年和1100年一样，没有人知道谁会继位，也没有人知道英格兰和诺曼底的继任者是否会是同一个人，此时的情况甚至比此前更加混乱。亨利比前几任诺曼君主更加费心地确保传位顺利，他原本想要将英格兰王国和诺曼底公国一同传承给儿子威廉·阿德林（William Adelin），但是1120年的白船海难打乱了原计划。一方面唯一的合法继承人威廉·阿德林死于海难，另一方面威廉·克里托又蠢蠢欲动想要篡位，于是亨利只能转而考虑女儿玛蒂尔达（Matilda）。由于玛蒂尔达嫁给了诺曼人的死敌安茹（Anjou）伯爵，而且一旦亨利再生出儿子，那么这个儿子就有合法继承权，所以玛蒂尔达想要继承王位需要面对很多问题。亨利去世时，英格兰最富有的封臣、亨利的外甥布鲁瓦的斯蒂芬（Stephen of Blois）先发制人发动政变，占领了英格兰。虽然与罗贝尔·柯索斯（Robert Curthose）不同，玛蒂尔达在父亲亨利垂危之际，曾发动叛乱抢夺王位，但还是被斯蒂芬抢先一步。亨利一去世，斯蒂芬便赶在玛蒂尔达动身之前立即穿过英吉利海峡到达英格兰，行涂油礼并加冕为王。起初诺曼大贵族们想要拥护斯蒂芬的哥哥提奥波德（Theobald）成为公爵，但当他们听说斯蒂芬已经在英格兰加冕为王时，便转而支持斯蒂芬了。据奥德里克描述，这主要是由于大家不希望英格兰与诺曼底再次一分为二了。关于亨利想要把王位传给谁，众说纷纭，虚假消息之多恐怕仅次于当年忏悔者爱德华选择继位者之时。虽然征服者威廉继承了爱德华的王位，但很明显由于历任诺曼国王在选择继承人时依然沿用诺曼风俗，最终都未能妥当地安排自己身后的继位事宜。

讨论斯蒂芬继位是否合理并无太多意义，毕竟此前不论鲁弗斯还是亨利继位，都不乏争议。斯蒂芬依照前几位国王继位的方式加冕为王，似乎是平息了动乱局面，但玛蒂尔达来势汹汹，英格兰和诺曼底众多封臣都表示愿意效忠于她。而且，玛蒂尔达还有安茹军事力量加持，这逐渐削弱了斯蒂芬的力量。起初，这种威胁仅限于诺曼底，后来1139年玛蒂尔达到达英格兰，使斯蒂芬在英格兰的地位也受到了威胁。在丈夫安茹伯爵杰弗里（Geoffrey of Anjou）的支持下，至1144年玛蒂尔达已经扫清了斯蒂芬在诺曼底的全部遗留势力，杰弗里成为诺曼底公爵。诺曼底再次被征服，但这一次征服者不再是英格兰国王了。而在英格兰，斯蒂芬与玛蒂尔达双方势均力敌，没有一方能够大获全胜。1141年，斯蒂芬曾被俘八个月，此时玛蒂尔达似乎打算冠上女王的头衔（事实上，她可能的确短暂地成了女王）。双方曾几次试图像1091年及1101年那样达成和解，其中一次便发生在斯蒂芬被俘期间，但由于玛蒂尔达和斯蒂芬都坚称自己是亨利一世的合法继承人，而亨利一世只可能选择一个人继承王位，双方在这个问题上立场无法调和，所以和解失败。

斯蒂芬与玛蒂尔达僵持的局面给直属封臣们带来了益处，奥德里克·维塔利斯曾对此进行了多次描写。由于双方都渴望在英格兰获得支持，巩固自身影响力，所以没有一方会像前几任国王那样恣意使用王权。一旦手握土地和资源的封臣对一方感到不满，便可以投靠另一方。换句话说，封臣可以放弃或与一方"绝交"，效忠另一方。最有名（或者说臭名昭著）的一个例子是杰弗里·德·曼德维尔（Geoffrey de Mandeville），他先后变换了三次阵营。传统的君王与封臣之间的关系被颠覆了，对自己地位感到不安的一方不再是封臣了。

君王与封臣之间的关系变化使得后者对此前历任国王任意使用王权的方式更加抱怨连天。封臣们的不满由来已久，如今王位继承事宜悬而未决，已经不再是短暂的权力真空期，满腹牢骚的封臣们利用这个机会谋得补偿，而占有大量封地的封臣们则尽力保住自己的财产，不论哪种封臣都在预测谁能最终继承王位。这就意味着封臣们会选择有利于自己的阵营，通过王位争夺解决自己的土地纷争。1139年起，英格兰经历了一个漫长的无主时代，许多编年史学者将斯蒂芬在位时期描述为王权真空时期。我们也不能将其简单地总结为"无政府状态"，因为斯蒂芬和玛蒂尔达都在尽力拉拢而非排挤对方的支持者：封臣们占据了主动权。但正是因为双方都无法像以前的国王一样行使王权，所以不论是谁上位，都不能保障封臣的权利。斯蒂芬、玛蒂尔达以及后来来到英格兰的玛蒂尔达之子亨利常给相同的封臣颁发土地特许状，实际上一方封赐土地时另一方也会颁发同样的特许状，以免被明显看出是对方先封赐了土地。例如，从斯蒂芬和玛蒂尔达颁发给杰弗里·德·曼德维尔的一系列土地特许状就能看出，双方都在不断争取封臣们的支持。

王权削弱导致王室政府崩溃，国库形同虚设。封臣们的不满得到了解决，但征服者威廉建立起的王国却变得同法国一样，封臣们未经国王允许就能私建城堡，并铸造自己的货币。纽堡的威廉（William of Newburgh）总结道，"有多少城堡，就有多少暴君"。

纽堡的威廉记录了这一段王位虚待的混乱时期至12世纪末的历史，其作品是斯蒂芬时期典型的编年史。据《盎格鲁-撒克逊编年史》记载，这个时期是古英语书写历史彻底消失前著作最为丰富的时期，也是著名的"耶稣和圣徒沉睡的十九年"。他们在沉睡时也依然发挥着重要作用，因为虽然在编年史学者的描述中，斯蒂芬时期的英格兰一直动荡不安，但此时新建的修道院达到了114～175所，数量之多前所未有。纽堡的威廉将修道院称为"上帝的城堡，那些为耶稣而战的骑士在里面可以对抗邪恶"。新建的修道院在规模上与封臣们的城堡不相上下，这对身处无政府乱局的国家而言几乎不可能实现。而这些修道院的建造者大多数是导致英国无政府状态的封臣，或者"暴君"，他们手握大量资源。例如萨里（Surrey）伯爵威廉·德·瓦伦纳（William de Warenne）扩建了艾克城堡（Castle Acre）；阿伦德尔（Arundel）伯爵威廉·德·欧比尼（William d'Aubigny）修建了宏伟的赖辛堡（Castle Rising）；他们还分别修建了塞特福德修道院（Thetford Priory）及白肯汉城堡（Buckenham）。这说明封臣们的管理非常有效，且未受到无政府状态的影响。城堡一般规模宏大，其军事作用也值得人们深思：例如赖辛堡的射箭处缝隙非常狭窄，很难想象如何能从中射出箭去。此外，由于中央政府的铸币体系崩溃，封臣们开始自行铸造货币，例如12世纪40年代中期，赖辛堡可能建起了一个造币厂。封臣铸币并不意味着国家秩序混乱，相反，这恰恰说明当王室无暇监管地方时，封臣们开始如愿发挥自己的作用了。

现存的封臣之间的协议（也常被称为"条约"）显示，封臣们对此乐见其成。一些协议针对协议双方分别投靠斯蒂芬和玛蒂尔达的情况写明了条款，并且还规定了如果不幸王位争夺战波及协议双方的土地，应如何安排以将战争带来的损失降到最小。虽然切斯特伯爵雷纳夫（Ranulf, earl of Chester）和莱斯特伯爵罗伯特（Robert, earl of Leicester）都意识到效忠于自己拥护的"君主"有可能会导致他们之间产生正面对抗，但他们私下已经商量好：被迫要攻打对方的领地时，将提供怎样的军事援助；当对方领地因此受损时，将如何帮助修复；无论出于何种意图发动攻击，都提前警示对方；什么情况下不会发动攻击；等等。此外，雷纳夫还将莱斯特郡的芒特索勒尔城堡（castle of Mountsorrel）分封给了罗伯特，于是他便成了罗伯特的封君。也就是说在这个例子里，两位直属封臣之间也形成了封君—封臣的关系，他们之间的协议以书面形式呈现出了此前封臣应向国王尽忠的职责。这只是众多现存"条约"中较为突出的一份，表明封臣们需要，也有能力将斯蒂芬与玛蒂尔达夺位之争可能带来的负面影响降到最低。雷纳夫与罗伯特之间的协议还表明，即便协议双方存在封君—封臣关系，也不会影响协议的公正性：协议互惠互利，大多数条款中协议双方都是公平的，而且协议还得到了教堂（整个英格兰唯一的全国性机构）批准。所以毫无意外，斯蒂芬和玛蒂尔达颁发给封臣们的特许状也开始具有这些协议的特征，其中玛蒂尔达给杰弗里·德·曼德维尔的特许状就是一个典型案例。

1153年11月，人们口中的《温彻斯特条约》（Treaty of Winchester）意味着英格兰长期的王位争夺状态结束了。斯蒂芬收养了玛蒂尔达与安茹伯爵杰弗里的儿子——当时的诺曼底公爵亨利（父亲死前将公爵之位传给他），并指定他而非自己的儿子威廉为继承人。对此，人们有两种解释。第一种解释是，包括封臣在内的所有人都对长期的无政府状态感到厌烦了，封臣们发起抗争希望结束这种状态。编年史学者们描述的英格兰混乱程度是否与实际情况相符尚且存疑；亨利二世早期的《国库卷档》按理应能客观证实编年史相关记录，但数字似乎与编年史学者的描述并不相符。许多郡记录的"损失"数额与军事活动未呈现出相关性，这些数据如果用来说明国库空虚似乎更有说服力（国库经多年闲置终于重新启用）。

账本中的条目只是为了方便记录所列，并不能体现实际情况，所以不能只看表面信息。可见（与王室纷争相比）证明全国混乱的最有力证据并不能支持战争厌倦论，而王室政权削弱意味着亨利一世《加冕宪章》中列举的封臣的种种不满得以解决，这也与战争厌倦论相悖。虽然斯蒂芬时期，封臣们也不是不加任何条件就能获得赏赐，但与前几任国王统治时期相比，封臣们的处境已大大改善，他们的确没有理由想要结束目前这种状态。封臣们最不想看到的就是王位争夺中一方大获全胜，恢复到战前的秩序，所以他们无心奋战，担心战后会一夜回到从前。亨廷顿执事亨利（Henry, archdeacon of Huntingdon）洞悉了封臣们的想法，描写了1153年年初亨利公爵攻打英格兰时，在克罗马什（Crowmarsh）遇到斯蒂芬军队，但双方将士都拒绝战斗，达成了一致的情形：

> 大家最希望看到的还是双方僵持的状态，没有人想投身战斗，也没有人想帮助任何一方登上王位，因为大家生怕一旦角逐出胜负，他们又要对胜利的一方俯首称臣了。所以封臣们更希望双方彼此制衡，这样自己就不用受到王权压迫了。

第二种解释更加微妙：斯蒂芬与亨利达成一致时满足了封臣们的核心需求，即封地可世袭。斯蒂芬收养亨利并将王位传给他确立了王位的世袭制，为封地世袭提供了依据。但这种解释的问题在于，斯蒂芬和亨利二世之间现存的协议中，并未提及确立封臣的世袭制。之所以会产生这种阐释，主要是因为后续编年史资料中提到了同意恢复"未世袭"的封地。斯蒂芬和亨利颁发的特许状对此未能提供有力证明，反而是在安茹王朝前期记录中能找到蛛丝马迹，但这些记录似乎旨在突出斯蒂芬是篡位成为国王的，不能成为《温彻斯特条约》中主要条款的证据。在编年史学者们看来，王权过渡时期，经常有许多人"被剥夺"了封地继承权，亨利上位后自上而下要重新确立王位、封位的合法性，所以恢复了"未世袭"的封地。王室特许状详细描述了《温彻斯特条约》中的条款，不知为何却并未提及恢复封地问题，但只有基于"恢复封地说"，第二种解释才能站得住脚。

这种解说究竟是否合理很快便得到了验证。如果《温彻斯特条约》真的规定了封地世袭制，那么接下来至1215年的英格兰历史的大部分内容可就讲不通了。但即便封地未能实现世袭，《温彻斯特条约》也代表了封臣们的胜利。正是由于封臣们拒绝让斯蒂芬和亨利中的任何一方在军事上取得压倒性胜利，以及教皇拒绝为斯蒂芬的儿子加冕，斯蒂芬和亨利才不得不签订条约。按条约规定，斯蒂芬此后应与亨利一起成为英格兰的主君（liege lord），所有封臣都同时效忠和臣服于他们两位君主，并根据条约中的条件履行职责。一旦斯蒂芬和亨利其中一方违反条约，封臣们就会与其断交，而且由于教士是该条约的担保人，违反的一方将被逐出教会。所以斯蒂芬在位期间，迫于封臣们的压力，不得不妥协，按照封臣们之间"协议"的模式，承认英格兰王国国土分为了"国王部分"和"公爵部分"。但《温彻斯特条约》中未能明确限定亨利按规定继承王位后行使王权的范围，虽然斯蒂芬通过条约为其儿子争取到了大片土地，但亨利继位后就是英格兰的唯一主君了。《温彻斯特条约》解决了自诺曼征服起困扰了历任国王的王位继承问题。条约签署后不到一年，斯蒂芬便去世了，当时正在诺曼底的亨利并未急于前往英格兰继位。直至斯蒂芬去世后七个月，亨利才加冕为王，诺曼征服后还从未有过这么长的王位继承过渡期。虽然过渡期长达七个月，但这期间英格兰局势一直和平稳定。亨廷顿的亨利对此颇为惊讶，他在一首诗中说道："英格兰缺少国王，但不缺和平。"这主要得益于《温彻斯特条约》规定，斯蒂芬去世后英格兰城堡便由亨利指派的代表掌管了。但亨利二世及其后代执政期间，我们可以发现条约虽然解决了由来已久的王位继承问题，却未能解决同样积存已久的封臣不满问题。

安茹王朝[1]和《大宪章》

亨利继位后，英格兰和诺曼底再次实现统一。1151年，亨利的父亲暂时将安茹交给亨利，但他规定只有亨利发誓在继任英格兰国王后会将安茹公国交给哥哥统治，他的遗体才能下葬。1152年，亨利娶了法兰西国王路易七世曾经的王后[2]为妻，并因此获得了阿基坦公国（Aquitaine）。亨利成为英格兰国王后，拒绝交出连接了诺曼底和阿基坦的安茹公国。英格兰王国因此包含了多个公国，领土范围大幅扩张。虽然统治者是同一个人，但这些公国并非一个整体，历史学家所谓的"安茹帝国"并无当代依据。各公国仍然按照自己独特的政府机制进行管理，最终由亨利集中统治。虽然斯蒂芬时期，英格兰像欧洲大陆一样变得权力分散，但依然独树一帜。现存的亨利时期特许状绝大多数都与英格兰有关便能说明这一点，因为相比于其他权力更为分散的公国，在英格兰解决土地或者权利纠纷需要国王做最终判决。虽然诺曼征服后建立起的体制在斯蒂芬时期遭到了破坏，但其核心内涵未受影响：要靠臣服于国王才能获得封土的方式未被否定，也很难想象在诺曼征服后的英格兰分封体制会遭到反对。任何一位国王只要想加强王权，便会置斯蒂芬时期设立的次要原则于不顾。比如我们可以发现，《温彻斯特条约》未能对亨利二世能否以及何时可以继位加以明确限定，而亨利二世在他简短的加冕誓词中保证给予封臣和下属们所有此前亨利一世许诺的优待。在思虑较多的封臣看来，这有些过于含糊其词了。但即便是最悲观的封臣也不会反对亨利二世，也没有人能够对此前亨利一世所做的承诺提出反对意见（虽然亨利一世的所作所为与承诺不符）。亨利一世曾是英格兰国王证明了玛蒂尔达和亨利二世具有继承王位的合法权益，就连斯蒂芬也视亨利一世为自己的先辈。亨利二世在继位时通过这样的方式突出自己与亨利一世的关系，有利于消除他是从

---

[1] 也称为金雀花王朝，House of Plantagenet。
[2] 王后是阿基坦女公爵。

斯蒂芬手中夺得王位的印象：就像征服者威廉成为英格兰国王以后极力弱化哈罗德国王一样，亨利二世统治时期的记录中最终也不会出现斯蒂芬的身影。

虽然不能完全确定斯蒂芬时期国库停止运作，但12世纪80年代描写国库运作的手册的作者理查德·菲茨尼尔（Richard FitzNeal）称当时国库的确不再运作了。可以确定的是，亨利成为国王后，国库立刻重新运转了，但与亨利一世时期不可同日而语，因为新国王上任以后不能马上就让国库变得充足。当时亨利二世还有其他几个棘手问题需要解决，其中最大的问题源自斯蒂芬的儿子威廉。不过编年史学者们发现亨利非常幸运，他继位短短几年内，斯蒂芬的儿子们纷纷离世了，威廉也不例外。而且他们的继承人尚且年幼，许多还未成年，由王室履行监护权，所以亨利可以长期掌控他们的地产。这样不但国库收入颇丰，而且亨利能够自由实行他所宣称的恢复到外祖父时代的政策。

亨利采取的最精妙的策略就是，基于国王唯一主君的地位开展了一系列司法程序改革（虽然并非所有改革最后都得以实行）。最重要的改革都记录在了12世纪80年代格兰维尔（Glanvill）的论文集中。论文集主要记录了司法程序相关规定，但也对某些程序作出了解释，例如记录了启动司法程序的手段——令状。所有改革都旨在使领主法庭在处理次级封臣事务时更加具有一致性。改革举措中并未包含新立法，甚至也没有明确设立新法则，但通过总结王室对领主法庭进行干涉的流程，以及推动次级封臣诉讼案件从交由领主法庭审判到交由王室法庭审判的转变，王室法庭掌握了越来越多的最终决定权，领主在处理次级封臣事务上的司法自主权被大大削弱。要了解这个转变是如何实现的，必须掌握一些术语。

权力令状（writ of right；right的拉丁语为rectum，可能翻译为英文单词"justice"更准确）是国王颁发给领主的一种令状，用以敦促领主"公正"审判，但令状并没有定义什么是"公正"。现存的从理查（Richard）统治初期开始出现的法庭档案表明，"公正"意味着证明申诉人的先辈在亨利一世去世那一天是否拥有案件中存在争议的土地，也就是说，判断是否"公正"与判断国王是否有权获得王位的方法相似。这与《末日审判书》中描写的法律体制明显具有很多相似之处，说明诺曼人来到英格兰并加冕为王时的宣言一直对土地分封起着决定性作用。权力令状通过要求领主法庭遵从王室法则，设立起可以撤销领主法庭的决议的常规机制。

原令状（praecipe）是发给郡长（sheriff）的，要求郡长监督被告补偿原告；如果被告没有这么做，将需要出席王室法庭解释原因。起初原令状只是一个执行命令，后来很快变为了用于将案件转交至王室法庭的工具。原令状应用范围广泛，形式多样，其作用并非让领主法庭遵守统一法则，而是可为次级封臣所用以剥夺领主的司法权。

其他主要的改革被统称为有关土地占有的占有诉讼（possessory assizes），可分为四类。地产性质令状[1]（utrum），用以决定某块特定土地是否由某位神职人员通过免费捐献获得；圣职推荐令状（darrein presentment），用于教堂圣职出缺而圣职推荐权又存在争议的案件；新近侵夺令状（novel disseisin），用于新近自由地占有权被他人"非法侵夺"的案件；收回被占继承地令状（mort d'ancestor），用于判断原告是否为拥有自由地的去世佃农的成年继承人。审判程序是由当地人组成的陪审团（jury）来到王室法官面前回答问题。举两个案例：如果判定原告被他人"非法侵夺"土地，且仍在令状限定的有效期内，那么案件中的土地将由国王授权归还原告；如果陪审团证实原告是已去世佃农的成年继承人，那么依靠国王权威，他便可以继承土地。不论哪一个案例，都不难发现谁是输家。在第一个案例中，要在国王面前被审判的侵夺人是原告的领主。令状（assize）为次级封臣提供了一种便捷的方式，可以争辩领主侵夺其土地是否合理：通过这种方式，次级封臣们便可以将案件转交至王室法庭，

---

[1] 也称为核实地产占有权令状，用于不确定某块地产的占有权性质是属于教会财产还是世俗财产的案件。

由国王审判是否公正。在第二个案例中，收回被占继承地令状更是一个划时代的转折点，它使得领主失去了在佃农去世后收回土地的权力，所有成年继承人都受到了王室的保护。领主再也不能强迫想要继承土地的继承人缴纳高额继承金了。实际上，这个令状迫使领主不得不接受继承人臣服，因为继承人在领主正式接受其臣服之前，已经得到王室保障可以获得土地。如果领主拒绝继承人效忠，那么继承人依然可以保有土地，但不需要为领主提供任何服务了，而领主则人地两空。所以毫不意外，亨利二世在位期间，继承金已经变成了继承人们日常支付的固定税金。收回被占继承地令状彻底打破了领主与佃农之间的平衡，让领主再也无法否认合理的继承要求，也无法随心所欲地剥削继承人了。

所有改革举措都加强了自用农（及其继承人）的权益，削弱了领主的权力；没有一项是加强领主权力、削弱佃农权益的。如果说亨利二世对此并不知情，恐怕难以令人信服。13世纪下半叶，著名法律专著作家布拉克顿（Bracton）认为新近侵夺令状是"在守夜过程中设立的"；其他令状也相似，是亨利和他的智囊团熬夜想出来的。令状设立的过程稍微有些迂回：他们找到此前其他国王的令状加以利用和改进，设立了新令状，目的在于使封建制度下的公正能够更顺利地得到保障，并使其能够与王室法庭结合得更加紧密。最终的结果就是，王室法庭定义了一系列法律并确保其能得以一致实行，而领主的司法自主权被削弱了。亨利二世上位之前，领主法庭拥有过多的自主权——很难想象亨利一世会插手某个案件，而领主的自主权毫无疑问在斯蒂芬统治时期又得到了进一步巩固。亨利二世之前的国王只有在特殊情况下才会参与某个案件的判卷，一般是领主法庭和公共法庭（亨利一世时期是郡法庭和百户区法庭）分担司法权。与之相比，亨利二世时期对司法程序进行的创新改革暗中削弱了领主的司法权。司法改革加强了索尔兹伯里盟约建立起的国王与次级封臣之间的联系，也为亨利一世加冕时要求封臣要以他许诺的同等待遇对待次级封臣提供了司法支持。亨利二世在其加冕誓词中也重申了这一点。司法改革为我们如今所称的普通法奠定了基础——不只是直属封臣，国王的所有封臣都应享有公正。

但只要稍作思考便能发现，肯定有一类封臣是无法从司法改革中获益的。不论是国王干预领主法庭，还是将领主法庭的案件交由王室法庭处理，这两种方式都与这类封臣有关。有一位领主，国王无法干涉他的法庭，也无法将其法庭的案件转交给王室法庭。这位领主就是国王自己。所以那些直接从国王处保有封地的封臣无法从改革举措中获益，尽管这些举措保护了佃农（不包含非自由农，或维兰）的权益，并改变了领主与佃农之间的关系。也就是说，由于国王是唯一上无领主的领主，国王与直属封臣之间的封建联系始终维持原状。继承金的变化说明个中差别：所有其他封臣的继承金都按固定模式计算，而直属封臣的继承金仍由国王任意规定；所有其他封臣的继承金都变成了一种死亡税，而直属封臣仍然还是需要先缴纳继承金才有资格臣服国王并获得分封，直属封臣去世后封地仍会被收归王室所有。这并不会导致直属封臣的继承人直接拒绝支付继承金，即便继承金是天文数字也并未影响任何人支付继承金并继承封地。但这的确意味着只有直属封臣因其领主而背上了沉重的负债。

1189年亨利的儿子理查继位，1199年他去世后由弟弟约翰继位，但他们在位期间情况未有改变。理查为参与第三次十字军东征筹集资金，后来他在返程途中被奥地利的利奥波德（Leopold of Austria）俘虏，为了交付赎金赎出自己，更是四处敛财。同一时期的诺曼底，来自法兰西国王的压力也丝毫未减，1204年约翰战败失去了诺曼底，后来他一心想要收复大陆失地，为此损失惨重。巨额资金需求迫使两位国王愈加想方设法搜刮钱财。加上1180年起通货膨胀导致按习惯缴纳的固定数额税金的实际价值贬值，理查和约翰必须打破传统、设立新的收费名目以增加国库收入。所以从12世纪90年代初期开始，国库运转机制越来越复杂，王室的书面记录也随之增多。其中一个例子与占有诉讼相似，特别能够使小农受益，即契尾[1]（feet of fines）：所谓"尾"（foot）指的是具有法律效力的契约的第三部分，记录了经由王室法庭审核的土地买卖，同时存入国库档案。理查一世的首席政法官休伯特·瓦尔特（Hubert Walter）于1195年7月15日首次设计出契尾。国王集资采取的并不完全是新方法，他们通常是把国王的传统权力发挥到极致，尤其是用以针对直属封臣来筹集资金。国王是直属封臣的唯一主君，可以对直属封臣任意使用王权。通过司法改革，国王的领主权越来越异于其他领主的权力。

在此背景下，1214年约翰在布汶（Bouvines）战役中战败于法兰西国王腓力·奥古斯都（Philip Augustus），英格兰永久失去了诺曼底，随后英格兰内部发生了动乱。1212年反叛者们已经密谋过刺杀约翰，或者在对抗威尔士的战役中将其遗弃，但这次他们不再选用原始粗鲁的方式反对国王，而是采取更精妙的方式限制国王权力。反对者们聚焦于约翰制定的许多新策略，以及那些被约翰利用到极致的传统王权行使方式——例如继承金。他们强调要求国王恢复"古代的习惯"，即恢复诺曼征服以来历任国王曾经使用过的律法。反叛者们从众多档案中选择出的能够体现良好"古代的习惯"的文件是亨利一世的《加冕宪章》，可以看出他们是想通过恢复亨利一世时期的法律体系从而达到恢复忏悔者爱德华律法的效果。由于约翰的父亲亨利二世曾奉亨利一世为先行者，并在继位时沿用了亨利一世的《加冕宪章》，所以约翰很难对《加冕宪章》提出反对意见。同样，由于整个诺曼征服后的英格兰都是在爱德华国王时期建立起来的，约翰也无法反对爱德华国王。1215年年初，约翰不得不考虑拟定一份自己的宣言，但失败了。同时，由于亨利一世在王位稳固后未履行自己的承诺，反叛者们为了防止国王以后滥用王权，必须想办法约束国王。

封臣们并不想重蹈亨利一世时他们先辈的覆辙，从最终拟定的《大宪章》来看，反叛者们的计划并不激进。反叛者们从亨利二世和他的后代采

---

[1] 契尾即协议诉讼中最终协议的结尾部分，内容包括对整个事件的说明、当事人的姓名、进行诉讼的时间、诉讼的地点以及见证人等。

取的司法、行政改革中学到了不少经验。此前直属封臣们被排除在外，无法参与王室的政府管理工作，他们同自己的封臣们一样都是管理的对象。他们常常深陷巨额债务之中，虽然国王有时会免除他们的债务或者允许延期交付，但总体而言，负债是封臣们无法避免的问题。从征服者威廉的时代开始，很多直属封臣也是从别的封臣处保有部分土地的，但他们与别的封臣或佃农还是不同的。他们意识到次级封臣从亨利二世的改革中获益良多，如今直属封臣们也开始探索如何才能保障自己的权益了。想要使直属封臣的权益得到保障，就要建立起一套将国王等同于普通封臣进行约束的机制。

最初记录下封臣们要求的草案是《佚名英国特许权恩赐状》（Unknown Charter），文件以亨利一世的《加冕宪章》为蓝本，在其基础上补充了约翰承诺的一系列让步，扩充了《加冕宪章》中的部分条款，同时还添加了1100年时尚未存在、直至安茹王朝才出现的问题，例如封臣们为了向国外支付巨额的赎金不得不与犹太人签约借款，欠下债务。但此时即便添加了很多内容，也只是要求国王做出一些承诺，而在拟定《大宪章》之前不久起草的、被广泛称为《男爵法案》（Articles of the Barons）的请愿书中，内容又有了巨大变化。直属封臣们要求从他们中选取25人组成法庭，一旦国王或他的大臣违反了此前做出的承诺，被法庭中的任意4人发觉，这4人便可采取相应行动要求国王改正。如果国王仍不改正，该法庭可以号召"整个王国的臣民"（the commune of the whole land）而不单单是直属封臣们，共同动用武力夺取国王的土地、城堡及物资。除了不能对国王的亲眷造成人身伤害，他们可以对任何事物发动战争，而且不违背他们效忠于国王的原则，也就是说依然可以保有土地。所谓"整个王国的臣民"并不是直属封臣们空想出来的模糊概念，《男爵法案》将其定义为已经宣誓服从上文所述25位直属封臣的人，而国王应保证不阻止他们任何人宣誓。由此可以看出，直属封臣们从安茹王朝的革新中吸取了丰富的经验和教训。

国王用来增加收入的其中一个手段是向个人及团体售卖财政和司法特

权及豁免权。豁免权中有一类叫作自由权特许状（charter of liberties），通常是永久地授予城镇而非市民个人，因为只有颁发给永恒的主体，该令状才能永久有效。因此需要创造出一个永生的法人，即公社（commune）。公社的行政官员代表公社行事，并在相关记录上加盖公章。这些官员共同组成了地方事务会（council）。伦敦事务会正式成立于1191年，恰好包含25位成员。虽然理查一世和约翰都不希望事务会得到官方认可，但这个概念还是在1215年5月由约翰认可了。在《男爵法案》和《大宪章》中，事务会是代表英格兰王国所有自由人的集体。

虽然两个文件中并未对此做直接说明，但也正因为如此，25位直属封臣组成的法庭可以代表"整个王国的臣民"（自愿宣誓服从于他们的自由人）行事。《男爵法案》中陈述道，该条款旨在维护"国王与英格兰王国之间"关系的和平稳定。条款通过请愿书的形式详细列举了国王对王国做出的让步，表明双方达成了协议。而此前的条款阐明国王应赐予"英格兰王国所有自由与自由习惯之权"。条款中的"英格兰王国"实际指"整个王国的臣民"。直属封臣们发现唯一能够约束国王并使其履行承诺的方式就是明确定义国王对谁（接收方）做出了什么承诺或让步，并规定一旦国王违背诺言，接收方可以要求国王对其进行赔偿。英格兰王国不再仅仅代表由国王直接或间接拥有的土地，而是变成了一个抽象概念。亨利一世的《加冕宪章》开篇便提到了"王国"这个概念，从当时的"王国"演变到现在的"王国"，封臣们经历了许许多多的事。《加冕宪章》并无受赠人，所以也算不上是"charter"（令状）。安茹王朝那些作为唯一主君、残酷利用自己王权的国王，让直属封臣们积累了经验教训，并最终迫使他们给"王国"赋予了新的定义，将其抽象为一个包含国王所有臣民的集体。此时的英格兰不再是一个只充斥着人与人之间依附关系的社会了，它出现了区别于"国王的人"的新概念。这种变化体现了黑格尔的辩证主义。

《大宪章》中并没有重述"王国"这个概念，但多次提到了"整个王国的臣民"，以及国王所做的让步永久有效。其中许多条款使直属封臣也能够享有次级封臣此前早就享受的权利：例如第2条条款规定，按照"旧时"固定数额缴纳继承金即可继承封臣遗产，但其中所谓"旧时"数额的说法并不准确（《男爵法案》中对应条款并没有明确具体数额，所以这个数额肯定是在谈判最后才确定的）。《大宪章》屡次强调了文件中国王所做让步对"自由人"有效，"自由人"是对包含直属封臣在内的所有自由封臣的统称，所以很明显权力保障的范围进一步扩大了。直属封臣希望自己也能够获得其他类别自由人在安茹王朝改革中享受到的优待。

这一点从对后代最重要的第39条条款可以看出一二，该条款规定："任何自由人，如未经其同级贵族之依法裁判，或未经国法判决，皆不得被逮捕、监禁、没收财产、剥夺法律保护权、流放，或加以任何其他损害。"该条款在17世纪时被认为是为英国自由主义奠定了基础；而1215年，该条款显然旨在禁止国王随意逮捕、监禁他人和侵占他人财产。虽然该条款适用于所有自由人，但在直属封臣们看来，只有他们的权利会遭受约翰王侵害。除直属封臣之外的其他自由人，得益于王室法庭或者国王的种种措施，在受其领主管理时同样能够受到保护。如果对领主法庭的判决不满，自由人可以非常容易地向王室法庭提起上诉，由王室法庭仲裁此前判决是否合法。若不合法，自由人可依据被称为"国家法"[1]（law of the land）的普通法获取赔偿。但此前直属封臣们却无法享受这种保护：无人判定王室法庭对他们的判决是否合法，由于他们是国王的直属封臣，他们也根本享受不到"国家法"的保护。所以第39条条款旨在确保自此以后，国王对待包括直属封臣在内的所有自由人，都像其他封臣对待自己的封臣那样遵从正规司法程序。该条款与新近侵夺令状相互作用，对于直属封臣意义重大，而对于保护其他自由人不受国王侵害的直接作用有限。虽然按照"国家法"规定的程序，直属封臣们

---

[1] 即英格兰法，"the law of the land"一般只指英国普通法，不包含the law of the Chancery、the Ecclesiastical law、the law of the Merchants等外来法。

仍然不能通过申诉获取赔偿，但自此以后在王室法庭上，将是"他们的同僚"依据"国家法"中的原则对领主法庭的决议"是否合法"进行判决，25人法庭将对所有案件具有最终评判权。

由于直属封臣们并不能改变"国家法"程序，所以在《大宪章》中，他们努力为自己争取到和其他自由人同样的权利。如果说"整个王国的臣民"是"国家法"产生的一个概念的话，那一定是直属封臣创造并坚决维护的概念，因为直接依附于国王导致直属封臣是依靠司法程序维护自身权益的所有自由人中最末端的群体。

短期来看，《大宪章》并不成功，英格兰王国很快便因内乱再次四分五裂。内乱初期，1213年约翰表示臣服于教皇英诺森三世（Pope Innocent Ⅲ；教皇由使节代表），英格兰变为了教皇领地；约翰称自己接受《大宪章》是被迫为之，《大宪章》损害了他的权益和尊严，于是通过教皇将其废除。虽然约翰的控诉属实，但他1216年便去世了，他的儿子亨利三世继位时尚未成年，很快又以新国王的名义重新颁布了《大宪章》，而且后来证明想要撤回《大宪章》或限制其中赋予所有自由人的永久自由权已再无可能。《大宪章》中所赋予的权利以及其受益人的本质决定了《大宪章》对17世纪及其后的英格兰都意义重大，但这一点在随后的争辩中常被曲解。为诺曼征服正名的过程使英格兰国王享有独特的权力，而《大宪章》的产生与这种特权密不可分，是对王权的一种回应。

| 第四章 |

中世纪英格兰后期（1215—1485）

CHRIS GIVEN-WILSON

我们从这个阶段末期讲起：1215年至1485年，英国政治生活中发生的最根本的变化是什么？

首先，英法两国从1066年诺曼征服起建立的联系维持了四百年左右，并且成为英国与邻国交往的决定性因素，但随着1453年百年战争的结束，两国断交。

其次，议会已经成为英国的政治舞台。1215年，大家还对"议会"这个词不甚了解，其最早的使用记录是在1236年，而到了14世纪初，议会已经在英国政治生活中占据了核心地位。接下来的一个世纪内，议会逐渐掌握了绝大多数权力和职权，这一状况持续到17世纪中期革命爆发。

之所以会发生这种变化，是因为议会成功地将许多地方封主、商人、贵族等在地方而非仅仅在国家层面有影响力的人融入了政治生活当中，为他们创造了表达愿望和关切之意的平台，这恰恰也是我们要说的第三个根本变化。这个时期的政治影响力与社会地位在很大程度上还是紧密相连的，在政治决策过程中分量最重的人肯定是封主，约60位大家族封主构成了议会的贵族阶级。议会体制给中世纪后期英格兰政体带来的最显著变化是贵族在政治生活中起到更加重要的作用，并为人认可。

15世纪时，大部分议员并非教会人士。议会成立的头一个世纪里，教会的低级别及高级别神职人员构成了议会的重要组成部分。至14世纪上半叶，低级别神职人员退出了议会，这体现出英格兰在中世纪后期发生的第四个根本变化——牧师的影响力日益减弱。导致这个变化的部分原因是教皇专制主义衰退等的国际影响，还有部分原因是英格兰内部社会和政治发生了变化，如非神职人员文化水平越来越高致使公共行政和私人行政管理逐渐世俗化。该变化影响深远：12世纪，如贝克特与亨利二世之间发生的政教之争，已成为过去时。至13世纪90年代，爱德华一世甚至让英格兰教会屈服于他，且根本不把教皇卜尼法斯八世（Pope Boniface Ⅷ）的威胁放在眼里。随后的两个世纪中，王室对英格兰教会资源的掌控变得越发有效。

中世纪晚期，英格兰教会受国家控制程度加深标志着第五个根本变化——英格兰从"封建君主制（feudal monarchy）国家"逐渐转变为"君主制（national monarchy[1]）国家"。说出这个结论要比描述具体变化更容易。这个变化具体体现在，到了15世纪，很多封建制度机构曾体现出的12世纪特征已经不复存在了。以军事服务为例，至14世纪初，封建军队已被取代，参加百年战争的是契约军（contract army）。国王通过与将领签订合同（契约）的方式征募士兵，军队的报酬出自国家税收。这里的税收标志着英格兰向君主制国家的转变：封建制度中并无"国家税收"的概念（国王出于国家利益向所有臣民征税的权力），13世纪时国王逐渐开始征税，14世纪时更加坚持自己有权在全国征税，结果便是1350—1420年，平均每年税收达到9万英镑。王室筹集资金的方式发生根本性变化，王室的"普通"收入变得微不足道，而税收变得必不可少。

---

[1] national monarchy指的是国王和/或女王决定立法、预算并统治教会的政权。

那么上述根本变化是如何发生的呢？发生的原因又是什么呢？

英国政治（1216—1290）

一般看来，是战争引起变化，但令人意外的是，13世纪在其他国家发生的众多战争对英格兰政治几乎未产生任何影响。英格兰与苏格兰的关系异常和谐，虽然"安茹王朝"遗留的问题导致英法两国还有很多重大事项需要解决，但这些问题只在两国之间偶尔引发战争。亨利三世的父亲去世时，他只有9岁，直到1230年他才开始试图重新夺回安茹。亨利曾三次远征法国——1230年前往布列塔尼、1242年前往普瓦图（Poitou）、1253年前往加斯科尼（Gascony），但都无功而返。13世纪50年代中期，亨利决定和法国谈判。当时的法兰西国王路易九世（1226—1270年在位）由于更想把精力用于十字军东征，也希望与英格兰议和，所以1259年《巴黎条约》（Treaty of Paris）生效。亨利放弃了安茹王朝北部领土（包含诺曼底、安茹、缅因、都兰以及普瓦图），但收回了西南部的加斯科尼，此后加斯科尼仅是法兰西国王的一块封地。虽然后来签订《巴黎条约》时的情谊不复存在了，且条约中的条款反而造成了英法之间更深的矛盾，但在最初签订后的三十五年里，条约维护了英法和平。

那时大多数英格兰男爵更关注的是其他事情。如果说亨利的对法政策并不成功，那他的国内管理更是糟糕透顶。1232年首席政法官休伯特·德·伯格（Hubert de Burgh）被贬，法庭被国王来自普瓦图和萨瓦的亲属掌控，他们使大家产生了强烈的敌对情绪，而且并非毫无缘由：以普瓦图的比德·德·里瓦克斯（Peter des Rivaux）为例，他曾同时掌管王室财务、负责国王的衣着、掌管御玺，并兼任了21个郡的郡长。直属封臣们屡次要求驱逐外戚不仅体现出对外戚实际垄断王室实权的普遍不满，还体现出13世纪英格兰与法国北部领土和政治的联系被切断后，英格兰贵族们的英国意识不断增强。此外，亨利统治期间长期不正式任命大臣的喜好也导致局势紧张，因为这意味着各部门大臣对外戚活动的监督会减少。未能驱逐外戚和任命王室内阁大臣造成的两大不满在动乱时期较为突出。

这段时期动乱频发。亨利的弟弟康沃尔伯爵（earl of Cornwall）理查1238年起兵反叛，六年后贵族们对亨利下了最后通牒，提交了一份"纸质宪章"（Paper Constitution），要求王室政府接受审查。13世纪50年代，亨利政权遭遇了最大的危机，导火索是"西西里远征"（Sicilian Venture）。教皇提出只要亨利答应出资帮助他打败敌人霍亨斯陶芬家族（the Hohenstaufen），将他们从西西里岛赶走，作为回报他便将西西里王位授予亨利的次子埃德蒙。不到三年，这个计划便失败了，亨利羞愤难当，还欠下了10万英镑债务。如果不能偿还债务，亨利将被逐出教门，于是1258年6月，他在牛津召开会议要求加征捐税，引发了贵族们的滔天怒火。贵族们要求国王签订一份改革方案，即《牛津条例》（Provisions of Oxford），架空国王并将王权转移到一个由15人组成的委员会手中。该委员会负责监督部门大臣的任命、地方行政管理以及王室城堡的维护，（按《牛津条例》规定）委员会每年举行三次议会以监督各项规定是否得以执行。

亨利无法接受《牛津条例》中的条款，接下来的七年里，亨利与反对派在贯彻执行《牛津条例》方面纷争不断。之所以无法彻底解决内政危机，部分原因在于封臣们的不满由来已久、根深蒂固，还有部分原因是国王和反对派的首领西蒙·德·孟福尔（Simon de Montfort）都非常固执。虽然西蒙是个法国人，但他坚决反对王室法庭几乎都由外族人掌权，他在贵族、骑士及教会主要人物中都享有极高声望。西蒙支持执行《牛津条例》，而且他似乎不仅想要（至少明确表态过）在中央层面展开王室政府改革，同时也想要在地方层面擢旧革新。西蒙从不妥协。1264年内战爆发，虽然同年西蒙在刘易斯（Lewes）一役中获胜，但第二年却在伊夫舍姆大败于亨利长子爱德华，并不幸丧生。

1258—1265年，连年不断的动乱暴露出英国王权与政府存在的根本问题，突出了郡县政府改革的重要性（问题症结在于地方政府希望自己能够切实代表本地发挥作用，而不只是法庭下的闲散职位），以及王室议会和委员会的核心作用，这是整个13世纪英国政体改革的重要方向。1265年，在西蒙的支持下，英国议会在伦敦召开，骑士和市民也首次参加了议会。西蒙决定召集他们参加议会可能是出于自身利益考虑的权宜之举，但开辟了先例，意义重大，此后爱德华一世在召开议会时也依照了这种模式。

1272年爱德华一世继位时已33岁，恰好是他一生中最好的年华。爱德华国王精力充沛、英明睿智，是天生的国王，他非常清楚自己想要什么，并能坚定不移地追求自己的目标。爱德华在统治的最初二十年毫无疑问取得了不俗成就，在这期间通过了一系列成文法，范围广泛，涵盖了财产继承、法律法规、商贸事务、教会封地、国王的领主和管理权力等方面。制定这些法令并未依据任何王权新理论，也未参照任何关于法律与政府的新哲学方法；同往常一样，法律依据社会变化而制定，而不是先制定法律，让社会随之变化。爱德华时期制定的法令全面地解决了当时面临的问题，且效果显著，表明这一任政府对于通过出台法令要实现什么样的目标有着非常清晰的认知。而且爱德华从不怕得罪位高权重之人，例如，1279年颁布的《没收法》（Statute of Mortmain）明令禁止将民间土地捐赠给教会；1278年的《格洛斯特法令》（Statute of Gloucester）要求所有贵族均须接受王室法庭的质询，以证明其具有合法资格行使领主的司法权和财政权（特许权），这同样使他得罪了很多贵族和骑士。

爱德华最终还是迫于无奈在合法资格证明这个问题上妥协了［见1290年颁布的《质询状法令》（Statute of Quo Warranto）］，但总体而言，爱德华一世统治期间，国王"妥协"的情况并不常见。而且凭着这种不妥协的精神，爱德华国王成功征服了威尔士，这是他统治早期的第二大成就。

至13世纪中叶，威尔士东部和南部的大部分地区已经落入"边界领主"[1]（Marcher Lord）手中，西部和北部仍受威尔士王子控制，其中最有名的是格温内思郡（Gwynedd）的小卢埃林（Llywelyn ap Gruffydd，全称译为"卢埃林·阿普·格鲁菲德"）。1267年，小卢埃林在英国内乱期间趁机成为威尔士亲王，但1274—1275年他拒绝臣服于爱德华一世，为此付出了沉重的代价。1276—1277年，爱德华首次率军出征威尔士，小卢埃林大败，但此时他还得以保留亲王的头衔；1282—1283年，他携手自家兄弟大卫（David）反叛，这次爱德华没有再手下留情，小卢埃林战死，大卫被判叛国罪并执行死刑，标志着格温内思王朝自此终结。爱德华随后趁势于1284年颁布了《威尔士法令》（Statute of Wales），宣布"威尔士全部领土附属于并归入英格兰王国……受英格兰统治……成为英格兰王国的一部分"。这里"全部领土"并非意味着所有领土都属于国王，因为威尔士南部和东部仍属于英格兰领主，这么说只是为了表达威尔士成了英格兰的附属国。威尔士的刑法被废除，并依照英格兰模式建立起需要对威斯敏斯特负责的行政体系。为了确保稳定，用石头围绕着威尔士反抗的核心地带——斯诺登尼亚（Snowdonia）修建了一圈宏伟的城堡。颁布《威尔士法令》的同一年，后来的爱德华二世于卡那封（Caernarfon）出生，十七年后，即1301年2月，他被其父亲封为威尔士亲王。从此便保留下英格兰王国长子继承威尔士的传统。

在位前二十年，爱德华征服了威尔士并出台了一系列法律，这表明他是一位思维清晰、有魄力的君王。然而，虽然他对国王的权利非常清楚，却对其他人的权利不甚了解。爱德华取得诸多成就时，其他人也付出了一些代价，强大的王权让他们心生不满。13世纪90年代初，局势变幻，爱德华国王很快便会发现谁才是他真正的朋友，而曾经做下的恶，如今要偿还了。

---

[1] 边界领主指的是在威尔士内部和边界拥有封地的英格兰领主，常被国王指派到英格兰与威尔士之间的边界保卫边境。

战争与退位（1290—1330）

13世纪90年代，英格兰陷入与苏格兰和法国的长期拉锯战中，直至中世纪末才结束。英格兰与佛兰德斯联手，而苏格兰与法国结盟，这个四角关系在百年战争前一直是英格兰外交政策的核心。

1286年苏格兰国王亚历山大三世（Alexander Ⅲ）去世，他的继承人是"挪威少女"（Maid of Norway）玛格丽特（Margaret）。当时玛格丽特只有7岁并离开了苏格兰，导致苏格兰王位并无明确继承人。为了确定下一任国王人选，苏格兰贵族和教会启动了一套复杂的程序（the "Great Cause"），并邀请爱德华一世前来仲裁。爱德华接受了邀请，但他参与的方式与苏格兰贵族的邀请有些不符。在爱德华看来，他是作为苏格兰王国的封建领主受邀前来的。1292年11月，苏格兰决定由约翰·巴里奥（John Balliol），而非另一位重要候选人罗伯特·布鲁斯（Robert Bruce）继承王位。爱德华很快表明了自己的态度，他要求新上任的苏格兰国王为英国军队提供军事服务，并表示苏格兰法庭审理的案件可以上诉至英格兰王室法庭。巴里奥担心如果拒绝爱德华会造成严重后果，在顺从和反抗之间摇摆不定，并最终决定选择后者。1295年冬天，在强硬派国民的敦促下，巴里奥与法兰西国王腓力四世（1285—1314年在位）结为同盟，史称"老同盟"（Auld Alliance）。那时英法两国正在交战，这直接导致了苏格兰与英格兰之间交恶，战争再也无法避免。

对腓力四世而言，与苏格兰结盟也是对爱德华联手佛兰德斯伯爵丹皮尔的盖伊（Guy of Dampierre）的一种报复。佛兰德斯与法国之间的关系与苏格兰和英格兰的关系相似。佛兰德斯是法兰西王国的一块封地，同时也是欧洲最为富裕、城市化程度最高的一个地区。其经济发展主要依赖于织布业，羊毛是重要原料，因而尤其依赖英格兰。此外，佛兰德斯想要独立于法国的抗争历史由来已久，腓力四世决心要革除这个传统。与爱德华一样，腓力利用自己封君的地位削弱盖伊伯爵的权势。于是盖伊向爱德华寻求帮助。1294年8月，英格兰–佛兰德斯协议诞生，这在法国看来无疑是在宣战。

1294年早些时候，由于加斯科尼主权问题，英法两国已经交战。腓力认为自己是爱德华一世的封主，有权行使封主权力，而爱德华根本不听命于他。英法武装民船之间的冲突点燃了战火，1294年5月，腓力宣布收回加斯科尼。接下来的两年里，贯穿整个14世纪的英法战线逐渐形成。

13世纪90年代中期至14世纪30年代中期，英格兰与法国偶尔交战，但与苏格兰则战事不断。英格兰与法国在加斯科尼的冲突实际上并没有引发多少战斗，1303年两国达成和解，基本又回到了1294年战前的状态。但英格兰和苏格兰之间的战争要残酷得多。1296—1307年，英格兰先后派遣9支军队北上，很明显爱德华的目标是征服苏格兰。1296年，战事导致巴里奥退位，英格兰军队还把"命运之石"（the Stone of Destiny，苏格兰国王的加冕石）从斯康尼带回了西敏寺，随后一位英国人被派去管理苏格兰。威廉·华莱士（William Wallace）和安德鲁·莫伊拉（Andrew Moray）曾带领苏格兰人反抗，致使爱德华的征服目标受阻，但1305年威廉被捕并在泰博恩（Tyburn）刑场被处以绞刑，苏格兰看起来已经完全被英格兰制服了。但威廉死后六个月，一位苏格兰战士罗伯特·布鲁斯（与其1290年争夺王位的祖父同名）自称苏格兰国王，奋起反抗爱德华。随后的二十年里，布鲁斯不仅是一位明君，还带领苏格兰实现了民族独立。

布鲁斯运气不错，1307年爱德华一世去世，给了他喘息的机会，从而得以在苏格兰立足。而新任英格兰国王爱德华二世徒有其表，没有继承到父亲的才能，上任后第一件事就是终止了爱德华一世至死都在追求的征服苏格兰计划。虽然1310—1311年冬天，英格兰也曾出征苏格兰，但得到的支持不足，直至1314年7月，爱德华二世再也没有踏足苏格兰。布鲁斯利用这个机会将英格兰城堡各个击破，并将其毁灭，以防英军卷土重来再次占领苏格兰。1311年，布鲁斯首次袭击了英格兰。1314年施洗约翰节那天，在斯特灵（Stirling）附近的班诺克本（Bannockburn），英军遭受了致命一击：爱德华率领英军约2万人，在福思（Forth）附近的沼泽地大败于布鲁斯率领的、人数仅为英军一半的苏格兰军队。这是英军最为屈辱的一次战役，致使英格兰陷入了政治动乱，而布鲁斯不仅掌控了苏格兰，还牢牢控制住了英格兰北部各郡。自此苏格兰每年都进攻英格兰，让英格兰付出了大量赔款，给其带来毁灭性打击，并削弱了爱德华在北方的权势。1318年，贝里克郡（Berwick）落入苏格兰人手中。最终在1323年，爱德华决定同意休战和谈：如果布鲁斯停止进攻英格兰，他就将苏格兰割让给布鲁斯。但此时只是默认布鲁斯为苏格兰国王，又过了五年和经历了一场革命，布鲁斯才真正为王。1324年，英法两国又因加斯科尼问题爆发冲突，此时布鲁斯重新巩固了法国和苏格兰的联盟。1327年，爱德华二世在王后——法兰西公主伊莎贝拉及其情人罗杰·莫蒂默（Roger Mortimer）的逼迫下退位，布鲁斯才真正得到了他渴望的王位。1328年，英格兰和苏格兰签署了《北安普顿条约》（Treaty of Northampton，对英格兰人而言这是"耻辱的和平"），伊莎贝拉和莫蒂默承认苏格兰是独立王国，布鲁斯为其国王。第二年，此前一直对英格兰采取怀柔政策的教皇约翰十二世赋予了苏格兰国王加冕和涂油权。1329年6月，罗伯特·布鲁斯国王逝世，留给后人一个完全独立、不需要听命于英格兰的王国。这无疑是一个巨大的成就，中世纪的苏格兰再也无人能与他媲美。

13世纪90年代起接连不断的战事使得英格兰政治局势紧张，军事服务成为大家争论的焦点。由于雇佣兵逐渐取代了封建骑士，常常无法确定该由谁、在哪儿、在什么条件下为国王而战。1297年4月在索尔兹伯里举行议会时，国王曾要求大贵族们前往加斯科尼，但遭到警务官（constable）、王室军队元帅及其他人反对。爱德华对元帅（诺福克厄尔）说："厄尔阁下，根据上帝的旨意，你要不然去，要不然就会被绞死。"而元帅则反驳道："啊，国王！正是根据这个誓约，我既不会去也不会被绞死。"最终他也没有前往加斯科尼。海外作战是问题的关键所在，爱德华二世在说服贵族们同他一起出征苏格兰时也遇到了同样的问题

（通常是由于他自身的原因）。但到了百年战争时，由于契约军已经成为主流，军事服务引起的纷争得以减少。

长期来看，更大的问题是如何为战事出资。爱德华一世统治时期的最后十几年中，战争已经耗资巨大。据普雷斯特维奇教授（Professor Prestwich）估计，1294—1297年战争花费达到75万英镑。要支付如此高昂的军费只有一个办法，即经常征收重税。征税本身并不新奇，1207年约翰王统治时期就已经出现了第一笔真正的税收（当时约翰王对动产征税，税值为动产价值的1/13），亨利三世时期也间或征税，但13世纪90年代征税的频率和税率都史无前例。强制征税、对主要出口产品羊毛大幅增加出口税（被称为maltolt或"bad tax"，"罪恶赋税"）及经常欠钱不还（国王将带有锯齿的符木棍用作欠条）加剧了人们的不满情绪，至1297年英格兰已经处于叛乱爆发的边缘。同年秋天，国王被迫做出让步，废除"罪恶赋税"并同意日后只有在"全国上下达成一致并且征税对国家有利时"才可以征税。这种（毫无疑问故意）模糊的措辞掩盖了一个事实，大家很快便会发现同意征税的决定将在议会上做出。1290—1330年这一时期从各个方面来说，的确是对议会历史意义重大。起初议会是扮演法庭的角色，后来又增加了同意征税、立法等职能，同时议会还要负责听取乡镇、郡县以及贸易协会的集体请愿，于是又成了负责调解民怨的平台。为了能使议会更好地代表"全国上下人民的意愿"，议会在召开会议时除大贵族和神职人员外，越来越经常召集骑士和/或自由民一同参加。1327年后，不包含骑士和自由民的会议已经不再被称为议会了，普通人也在议会中有了一席之地。

但普通人在政治生活中发挥的作用还是非常有限的，爱德华二世统治期间发生的动乱大部分都是由国王与大贵族之间的个人、家族及政治纷争引起的。爱德华二世为人软弱、冷酷、鼠目寸光，完全不是国王的合适人选。他无法使人们效忠于他，而且还对自己喜欢的那些毫无价值又贪得无厌的人挥霍无度，其中最著名的例子就是皮尔斯·加韦斯顿。加韦斯顿是加斯科尼一位骑士的儿子，爱德华授予其康沃尔厄尔爵位（earldom of Cornwall）。加韦斯顿曾三次被流放，一次是被爱德华一世流放，两次是在大贵族们的坚持下被流放，但每次他都回来了。直到1312年6月，爱德华的堂兄兰开斯特厄尔托马斯（Thomas, earl of Lancaster）率领一众贵族将其抓获并处死。爱德华无法原谅托马斯，并于时机成熟时以同样的方式实施了报复。大贵族们对此感到惊骇，重新效忠于国王，但班诺克本的战败又让爱德华名誉受损，更加受到贵族摆布。接下来几年，英格兰一直处于内战的边缘，最终在1321年内战爆发。"德斯彭瑟战争"的名字透露出战争起因，其导火索是爱德华的新宠休·德斯彭瑟（Hugh Despenser）父子。他们贪得无厌，而爱德华对他们百般纵容，托马斯忍无可忍，发动叛乱。但这次国王杀伐决断，将托马斯及其同伙打得溃不成军，托马斯被俘并于1322年3月在庞蒂弗拉克特被处死。随后爱德华实施暴政四年，所有反对派都遭到镇压。1321—1322年，反叛者及其继承人、遗孀遭受暴行，财产被剥夺，爱德华和德斯彭瑟父子则收益颇丰。但是爱德华小看了他的王后伊莎贝拉，王后厌恶年轻的德斯彭瑟，无法忍受与德斯彭瑟同在王廷之内。1325年，伊莎贝拉被爱德华送至巴黎，在那儿她遇到了1323年从伦敦塔逃出来的边界领主罗杰·莫蒂默[1]并开始与他偷情。1326年9月，伊莎贝拉和莫蒂默带领一小支军队返回英格兰，举国上下几乎未受鼓动便加入他们一起推翻国王。爱德华和德斯彭瑟父子在南威尔士被俘，德斯彭瑟父子被就地处死，国王则于1327年在伦敦正式退位。爱德华生命中最后的几个月是在伯克利城堡中度过的，1327年9月21日被杀，这毫无疑问是伊莎贝拉和莫蒂默指使的。

　　第一次一位英格兰国王在统治期间退位，竟然无人在意。爱德华三世随即被推举为继任者，所以爱德华二世的退位并未造成王国动乱，也无人认为他的统治导致王权被削弱。议会的权力相较于王权而言并未增长，

---

[1] 罗杰·莫蒂默因反对爱德华二世被囚禁于伦敦塔。

国王并非由议会罢免，而由议会决定推选和罢免国王对当时的人们而言根本无法想象。爱德华二世的退位也未能使杀戮停止，由于爱德华三世年仅14岁，伊莎贝拉和莫蒂默大权在握，他们与爱德华二世一样狠毒、腐败。1330年，爱德华三世决定采取行动，在诺丁汉城堡突袭了他的母亲及其情人，将莫蒂默赶往伦敦并处死，伊莎贝拉则被监禁。1330年11月，爱德华三世刚刚年满18岁，开启了自己长达四十七年的执政生涯，并获得了未曾想到的荣耀。

爱德华三世与理查二世（1330—1399）

爱德华三世骁勇善战，在位期间战争不断。起初是对苏格兰方面，爱德华决心要夺回主权。他本打算将法国和苏格兰分而破之。然而，虽然1333年他在哈利顿山（Halidon Hill）战役中大获全胜并夺回了贝里克郡，但爱德华很快便发现根本不可能绕过法国征服苏格兰。罗伯特·布鲁斯10岁的儿子大卫·布鲁斯（David Bruce）于1334年逃往法国，同年法国国王腓力六世瓦卢瓦的腓力（Philip of Valois）宣称如果英格兰不与苏格兰和解，他就坚决不会在加斯科尼问题上与英格兰达成一致。对此爱德华的应对策略是恢复与佛兰德斯的结盟。此外，由于母亲伊莎贝拉是腓力四世的女儿，爱德华称自己有权继承法国王位，进一步加剧了英法两国之间的紧张局势。虽然这并不是导致英法全面交恶的直接原因，但在百年战争期间一直是有用的筹码，同时不满腓力六世的法国人也以此为反叛理由。至1337年，英法之间战争一触即发。同年5月，腓力宣布收回加斯科尼。爱德华立即宣称自己是法兰西国王，百年战争拉开帷幕。

战争的第一阶段（1337—1360），尤其是1346—1360年，爱德华骁勇善战的名声广为流传。但最开始战事并不顺利，虽然1340年6月英格兰在斯勒伊斯（Sluys）海战中大获全胜，士气大振，但1338—1343年间英格兰对法国和苏格兰的战争一直未见成效，花费却极其高昂。爱德华债台高筑，他解决债务问题的方法是在1340年12月大规模排除异己，除掉那些他认为导致战事不顺的大臣。1341年4月，议会迫使爱德华采用更加温和的方式平息了危机，爱德华似乎也从中学到了经验教训。从那时起，他对待议会的方式更加圆滑，也通过像1348年前后创立嘉德勋章这种方式获取大贵族支持。此时战况也开始出现转机。1346年8月，腓力六世率领的法国军队在克雷西（Crécy）大败；两个月后，已于1341年回到苏格兰的大卫二世在杜伦附近的内维尔十字被俘。第二年，在遭受约十个月的围攻后，加莱（Calais）也落入英军囊中，并且在随后的两个世纪内都一直属于英国。

1348—1349年，黑死病席卷欧洲，导致战事暂缓。战争再次打响时，英格兰依旧势不可当，并在1356年9月达到巅峰，爱德华三世的长子"黑太子"（the Black Prince）在普瓦捷会战中大败法军并俘虏了法国国王约翰二世（1350年继承了腓力六世的王位）。瓦卢瓦家族地位受损，法国陷入混乱。1360年5月，《布勒丁尼和约》（Treaty of Brétigny）的签署意味着爱德华取得胜利。加斯科尼及其周边与争议的边界地区全部归爱德华统治，此外，加莱、蓬蒂厄（Ponthieu）及北部其他乡镇和封土也归英格兰所有。约翰国王再交付50万英镑便可以回到法国，爱德华宣布放弃争夺法国王位，这对四分五裂的法国来说代价并不高昂。

但和平仅仅维持了九年，战争再次爆发时轮到英格兰遭受磨难了，部分原因与领导人有关，还有部分原因与战略有关。这时法国的国王是查理五世（1364—1380年在位），他比他父亲和祖父都更有雄韬伟略。查理和他的警务官——曾经的雇佣兵首领贝兰特·德·盖克兰（Bertrand du Guesclin）采用了一种虽不光彩但行之有效的作战方式，他们不与英军正面交锋，只不断骚扰英军并采用围攻战。这套战略效果显著，至1375年，法国收复了《布勒丁尼和约》中的大部分失地。此时的英国除了要应对战事，还面临着政治危机。爱德华三世年岁已高，"黑太子"也时日不多

（他先于父亲，于1376年6月去世），对外战争失利加上国内政府贪污腐败导致在1376年召开的"优良议会"（Good Parliament）上大家纷纷表达不满。下议院院长彼得·德·拉·梅尔（Peter de la Mare）召集骑士们会聚于西敏寺会议厅，对国王手下那些毫无作为的大臣进行公开指责，弹劾、罢免了多位大臣，并任命了一个委员会专门用于监督管理。1377年6月，爱德华三世去世，他辉煌的统治阶段就此结束。

此后英格兰每况愈下。新任国王理查二世继位时年仅10岁，他还有三位叔父在世，其中年纪最长的兰开斯特公爵——冈特的约翰（John of Gaunt）实际掌握了王权。冈特的约翰专横跋扈，完全不得民心，再加上赋税沉重、战事僵持不下以及王廷内部纷争不断，都预示着理查二世前路凶多吉少。此时的英格兰还充斥着社会和宗教冲突。社会方面，1381年爆发的农民起义是整个中世纪英格兰史上最著名的一次人民起义，起因部分在于暴发黑死病后大家对于领主和政府的镇压不满，部分在于14世纪70年代赋税过高。瓦特·泰勒（Wat Tyler）和神父约翰·保尔（John Ball）带领数千人揭竿而起，从肯特郡和埃塞克斯郡一路打到了伦敦，并占领了伦敦三天。王廷大法官和财政官在塔山（Tower Hill）被斩首示众，此外还有上百名律师、外国人员及王室的低级别官员被当街杀害，打砸抢烧、寻衅报复行径随处可见。反叛者的言辞也体现出反教会情绪，英格兰基督教化近一千年来首次爆发异端运动——罗拉德运动。罗拉德派（Lollardy）教义起源于牛津大学院长约翰·威克利夫（John Wyclif）较为激进的神学理念，比如宿命论和反对"化体说"[1]的理论，但罗拉德运动之所以声势浩大除了与威克利夫的著作广泛流传有关，也是因为14世纪英格兰社会所有阶层都深入了解了反教权主义思想。不仅普通民众推崇罗拉德派的异教学说，由于罗拉德派推崇国家万能论（Erastus），冈特的约翰等人也非常支持威克利夫[2]。受此影响，骑士们几次向议会请愿剥夺对教会的资助。

---

[1] transubstantiation，"化体说"宣称饼干和酒变成了基督的肉和血。

[2] 威克利夫认为所有统治权均是上帝的恩典，反对教权高于王权，认为世俗王权与教权平等。

罗拉德派得到领主阶级支持，对教会而言绝对是一个威胁，而且也为王室迟迟不解决这个问题提供了理由。直到1414年爆发罗拉德起义，罗拉德派被判叛国罪，英格兰国王亨利五世才明确表明将与教会联手彻底消除该教派。

14世纪80—90年代，英格兰对外战事屡屡受挫，对内面临着国家四分五裂的局面，此时要维持国家秩序已经完全超出了理查二世的能力范围。理查任性妄为、性格暴躁，又从小被灌输了王室至高无上的观点。同爱德华二世一样，理查总是凭自己个人喜好做决断，例如他只向牛津伯爵罗伯特·德·维尔（Robert de Vere）、迈克尔·德·拉·波尔（Michael de la Pole）等自己喜欢的人征求意见。那些不受理查欢迎的人，如他的叔叔格洛斯特公爵托马斯·伍德斯托克（Thomas Woodstock）、易怒的阿伦德尔伯爵理查德·菲茨艾伦（Richard Fitzalan）以及菲茨艾伦最终成为坎特伯雷大主教的哥哥托马斯·阿伦德尔（Thomas Arundel）等，（自认为）功劳颇丰却得不到国王的欢心，因此心生怨恨。整个14世纪80年代，理查给人的印象是虽然在位却不掌权。在亲信们的支持下，理查开始对法国采取怀柔政策，这令格洛斯特公爵及阿伦德尔等人非常不满。1386年，由于政府破产，加上法国威胁要进攻英格兰，危机一触即发。同年举行的"精彩议会"（Wonderful Parliament）弹劾了德·拉·波尔，并成立政府委员会管理国家。1387年爆发了一场短暂的内战，12月德·维尔领导的王室军队在牛津附近的拉多科桥（Radcot Bridge）大败。1388年2月举行的"无情议会"（Merciless Parliament）上，八位理查的拥护者被判叛国，还有其他支持者被流放或逐出王廷。这无疑是全盘否定了理查的统治及英格兰此前二十年间采取的各项政策。

此前各项政策失利不仅导致14世纪70—80年代战事屡屡受挫，也体现出未能以长远眼光考虑15世纪英格兰政策变化的弊端。例如贵族影响力越来越大，这个变化原因有二。第一个原因是贵族逐渐掌控了更多郡长、治安官（justice of the peace）等郡级主要职位，比德·德·里瓦克斯兼任

21个郡长的时代早已远去了。长期存在的地方压力使得郡长这个职务越来越成为"郡级社会团体"的代表，虽然郡长是在地方体现国王意志的官员，但现在他们的职能已经不仅限于代表国王。总体而言，郡长是由地方人士，如在当地拥有广泛利益和显赫地位的骑士或绅士担任的，从当地拥有地产的"郡县乡绅"群体中选举产生，中等大小的郡一般有约50位地方乡绅。治安官也是由此选举产生的。14世纪，迫于同样的压力，治安官也逐渐转变，对地方事务拥有了更多自主权。但直到14世纪下半叶，黑死病时代后期确立的劳动法及其他社会法规才明确了治安官是郡县内维护社会治安及规则的主要执行者。第二个原因则是议会不断发展壮大，使得上述郡长、治安官等在国家事务中也拥有了更多话语权。至14世纪中叶，议会的组织架构和办事流程已经定型。1340年及1362年颁布的法条使得普通民众也对直接、间接征税有了决定权，从而也就拥有了影响政治决策的筹码。如今法律通常是基于平民的诉求而制定的，如果民众不同意，可拒绝征税（如1376年的"优良议会"）。这并不意味着平民成了王权的主要反对力量，但民众也的确不希望自己被无视或王权过大。

理查二世曾试图打压议会，但无论是他的政策还是手下的官员都未能得到大贵族及绅士支持，结果就是1388年国王身边的亲信惨遭血洗。理查用了不到一年的时间恢复王权，起初他似乎记住了经验教训，在与大贵族的交往中更为谨慎，也起用了绅士阶级的杰出人才，所以14世纪90年代的议会要比80年代平和得多。此外，1389年后英法两国休战也使得英格兰得以采取举措大力恢复经济。虽然常年征战早已让英法两国疲惫不堪，休战时期不断延长，但这并不意味着两国已经达成和解，对外政策对于英格兰而言仍然是一个棘手问题。英法战争的根源还是加斯科尼问题，加斯科尼究竟属于哪一方？是属于英格兰国王自己（如加斯科尼人所愿），还是属于法国国王分封给英格兰领主（首选冈特的约翰）的一块领地（这已经是法国能做出的最大让步了），抑或是属于英格兰国王分封给英格兰领主的封地（就像《布勒丁尼和约》约定的那样，这也是格洛斯特、阿伦德尔公爵们所坚持的解决方案）？理查希望双方能够和解，所以逐渐趋于向法国妥协，但鹰派、普通民众及加斯科尼人都一致反对。1392年，24岁的法兰西国王查理六世（1380—1422年在位）第一次精神病发作让整个局势变得更加复杂。两年后加斯科尼人揭竿而起，对英法协商的条款提出反对。最终在1396年，理查与查理六世7岁的女儿联姻，英法之间达成长达二十八年的停战协定。虽然14世纪90年代的数次谈判未果表明加斯科尼问题根本无从解决，但至少如今英法两国有一代人可以享受和平了。

法国问题暂时得以解决，让理查放松警惕，有一种局势已稳的错觉，是时候对1387—1388年发生的动乱秋后算账了。1397年，格洛斯特公爵被捕并被杀害，而且是非常可怕地在加莱一间旅店的密室内被人用被子活活闷死；阿伦德尔伯爵因叛国被斩首，他的兄弟坎特伯雷大主教遭到流放。此时理查的野心开始膨胀，他身边依附了一群吸血鬼，他开始大肆掠夺土地。1387—1388年的反对派仍余两人，一位是兰开斯特继承人亨利·博林布鲁克（Henry Bolingbroke），另一位是诺福克继承人托马斯·莫布雷（Thomas Mowbray）。在他们不和之时，理查趁机惩罚了他们，将其流放。六个月后，即1399年2月，冈特的约翰去世，理查随即宣布将兰开斯特和诺福克郡的遗产没收，并立即起航前往爱尔兰。博林布鲁克抓住了这次机会，于7月初返回英格兰并粉碎了国王的支持派。理查从爱尔兰归国时为时已晚，被困于北威尔士的康威城堡（Conwy castle），随后被带回伦敦并被罢黜王位。博林布鲁克立马加冕为王，成为亨利四世国王。五个月后，理查在庞蒂弗拉克特城堡（Pontefract castle）内去世，毫无疑问是被谋杀的。新的世纪，英格兰开启了新的王朝——兰开斯特王朝。

兰开斯特时期的英格兰

14世纪英格兰第二位国王退位比前一位国王退位造成的影响更大，因为虽然理查二世并无子嗣，但按顺序亨利四世也不是首位继承人。王位继承权理应属于年仅7岁的马奇伯爵继承人埃德蒙·莫蒂默（Edmund Mortimer）。埃德蒙的祖母是克拉伦斯公爵莱昂内尔（Lionel）的女儿，莱昂内尔是爱德华三世的次子，而亨利的父亲冈特的约翰是爱德华的第三子。但由于埃德蒙是缘于其祖母的身份才可以获得继承权，而亨利则是缘于父系身份，再加上中世纪尚未有法规定律明确王位的继承，而12世纪及此前的判例结果也截然不同，所以亨利可以称自己是合法继承人。但毫无疑问仍有人将亨利视为篡位者，身份问题是整个兰开斯特王朝统治者都未能解决的难题，不仅削弱了亨利自身的权威，而且在五十年后该问题依然存在，并最终摧毁了亨利的孙子。

不论如何，亨利仍坐上了王位，但他统治的前八九年里，王位摇摇欲坠。其间他经历了四次叛乱（1400年，一众伯爵领导了叛乱；1403年、1405年和1408年是亨利此前的同盟者珀西家族发动了叛乱）。此外，亨利还要解决由来已久的财务问题以及一系列言辞激烈的议会，其中最著名的是1406年召开的议会，从3月开到了12月，成为英国史上迄今为止时间最长的议会。亨利统治后期的情况大大改善。1408年珀西家族分崩离析，英格兰经济恢复常态，议会不满情绪有所缓解。15世纪英格兰在不列颠群岛最大的威胁——欧文·格兰道尔（Owen Glendower）引领的威尔士叛乱在此时也被镇压。

14世纪时英格兰仍掌控着威尔士，这从某些方面来看着实令人惊讶，因为那时英格兰在不列颠群岛其他地方的统治力已日益衰弱。13世纪，英格兰对爱尔兰的掌控日益增强，至1300年几乎一半的爱尔兰土地都已经归英格兰所有。然而14世纪上半叶发生了一系列灾难，如1315年爱德华·布鲁斯（Edward Bruce，苏格兰国王罗伯特的兄弟）攻打爱尔兰，加上几位盎格鲁-爱尔兰君王早逝，导致统治爱尔兰的主动权逐渐回到了爱尔兰本土领袖手中，14世纪时英格兰在爱尔兰的统治范围被逐渐缩小。曾经英格兰靠移民至爱尔兰以巩固统治，但由于英格兰人口减少，移民数量也相应减少，越来越多的盎格鲁-爱尔兰移民或是将土地卖了，或是保留爱尔兰土地但并不居住在爱尔兰。那些仍留在爱尔兰的英格兰人，如菲茨拉杰德家族（the Fitzgerald）的德斯蒙德（Desmond）和基尔代尔（Kildare）厄尔们，对于英格兰政府未能给他们提供支持越发不满，并且他们的生活习惯越来越爱尔兰化，在某种程度上对爱尔兰越来越有归属感。理查二世曾希望改变这种情况，自约翰王之后他是第一位前往爱尔兰的国王，但最终理查还是未能实现目标。到了15世纪，爱尔兰更加不受英格兰控制了。苏格兰也是同样的情况：14世纪30年代初期哈利顿山战役之后，苏格兰处境艰难，长达半个世纪的战争使得爱国主义情感深植于苏格兰人民心中，同时也切断了英格兰与苏格兰的土地及贵族之间的联系，以至于后来爆发了苏格兰独立战争。14世纪50年代，爱德华三世终于意识到统治苏格兰根本不可行，所以在1357年将大卫·布鲁斯释放（自在内维尔十字被捕后，他就一直被关押在伦敦塔内），并允许他回到苏格兰。但英苏之间的战争并没有因此停止，此后苏格兰虽不再为国家存亡而战，但常因两国摩擦、边境冲突，或为获取牛羊群、战利品而战。

　　所以整个14世纪中，威尔士是不列颠群岛唯一被英格兰管控得越来越严的地区。克卢依德郡乡绅欧文·格兰道尔下定决心要重振威尔士。他出身于威尔士王室，如果不是英格兰统治着威尔士，欧文所处的阶层将会成为威尔士的领导者。欧文的叛乱起初只是由于与里辛（Ruthin）的雷纳尔德·格雷（Reynald Grey）产生了纷争，但事态很快升级，并且对英格兰的统治造成了威胁。1402—1406年的四年间，欧文采用游击战，成功地将英格兰人从大部分威尔士领土驱逐。欧文自称"威尔士王子"，并将"红龙旗"作为自己的旗帜，他占领了阿伯里斯特威斯（Aberystwyth）和哈莱克（Harlech）城堡，俘虏了雷纳尔德·格雷并要求他缴纳赎金，此外还说服了法国在1405年出兵为他助力。欧文不仅擅长打仗，还在哈莱克和马汉莱斯（Machynlleth）举行了威尔士的议会，为威尔士教会制订了建立两所大学等详细计划。但欧文之所以能有所成就，主要原因是亨利四世分心于其他事情无暇顾及威尔士，一旦其他事务处理完毕，欧文就没有那么走运了。1408—1409年，英格兰夺回了阿伯里斯特威斯和哈莱克，欧文则消失得无影无踪。1413年亨利四世去世时，英格兰已经在威尔士重新建立起了统治权，但始终没捉到欧文，此后他遭遇了什么无人知晓。1415年亨利五世赦免欧文，但欧文拒绝了，最多又过了两年，他便去世了。欧文葬身何处我们无从得知，如果知道的话，前去祭拜的人一定会络绎不绝。欧文不乏勇气、个人魅力，他化身为一个国家的希望，这些都使他直至今天仍是威尔士名垂青史的大英雄。

15世纪的英格兰也见证了属于自己的英雄，即国王亨利五世。1413年3月，25岁的亨利继承了父亲的王位，在位九年半。亨利骁勇善战，在他短暂的统治时期大部分时间都在征战。当然亨利运气不错，那时法兰西国王查理六世已经长期处于疯癫状态，法兰西国内分为勃艮第和阿马尼亚克（Armagnac）两派，爆发了内战。亨利（起初秘密）联合了勃艮第派，他施压要求法国承认他（作为爱德华三世的后代）有权继承法兰西王位。遭到拒绝后，1415年10月，亨利在阿金库尔战役中大败法国军队。1419年年初亨利占领了诺曼底，英格兰领主将其瓜分，并在诺曼底实行了英格兰的统治。这场战争与爱德华三世时的战争并不相同：这场战争并不仅仅为了掠夺财富和显示自身实力，更是一场永久的土地和领主地位争夺之战、一场征服和殖民战争。不出所料，法国人吓坏了：阿马尼亚克派领袖查理王储同意会见勃艮第公爵约翰，试图解决他们之间的分歧。会见的时间确定为1419年9月10日，地点为巴黎以南50英里的蒙特罗福约讷。但是这一会见的结果正中亨利下怀，查理与约翰在桥中央会面，正当约翰下跪迎接王储时，查理的一名随从走上前来，用斧头劈开了他的头。一个多世纪后，法国国王弗朗索瓦一世（Francis I）见到约翰破碎的头骨时说道："正是这些裂纹，让英格兰人得以进入了法国。"此话言之有理，因为从那时起，再无妥协谈判的可能了，新任勃艮第公爵腓力公开投向了英国。1420年5月，腓力同亨利签订了《特鲁瓦条约》（Treaty of Troyes），承认查理六世在世时为法国国王，但也宣布亨利将成为查理的王位继承人。此外，为了巩固亨利的地位，查理的女儿凯瑟琳（Katherine）被嫁给了亨利。查理六世也是《特鲁瓦条约》的缔约方，但他及其王后伊萨博（Isabeau）显然不知道自己在做什么，他们就这样让自己的儿子——法国的王储，丧失了继承权。

《特鲁瓦条约》标志着百年战争中英格兰外交的巅峰时刻。如同《布勒丁尼和约》，《特鲁瓦条约》令英格兰在军事上处于毫无争议的优势地位。但不同于《布勒丁尼和约》的是，《特鲁瓦条约》并不意味着战争结束，因为法国王储及其支持者——大多数法国人，彻底拒绝承认条约内容，只有击败他们，才能实现真正的和平。1422年8月，亨利刚要着手采取行动，便因痢疾逝世。因此亨利未能成为法国国王，但他当时尚在襁褓中的儿子（亨利六世，当时只有九个月大）做到了——事实上，亨利六世是中世纪唯一一位真正被加冕为法国国王的英格兰国王。在亨利五世去世后的十年间，人们仍然相信兰开斯特王朝的英法双君主制有可能成为现实。亨利五世逝世后，其仍然在世的长兄贝德福德公爵约翰摄政。约翰为人精明，在他摄政期间英格兰收紧了对法国东北部的控制：将诺曼底变为殖民地、征服曼恩（Maine）、占领巴黎，至1429年，英格兰人已经南下到了奥尔良。但他们也只能止步于此，在圣女贞德的鼓舞之下，王储（后来的查理七世）的军队解除了奥尔良之围（siege of Orleans），并开始反击，英军节节败退。1435年，英格兰和勃艮第的同盟在腓力公爵同查理国王缔结的《阿拉斯和约》（Treaty of Arras）中瓦解，法国内战结束；同年，贝德福德公爵逝世，次年巴黎失守。所以当1437年亨利六世开始亲政时，英格兰已经再次处于守势。

　　亨利五世在世时不仅大举进攻法国，在其他国家也取得了不俗的战绩，通过对外征战使当年亨利四世的上位变得名正言顺。而对内，面对反对派，亨利五世也采取了雷霆手段，如1414年的罗拉德起义、1415年的"南安普顿阴谋"（Southampton Plot，反对派密谋将亨利除去并推举马奇厄尔成为国王）均被镇压，且并未引起国内各大家族积怨，例如当年反对亨利三世的珀西家族并未表现出不满。此外由于亨利五世拥护东正教，他在教会界也拥有了众多拥护者。所以在对法战争中，亨利能够要求并获得了巨额的征战资金。但即便如此，在亨利去世前，英格兰人民已经开始对征税表现出不满；亨利去世后，反对声音开始出现。15世纪20年代的议会非常不愿同意政府直接征税，而亨利六世尚未成年，以他的名义进行管理的顾问们也无权要求议会同意征税。此外，虽然顾问们总体而言在辅政时取得了不俗的成绩，但他们内部还是无可避免地充斥着不和与敌意，尤其是随着国王逐渐长大成人，顾问们越发担心未来自己还能有多少影响力和权势。格洛斯特公爵汉弗莱（Humphrey，亨利五世最小的弟弟）与大主教亨利·博福特（Henry Beaufort）之间的不和越来越严重，武力冲突一触即发。虽然万幸最终并未爆发内战，但负债、内讧、对外征战失利等种种迹象都表明亨利六世统治时期注定不太平。

　　很难想象能力不如亨利六世的人又会怎么面对这种棘手的局面。"简单"是人们常用来形容亨利的词语：他的习性单纯（无不良嗜好），但头脑也很简单。亨利六世热爱和平，富有同情心，为人克己守礼，且对朋友一向慷慨大方；但他同时也很天真单纯，总是决策不当，而且有时会失去理智怀疑那些与他意见不同的人。同理查二世一样，亨利厌恶战争，同时在来自法兰西的王后安茹的玛格丽特（Margaret of Anjou）影响下，亨利试图通过妥协结束英法战争。这与许多大贵族的意愿相违背，亨利便非常愚蠢地选择欺瞒贵族们，在1445年偷偷答应了查理七世来年将曼恩归还法国以换取和平。消息泄露后，政府官员及仍在法国驻守的将领们为之震惊，将领们声称曼恩是防御诺曼底的缓冲地带，他们拒绝交出自己的城堡。但最终在1448年春天，将领们也不得不妥协了。他们的顾虑是有道理的，1449年8月，查理七世的新型军队举兵诺曼底。1450年夏天，诺曼底结束了三十年来英格兰的统治，重新归法兰西所有。1451—1453年，加斯科尼同样回到了法兰西手中，结束了英格兰在此三百年的统治。除加莱以外，英格兰全面撤出了法国，百年战争以英格兰的失败告终。

1453年8月，亨利六世第一次精神病发作。据格里菲斯教授（Professor Griffiths）描述，随后的十七个月里，"亨利谁也不认识、什么也不知道，当他恢复健康时，完全不记得这段时期发生了什么"。亨利的发病对英格兰而言是一场灾难，同时也使人们对他此前十年统治的不满达到巅峰。战事不利只是人们控诉他15世纪40年代执政失败的众多问题之一，大家还抱怨亨利住宅过于奢华、对自己不得民心的宠臣封赐过于丰厚、任由朝臣在自己的"领地"内为所欲为（其中以东盎格利亚的萨福克公爵为甚）、财政方面无法发展国家经济、司法方面有失公允等。上述控诉大部分属实，至1449年，亨利负债达到了37万英镑。在处理大贵族之间的纷争时，亨利不但没有客观地进行裁决，反而还使自己卷入其中：在北部，他支持珀西家族，反对内维尔家族；在西南部，支持考特尼家族，反对邦维尔家族；在王廷之中，支持萨福克和博福特家族，反对自己的推定继承人格洛斯特的汉弗莱和约克公爵理查。结果就是内维尔家族成员、邦维尔家族成员、约克公爵等不受亨利喜爱的人们关系越来越亲近，地方派系逐渐合并为约克派。亨利精神失常后，1454年4月，约克公爵成为"护国者"（Protector of the Realm），即约克派的首领，取代了另一个派系的首领掌管了整个国家。1454年圣诞节后，亨利恢复正常，又取代了约克公爵重新执政。在这种政权不稳定、充斥着派系分裂的背景下，1455年5月在圣奥尔本斯（St Albans）爆发了玫瑰战争第一场战役。

玫瑰战争（1455—1485）

英国爆发内战起初是由于亨利六世昏庸无能，对战双方是兰开斯特家族和约克家族，后来王位继承权问题成了内战的关键。1447年格洛斯特公爵去世，1453年10月亨利六世唯一的儿子爱德华出生，在此期间兰开斯特家族没有可以继承王位的人选。约克公爵理所当然视自己为王位继承人，由于是莫蒂默的后代，约克公爵的确比亨利更享有继承权。另一种解决方案虽然当时并未提出，但后来也公开了，便是由博福特家族成员继承王位。博福特家族是冈特的约翰同第三位妻子凯瑟琳·斯温福德（Katherine Swinford）的后代。博福特兄弟是非婚生子，直到1397年议会才承认他们具有合法继承权，亨利四世于1407年宣布他们可以合法继承所有爵位和荣誉，王位除外。博福特家族无权继承王位，这一点非常明确，但是问题在于，亨利四世是否有权更改1397年设立的继承法案呢？1444—1455年，博福特家族的主要代表人物是萨默塞特公爵埃德蒙，他坚定地维护国王一派，反对约克派。拥有相同的祖先并不是导致他们个人关系紧张的原因，但我们可以确认同样的血脉也未能减少他们之间的敌意。

1453年爱德华王子诞生，按理说应该能解决王位纷争了，但由于此时王室过于声名狼藉，人们急于寻求一个全新的政府。1450年议会弹劾了萨福克公爵，出于自身安全考虑，萨福克公爵选择被流放，但中途被肯特沿海的武装民船人员拦截并斩首。随后英格兰在法国大败的消息立即引发了杰克·凯德（Jack Cade）起义，这是1381年以来英格兰史上最严重的人民起义。1454年圣诞，亨利恢复神志。毫不意外地，很多人不知这是喜是忧。萨默塞特公爵恢复职位，约克公爵、内维尔家族及其支持者们再次丧失了政治权力。1455年5月22日，后者在圣奥尔本斯发动战争复仇，这场战争规模并不大，但萨默塞特公爵和诺森伯兰郡（Northumberland）厄尔丧生其中。此时的约克家族并未想要改朝换代，但五年后亨利再次精神病发作时，折中显然已再无可能了。1460年10月，约克公爵一举攻入议会；登上王位并宣布自己具有王位继承权。贵族们惊慌失措，提出和解方案——亨利在世时仍为国王，他去世后由约克公爵继位。玛格丽特王后当然不可能接受这个方案，她一心想着要确保自己的儿子继位。随后两个月内，内战爆发。虽然12月，约克公爵死于韦克菲尔德（Wakefield）战役，但他的长子爱德华于1461年3月在约克郡的陶顿（Towton）战役中打败了兰开斯特家族并称自己为王。亨利和玛格丽特逃至北方，18岁的爱德华四世在伦敦成为英格兰国王。

此后的二十四年中，除1470年冬天发生了一个小插曲外，英格兰国王一直来自约克家族。爱德华四世和理查三世是否对王位感到不安我们不得而知，但至少爱德华能够从失败中吸取经验和教训，1471年他恢复统治后，英格兰维持了十年和平。15世纪60年代仍危机四伏，安茹的玛格丽特引领兰开斯特家族蛰伏于北方蠢蠢欲动。直到1464年她在赫克瑟姆（Hexham）战败，第二年亨利被俘，爱德华才真正统治了北方。此外，爱德华由于违抗了自己的主要同盟（拥立国王者）沃里克厄尔，给自己带来了麻烦。1464年，沃里克厄尔正为国王的联姻（迎娶一位他国王后）谈判时，爱德华私自迎娶了伊丽莎白·伍德维尔（Elizabeth Woodville），这让沃里克厄尔感到被国王怠慢。爱德华给了伊丽莎白王后的亲戚们大量土地和恩惠，更加疏远了沃里克厄尔。到1470年，他们之间的关系进一步恶化，以致沃里克厄尔联合玛格丽特及爱德华四世想要反叛的兄弟克拉伦斯（Clarence）公爵乔治于1470年9月进攻了英格兰。爱德华四世众叛亲离，逃往了佛兰德斯，但六个月后他又回到了英格兰，克拉伦斯公爵再次叛变投向了爱德华。1471年4月的巴尼特（Barnet）战役中，爱德华打败了沃里克厄尔（后者葬身于巴尼特）；1471年5月的蒂克斯伯里（Tewkesbury）战役中，他又打败了玛格丽特。兰开斯特家族后裔，17岁的爱德华王子在蒂克斯伯里战役中丧生，两周后亨利六世死于伦敦塔中，爱德华四世谎称亨利死于"悲伤过度"。此时兰开斯特家族主要继承人都已过世，如果这个家族的族人还想称王，也只有博福特一支还有资格了。

幸运的是，萨默塞特公爵的兄长约翰还有一个女儿玛格丽特存活于世，她嫁给了里士满（Richmond）伯爵埃德蒙·都铎（Edmund Tudor），他们的儿子亨利于1457年1月诞生了。

亨利·都铎的时代马上就要开启了，但目前还尚未到来。爱德华四世统治的最后十二年里，无人再挑战他的权威。沃里克厄尔死后，爱德华更加倚重大贵族们了。国王的弟弟格洛斯特公爵理查负责掌管北方，而国王自己则忙于在郡县内建立起领主和乡绅网络。由于暂无战事，同时得益于国王利用内廷（Chamber）掌管王室收入，爱德华在位期间财务管理状况明显改善，他成为爱德华二世以后首位去世时并无负债的国王。但爱德华在1483年4月去世时并未留下成年继承人，他的两个儿子一个12岁，一个年仅9岁，年长的那位成了爱德华五世，叔叔格洛斯特的理查成为护国者。无人知晓理查在做出后来的行为时是怎么想的，他是害怕自己此前对伍德维尔的敌对会给自己带来杀身之祸吗？还是他只不过是野心太大，实在无法放弃眼前的天赐良机呢？不论他是怎么想的，理查几乎没有浪费任何时间，6月还没过完，他就处置了几位前朝的主要拥护者，宣称自己的两个侄子无权继承王位，将他们关于伦敦塔内，然后自己称王。6月6日，理查加冕为王，成了理查三世。再也无人见过“伦敦塔内的王子们”，虽然关于他们的命运如何众说纷纭，但最有可能的还是被人奉理查之命杀害了。

理查以血腥手段换来的王位仅维持了两年。不论国内还是国外，人们都厌恶他曾经的所作所为。在布列塔尼一直等待机会的亨利·都铎获得了法兰西王国的物质援助，并得到了许多英格兰人给予他支持的承诺。1485年8月7日，亨利在米尔福德港（Milford Haven）登陆，8月22日他率领5000人的军队在莱斯特郡（Leicestershire）的博斯沃思（Bosworth）与人数是其两倍的理查军队相遇。理查试图与亨利进行私人对战，但被自己人杀害了，理查一方战败。亨利·都铎成为亨利七世国王，次年1月他迎娶了爱德华四世的长女伊丽莎白为王后。这标志着兰开斯特家族与约克家族最终和解了，也为玫瑰战争画上了句号。由于亨利七世拥有治世之能，内战再也没有爆发。亨利七世在位二十四年，1509年4月他去世时，由儿子亨利八世继承王位，无一人反对。

中世纪后期的英格兰经受了无休无止的战争、反叛和政治内讧，可以用一句话总结："凡事万变不离其宗。"这句话也同样适用于分析这一阶段政治制度的演变过程。玫瑰战争时期同1258年到1265年间的贵族战争一样，英国政治始终掌握在国王和贵族手中，直到两个世纪后才真正发生变化。但同时毫无疑问，14世纪、15世纪英国政体大大扩大，议会，尤其是其中普通民众扮演的角色证明了国家层面发生的变化，而郡县内乡绅则证明了地方层面政体的变化。但议会的权力和职能逐渐扩大并不说明15世纪时英格兰已经成了"议会民主制"或"君主立宪制"国家，国王还是掌握着至高无上的权力。没有人会争辩说亨利八世掌握的王权比亨利二世"受限"。事实上，更应该说中世纪后期的议会，这个由上流社会构成的团体，并未减少国王权力，反而在很大程度上扩大了王权。

国王、贵族和普通民众之间存在共同利益，这不仅是因为他们拥有相同的目标、愿景和想法（如黑死病后期的劳工立法），也是由于在各类战争、司法和行政管理事务中，三方经常彼此合作。国王、贵族和普通民众之间的共同利益是中世纪后期"英国"（the English State）的基石，此时我们可以将英格兰王国称为"英国"了。虽然过程不甚如意，但威尔士甚至法国、苏格兰、爱尔兰领土被纳入英格兰统治范围内，有助于构建"英国"：12世纪的英格兰处处与法国存在联系，而且与大不列颠岛屿其他王国关系不稳定，所以那时英格兰还是一个无法明确定义、模糊的政治实体；而15世纪的英格兰已经更加清晰，变为独特的"英国"了。无法否认，与其他王国之间的战争推动了中世纪后期英格兰政治生活最长久的发展。比如战争迫使国王征税，而税收除本身就是一个管理国家的有力工具外，也对决定英国议会的发展方向起到了重要作用。此外，外部变化对"英国"的形成也产生了重要影响，比如英国神职人员既效忠于势力不断扩大的教皇，同时也效忠于自己的国王，这在12世纪和13世纪初期给他们自己及国王亨利二世和约翰王造成了许多问题。14世纪、15世纪教皇权力及声望衰退，这一时期的英格兰国王得以统治教会，正如卡托博士（Dr Catto）描述的那样，"虽然一个世纪以后才出现了最高领袖（supreme governor）这个头衔，但亨利五世除了没有冠上这个头衔，实际上已经是英国教会的最高领袖了"。

"伪封建主义"（bastard feudal）仍是人们在形容中世纪后期英格兰社会最常用（甚至可以说滥用）的表达。"伪封建主义"用于形容一个理论上仍认可封建制度但实际上封建体制逐渐瓦解的社会，这个表达可以用于形容整个14世纪、15世纪英格兰社会。那时英格兰的封建主义痕迹的确已经大大淡化：封建军队已被契约军取代，封建法庭大部分已由王室法庭取代，封建的土地继承制度也被限定继承（entails）、让与土地使用权[1]（enfeoffments to use）等法律规定削弱，使得土地保有法律及惯例越发接近"自由保有"（freehold）概念。议会虽然在最初是为了扩大国王的封建法庭而成立的，但无人可以否认到了15世纪，议会已经变成了国民大会。这是中世纪后期英格兰一大主要政治遗产，既是英格兰发展为国家的原因，也是其结果。

---

[1] 让与土地使用权是领主避免下一任继承人缴纳继承税的一种手段。在去世前，领主将封土转交给受托人，受托人可以使用封土但必须遵守领主遗嘱中的相关规定，例如要抚养领主的遗孀、女儿或年幼的儿子，最常见的要求是受托人需要将封土再移交给领主的继承人。

| 第五章 |

社会经济

CHRISTOPHER DYER

400—600年：罗马时代结束后的生活

5世纪及6世纪，不列颠人民生存环境艰难，四处皆是罗马时期遗留的废墟：城市中，公共建筑和私人住宅破败不堪；郊区里，贵族别墅只剩断壁残垣；而边境上，堡垒要塞也已被废弃。罗马对不列颠的统治结束，带来的不仅仅是政治变革，影响也不仅限于物质条件下降。道路、桥梁和港口无人维护修缮，货币制造停摆，政府支出断流，军队、政府的精英人士也不再消费或大规模雇用劳动力。贸易减少，曾经进行大规模生产的行业崩溃。失业、法律失效、社会秩序崩溃等问题使不列颠人民的生活动荡不安。而被不列颠曾经的富足生活所吸引、越过北海而来的日耳曼移民，面临的便是这样一个动荡的社会。

不列颠人民也曾尝试保留以前的生活方式，例如5世纪时，圣奥尔本斯市［罗马时期称维鲁拉米亚姆（Verulamium）］仍保留了罗马传统，市政府仍像在罗马时期那样铺设下水管道。而6世纪时，格洛斯特及赛伦塞斯特（Cirencester）等地虽然变成了贵族的驻地，但仍然承担着行政管理中心的职能。居民降低了生活标准，并在一片荒废的砖石结构建筑废墟中用木材搭建起了房屋。

由于缺乏贸易、基本通信以及罗马帝国政府的管理，城市已经无法为大量人口保障生活，几乎所有人都居住在农村。别无他法，人们只能适应这种经济形势。城镇中不仅存在安全问题，也面临经济问题，例如可出售的货物数量有限，没有盈余。乡村中别墅易主，不列颠原住民和盎格鲁-撒克逊移民用木材搭建起了房屋，以这种乡间别墅为中心，周围地区形成居住群落，农民需要向别墅主人上缴贡物。

对于乡村居民而言，最重要的事情是维持生计。英格兰东部及南部地区，乡间房屋往往是木质结构的，长30英尺[1]，宽15英尺，与一小屋相连。附属的小屋地板下沉，常用于储存手工艺品（如编织品）等物品以及供仆人和侍从居住使用。无须很多房屋便可形成一个组群，例如在萨福克郡的西斯托（West Stow），五个家庭便可形成一个村落。这种居住形式在混合农业时期非常典型，可以满足人们对粮食、肉类、乳制品、皮革、羊毛及其他原材料的基本需求。相比于罗马时代，此时的人们对于土地的使用强度更低，因此在西部和北部，曾经的耕地上长出了树木和灌木丛，而在南部和东部，曾经用于种植玉米的耕地则杂草丛生。

后罗马时期，大不列颠经济衰退，已经无法满足居民的所有消费需求。虽然人们的衣服可以靠自己编织（住处散落的遗弃织布机说明那时人们已经掌握织布技术），房子靠自己搭建，工具用木头来制造，但是他们所需要的铁制武器和农具，以及铝合金制成的女士珠宝只能从同时具备工艺手艺和原材料的手工匠处获得。这些物品大多是与欧洲大陆交换而来的，其中玻璃器皿、水晶珠宝等欧洲大陆进口而来的货物在肯特居民区最为常见。

---

[1] 1英尺等于0.3048米。

在一个缺乏贸易设施、主要依据使用需求组织生产的社会中，阶层分化很难形成。社会精英们可以从农民手中获取食物，但因为要供养侍从，自己手中的物资也不会有太多盈余。约620年，东盎格利亚国王雷德沃尔德逝世，陪葬物品虽包含高卢金币、拜占庭银盘等珍宝，但这些珍宝均是通过收礼而非贸易所得。大不列颠西部却依然保持着与罗马帝国的贸易往来，例如康沃尔郡就利用锡资源与拜占庭帝国进行贸易，因此廷塔杰尔（Tintagel）半岛的首领或王子便能享用葡萄酒、橄榄油等异国食品，使用北非和小亚细亚制造的餐具。

大不列颠居民逐渐适应了罗马帝国撤离后的生活，但显然过程艰难。6世纪，瘟疫暴发，以及经济长期不景气导致婚育率下降，人口大大减少，即便是有外族人移民而来，情况也无法改善。定居地分散稀疏、城镇遭到废弃、耕地荒废都表明人口至少减少了一半，大不列颠人口在2世纪达到500万，而到了6世纪却不足200万。

600—1050年：创新与发展

7世纪到11世纪，大不列颠采取了多种措施，至1050年各项生产及社会组织均恢复正常。村庄、城镇、社会阶级得以建立，这为接下来几个世纪的发展奠定了基础。

维京人入侵前，大不列颠曾存在很多规模较小的王国，这些国家与后来实现统一的英格兰都为经济发展做出了贡献。国王们效仿罗马皇帝及欧洲大陆其他统治者建立起王室统治，并铸造货币以便征税。7世纪时铸造的是小银币（盎格鲁-撒克逊语中称为sceatta），到了8世纪后期则变成了较大的便士。货币的产生同时也为商业提供了便利的媒介，商人和工匠聚集的经济中心逐渐形成。第一批城镇出现于9世纪前（盎格鲁-撒克逊语中将这些城镇称为wic），它们的选址通常具有战略意义，例如南安普顿

（Hamwic）、桑威奇（Sandwich）、伊普斯威奇（Ipswich）、约克均位于英格兰南部及东部海岸，非常便于贸易（比德将其中最大的城镇伦敦[1]称为emporium[2]）。定居在这些商业中心的居民们用羊毛、布料、葡萄酒、磨盘等商品进行商贸往来，或是制造金属、骨头、石材制品。内陆地区同样也有商贸中心，例如位于伍斯特郡（Worcestershire）的制盐中心德罗威奇（Droitwich）。此外，各国国王还鼓励在主要居民区、大型教堂以及政府周围发展贸易，例如8世纪麦西亚的赫里福德、塔姆沃斯、温什科姆（Winchcombe）便因此发展为城镇。但是初期的城镇发展较为短暂，伦敦和南安普顿最终都被废弃，内陆城镇发展规模也始终不大。直至9世纪左右，威塞克斯和维京统治者建立起政府和国防中心后，城镇才得到长久的、大规模的发展。城镇吸引了众多商人和手艺人，在这里他们能够受到良好防御工事的保护，同时因为总是不断有人要去城镇中的大教堂、法院，要去缴税，他们也能接触到稳定的客户源。城镇中住房通常比较密集，到10世纪时，垃圾堆积已经造成了环境污染。至11世纪后期，城镇数量已经过百，人口则接近20万。

贵族为国王服务，但同时也享有权力和财富。根据当时的特许状可知，大部分农业资源分配给了主教和修道院。在7—8世纪基督教发展早期，国王和贵族所封赐的庄园通常占地5～10平方英里[3]。为了便于管理，大庄园常被进一步细分为多个份地，租用份地的农奴要向领主交实物地租。庄园内都会配有领主的住所，因为每年国王、大贵族或主教都要携带众多亲属随从前往自己的领地住上几天，吃吃喝喝，享受领地当年的收成。短短几日，他们便能消耗数桶麦芽酒、多袋谷物、上百条面包，以及大量奶酪、猪肉和牛羊肉。这个时期的佃农并不觉得负担沉重，每年收上来的地租也能够令领主满意，此时他们拥有的领地不仅面积大，且数

---

[1] 盎格鲁-撒克逊语中称为Lundenwic。

[2] 尤指古代的集市和商贸中心。

[3] 1平方英里约等于2.59平方千米。

量多。但是在9世纪、10世纪，领主越来越多，也越来越难以满足。一方面，大领主为了供养下属、随从和仆人，需要持续、稳定地获得地租；另一方面，由于政治和战争局势愈加复杂，统治者希望能够获得更多支持，因而给越来越多贵族[1]封地，这个群体愈加庞大，每个贵族所分得的领地越来越小（这种小面积领地此前就已存在，但只是为便于大庄园管理而划分的管理单位）。至10世纪，领地规模只有1～2平方英里，贵族们通常仅能靠面积有限的土地为生，供养家人，因而与此前的大领主相比，他们对于土地的利用率更高。早在7世纪，土地就被分为了农民份地和领主直接经营的土地［后者后来被称为领主自营地（demesne）］，自营地如需劳作力，则由承租的农民提供。这种经营模式非常适合劳动力短缺的经济社会，因而在9世纪、10世纪得到了广泛应用。根据10世纪的一份土地管理条约可知，承租1码地[2]（约30英亩[3]）的农民，除了以大麦、母鸡、绵羊支付地租，还须每周为领主工作两到三天。该条约还指出，庄园内诸如饲养、照看动物等基本工作由领主蓄养的仆役负责。

随着庄园的生产力要求越来越高，佃农的负担变得越来越重，付出的劳动也相应增加。庄园对于佃农的剥削与日俱增，农民们损失惨重。但他们也不光是受害者，承租土地时，佃农肯定就应承担的劳役和其他义务与领主进行了商讨。由于对工作条件不满，佃农工作效率低下，这也导致奴隶制有所衰落。10—11世纪，佃农还应以现金形式支付一定地租，每年10便士，因此，他们需售卖农产品。当然了，农民也会购买商品，主要是布料等越来越普遍由城镇手工艺者制造的商品。在英格兰东部的十几个农村地区考古发现了斯坦福（Stamford）和塞特福德（Thetford）制造的陶器，证明了城镇商品已经销售到了农村地区。

地名主要形成于6世纪到10世纪之间，由于地名多由当地人创造而

---

[1] thegn，又译为"大乡绅"，通过提供军事服役而获得国王或其他贵族的土地。

[2] yardland，又译为"雅兰地"。

[3] 1英亩等于4046.86平方米。

来，从地名我们便可获得重要信息以了解农村地区。首先，几乎没有地名使用的是不列颠语或拉丁语，这反映出当时普遍使用的语言是英语及斯堪的纳维亚语。其次，大量地名包含了领主姓名（例如Ardwick代表领主Æthered的农场），体现出领主崇高的地位。最重要的是，地名还能让我们得知土地在得到开发前的形貌。以-ley和-field结尾的地名代表着树林中的空地或通往树林的开阔野外，以-hurst、-grove和-shaw结尾的地名则代表树林。这些地方分布在威尔特郡西部、苏塞克斯郡（Sussex）北部及德比郡（Derbyshire）中部和东北部等后期发展出大片森林的区域。只有极少数名称具有上述词尾的地方后来发展为粮食种植地区，例如科茨沃尔德（Cotswold）丘陵部分地区、位于北安普顿郡和贝德福德郡（Bedfordshire）交界处的布罗姆斯沃尔德（Bromswold）。

　　10—11世纪用于标记领地边界的地名也能够证实上述发现，当然，这些地名也能够反映出普通乡村居民的日常用语。涉及树林的地名占比不超过3%，经常出现在几个世纪后树木繁茂的地区，例如伍斯特郡东北部的费克纳姆森林（forest of Feckenham）。在后期以耕地为主的地区，发现了特许状界定的领地边界。例如伯克郡[1]南部康普顿区（Compton Beauchamp）的哈德韦尔庄园（Hardwell），其特许状约写于903年，根据耕地划分的条田和头田[2]规定了庄园的边界。随着人口增长，部分土地的用途有所改变，由林地、牧场转变为谷物种植耕地。但盎格鲁-撒克逊人无须在低地[3]地区大量开采森林，因为5世纪前低地地区就已充分开发，并且一直用于农业耕种。

---

[1] Berkshire，现在称为牛津郡（Oxfordshire）。
[2] 又译为"地边"，指田地两端、与农田垂直铺设的区域，主要为农具掉转方向时减少农作物损害而设立。"使用重犁会在条田尽头留下多余的土，久而久之形成被称为'头'（head）的土墩，一组条田的'头'连在一起，组成直线'头田'。"向荣.敞田制与英国的传统农业［J］.中国社会科学，2014（1）：181-203，208.
[3] 不列颠群岛被天然分成两部分：高地和低地。高地地区包括北部和西部的高山和丘陵，低地地区位于南部和东部，大部分是起伏的平原。

集中居住的核心村庄[1]以及大面积敞田（open field）在公元600—1050年形成，其数量超过了大教堂及皇家军事防御工程，是这一时期的巨大创新成就。公元900年前，人们大多居住在小型农场和村庄中。大约到1200年，大量农民从分散的居住地聚集到一起，形成规模更大的村庄，一个村庄包含了十几户甚至多达50户人家。这些村庄大多有良好的规划，房屋均坐落在矩形的宅基地上，整齐地沿着道路排列。每个村庄占据两到三大块土地，按照面积分成多个5～10英亩的矩形大田（弗隆[2]），再进一步分成18～36英尺宽、约600英尺长的条田。大田和条田根据地形进行调整，以便于水能够沿着条田边缘的犁沟流下。村庄其余土地则用作草地、牧场和林地。

村庄是在一夕之间形成的，还是经过几十年甚至数百年的演变而成的，我们不得而知。虽然起源尚不清楚，但我们已经发现了其运作规律。土地的使用在耕种农作物和放牧之间达到了平衡。所有人耕种土地都由村庄统一进行管理，村民们按照二田制（一田耕种，一田休耕）或三田制（两田耕种，一田休耕）进行耕种，使部分土地能够休养生息，休耕的土地可用来放牧。这一制度既能调动个人主动性（因为没人负责自己土地的耕种），又使大家能够遵守村规（村规涉及了土地轮作、放牧动物数量限制、农作物耕种时间、用篱笆圈牧地等）。平等起见，不论土地状况好坏，条田都分散在村庄各处，几乎占据村庄全部面积。此外，由于村民居住地都聚集在一起，大家到各条田的距离相差无几。至于放牧，则是由一位牧民统一负责，这样可以节约人力。这套农业体系并不利于实现个人利益，却能实现村庄福利最大化，至少能够确保所有人都得以生存。

该土地管理办法主要适用于英格兰中部地带，而东部、东南部和西部村庄由于地形不规则或地理位置偏远，房屋多是沿着道路或牧地边缘搭建。在这些地区，人们同样共同耕种、放牧，不乏集体活动，但是与以耕

---

[1] nucleated village，又译为"中心村""密集居住型村庄"。
[2] furlongs，这里指大田，即由几块条田组成的农耕单位。

种为主的村庄相比，更倾向于个人劳作和畜牧业。

上述两类村庄的差异可能是由土壤、地形和气候造成的。比如最茂密、古老的森林都位于肯特和苏塞克斯的荒野上，或者威尔士边界的迪恩森林（Forest of Dean）中，那里地质条件恶劣、山坡陡峭，自然条件有时会对乡村经济产生重大影响。但上述情况都较为极端，更为常见的是，村庄地貌被"人为"地由耕种者塑造而成。例如，为了能够使用更多种类的资源，人们在划定村庄范围时往往特意囊括不同类型的土地。贵族则可以通过不同庄园实现土地资源均衡，如果某个庄园主要用于粮食种植，缺少林地和牧地，便会与远处林地配对。比如在萨尼特（Thanet）盖房屋、烧火等所需的木材，以及饲养猪所需的橡果都来自36英里外肯特郡的坦特登（Tenterden）。人类将树林、湿地变为开阔的牧地和耕地，改变了土地性质，但人类活动并非只是变"废地"为耕地，"废地"也得到了精心管理。例如：用栅栏将树林围起来以防动物进入；通过修剪树木获取木杆、木柴等，以防破坏树木再生能力。从10世纪甚至更早的时候开始，国王及其他领主便开始保护林地和草地以供狩猎，偶尔还退耕还林。"农民共同体"[1]，尤其是在奇尔特恩斯（Chilterns）及湖区（Lake District）的丘陵地带，对林地和山地也有公用权，因此他们也会保护林地，防止私人圈地或在林间耕地。

1050—1300年：快速发展年代

11世纪到13世纪经济快速发展，得益于诸多非人为因素：流行性疾病威胁减小；气候条件改善，因而粮食产量有所保障且可以种植于自然环境

---

[1] "晚近西方学者从共同体视角来描述中世纪村庄。他们认为一个村庄就是一个农民共同体，强调村庄共同体之于农民社会的功能与作用。"钱乘旦：《英国通史》（第二卷），江苏人民出版社，2016年，第169页。

较差的地方；中亚游牧民族迁徙等地缘政治因素使西欧在与东方的贸易中占有优势。此外，贵重金属产量周期性变化也对经济产生影响，尤其是12世纪末德国大型银矿开采使白银流入英国引起通货膨胀。这个时期人口增长，农作物产量增加，城镇及贸易的数量和规模也得到发展，当然社会各群体对上述变化均产生了影响，我们将逐一讨论每个阶层对经济发展的贡献。

领主

贵族在国家层面具有影响力，同时作为领主，私人也能行使一定权力，因此贵族对于整个社会能够产生巨大影响。这个群体并不庞大，《末日审判书》记载，至1086年直属封臣约有1100人（直属封臣直接从国王手中获得封地），其中极为富有的伯爵和男爵达170人。次级封臣[1]约有6000人，他们承租了大量土地，每年地租大多超过5英镑，这些次级封臣也被视为小贵族。至1300年，伯爵及男爵约为100人，骑士1100人，小贵族10 000人。教会领主中，诺曼征服时主教人数为15人，至1300年增长到17人，但修道院却从61座扩增到了13世纪末期的逾800座。根据以上数据，我们可以推断13世纪时领主数量增加，这个毫无生产力的群体须由社会其他阶层供养——相比于出身和应履行的义务，贵族定义中更为重要的一点是他们与众不同的生活方式，即免于体力劳动。除了数量增加，领主掌握的财富也越来越多。以一个大贵族为例，坎特伯雷大主教在12世纪至13世纪中期，所拥有领地每年收入约为1200英镑，而到13世纪90年代上涨至2600英镑。世俗领主与教会领主总收入在1086年约为10万英镑，而1300年时达到了60万英镑。的确，坎特伯雷的收入增长速度与13世纪通货膨胀水平近乎持平，但整个贵族群体收入成倍增长依然表明他们实现了真正的财富增长。

---

[1] 次级封臣通过提供军事服役等从土地保有者处获得土地。

贵族通过转移封地而非提高生产力实现领地规模扩大和权力增长，规模最大的一次封地再分配发生在诺曼征服之后，数百名诺曼和法国北部移民通过国王授予或通过直接掠夺从盎格鲁-撒克逊贵族手中获得了封地。随后人们仍然可以通过联姻、继承等方式获得封地，教会则通过赠予的方式获得封地。同时教会也向下进行领地次分封以获得人员为国王提供军事服役。

土地分封单位变小推动了经济增长。通过继承、买卖、赠予、授予等方式，封地进行层层封赐，使得小领主、小贵族及小型修道院数量激增，至13世纪末期，大多数领主年收入不足20英镑。这些小领主必须精心管理土地，经常亲自收租或监督耕种，并且要抓住市场上的每一个机会。

领主数量增多对消费也产生了影响。12世纪的一个重要转变是人们对骑士的接纳度变得更高，不再像几个世纪前那样将骑士视为野蛮的士兵，骑士成为具有绅士风度、举止文雅大方、英勇善战的新形象代言人。由于战争中需要矫健的马匹、盔甲和防御工程，耗资巨大，但即便如此，为了维持贵族式生活方式，贵族们的生活中仍不乏山珍海味、金银珠宝以及进口奢侈品。有些贵族财务管理不善导致债台高筑或破产，但总体而言，贵族阶层需求量上涨并刺激了工业发展。

领主主要还是通过管理封地促进经济增长，有些领主为增加产量采取了重大变革。例如拥有70多个新修道院的西多会修道士特意选择偏远地区，通过开垦林地用以耕种、开发山丘和荒野用以放牧来发展这些"荒郊野岭"。而在更发达的地区，修道士们则通过购买和交换土地将多块封地拼凑成一个"田庄"以便实现高效管理，田庄面积常达到400英亩，耕种主要依靠庶务修士[1]或是靠雇用的工人。领主们还发现建立市场和城镇能够增加盈利。只需要获得特许状，然后做好新址上房屋建造的勘测工作，偶尔再修改道路把旅客引到城镇中，领主们就能向新建城镇的租户收取租

---

[1] 修道院做杂役的修士。

金，每0.25英亩土地收12便士租金，约为农地租金的四倍。此外，领主们还能通过城镇法庭和收取通行费获得更多收益。

然而1200年前后通货膨胀严重，领主在管理土地方面面临巨大考验。此前他们只需将土地租出去，便可通过收年租或者土地收成获得稳定的收入，但物价陡升，迫使领主改变经营方式，派遣管家直接管理庄园[1]。新型经营方式下，领主经常需要做出选择，根据管家、审计官、律师（这些职务往往由小贵族担任）的汇报或建议决定庄园如何运营。例如关于是否要学习西多会更换农业模式，以需要高效利用丘陵牧地发展畜牧业的北方领主为代表，一小部分领主选择学习西多会，如林肯伯爵1296年在兰开夏郡（Lancashire）的养牛场就饲养了2500头牛。又如是否要投资修建排水系统等设施，是否要通过撒石灰改良土壤，是否要试验新品种和新作物，等等。以上措施都能改良农业种植，但也花费不菲。有些领主乐于进行此类投资，其中最著名的是坎特伯雷大教堂的修道院院长伊斯特里的亨利（Henry of Eastry，1285—1331年在任）。但大多数领主还是更青睐传统农业模式，对这种"高效农业"投入较少。领主们非常擅长因地制宜，能够根据不同地理环境选择恰当的农业方式，例如在土壤肥沃的诺福克郡东部采取密集耕种模式，以及对利润丰厚的牧羊业投入更多精力和资金。领主们还要决定是要大规模使用佃农，还是支付现金雇用劳动力进行农业种植。领主们发现第二种方式生产力更高，所以13世纪雇用劳动力的方式更加盛行。

领主们通过做出正确决定，提高农业收益率来增加收入，当然他们也尽最大可能从佃农手中获得最多的收益。12世纪末期，王室想要明确界定受王室法庭保护的自由人，而收入受到通货膨胀影响的领主们想要保留

---

[1] 此前以出租经营为主，12世纪、13世纪之交经济形势的变化使直接经营逐渐兴盛。领主往往因拥有多个庄园，或因其他原因无法亲自管理庄园，便采用委托责任制，雇用管家管理庄园，负责收取地租、出售农作物等事宜。同时，为避免管家、庄头徇私作假，领主每年还会委托审计官对庄园账目进行查验。

对于佃农的支配权力。最终双方协商的结果是约40%的农民被界定为维兰（villein，农奴），他们需要在领主法庭接受审判。维兰几乎完全受领主掌控，从理论上讲，他们不能拥有任何商品，不能自由选择工作生活，不能离开庄园，也不能遗赠和出售土地。但实际上，以上所有事情维兰都可以做，甚至很多维兰也发家致富了，只不过他们必须为此支付现金。除支付年租金外，如若要继承、买卖土地或结婚，他们都要额外缴纳一笔费用。一个拥有30英亩土地的维兰，如果继承或买卖土地需要缴纳5英镑罚款，结婚需要缴13先令4便士，而每年地租只有10～15先令。通过这种方式，领主可以获得维兰们在市场上赚取的部分利润。

农民

要了解领主的态度和政策，我们可以看他们写给管家的信件、备忘录及课本。要了解农民的想法，由于他们并不识字，我们只能通过其领主保存的资料得知一二。

首先值得说明的是，农民绝对不是只能被动接受领主的指令。1200年前后，人们上诉至王室法庭，抗议将人分为自由人与非自由人的做法。13世纪，农民团体常利用一个法律漏洞对领主提起诉讼——此前王室领地上，即"国王此前的自留地"上的佃农可受保护，不得给他们增加租金或劳役。农民团体还想到诺曼征服前自己的祖先都是自由人，因此受到启发为自己争取权益。王室法庭作出的判决肯定总是对农民不利的，而在领主法庭上农民们则会因违抗领主而遭受惩罚。但即便如此，寻求法律程序也并不是徒做无用功。通过这种方式，农民对领主们加以限制，让他们无法为所欲为，此外还增加了自身在某些事务上与领主进行协商的筹码，如他们成功地将提供劳动服役转换为了上缴现金地租。领主与农民之间的关系并非总是剑拔弩张，领主想要管理好领地，其中一个策略便是雇用农民中的带头人当管理人员。不难发现日常都是农民庄头（reeve）在负责庄园的运营。此外，领主法庭也需要农民陪审员参与合作。领主从当地人那儿学习专业知识，而且如果他们是受农民尊重的邻里而非来自远方的官员，那么要求农民服役或缴纳租金会更容易为农民所接受。庄头除获得物质回报外，还能在社区内获得一定权威和社会地位。通过这种管理模式，乡村自治得以加强，得到了国家和教会的肯定。到1300年，乡村已经承担起了多项任务，如为王室军队招募步兵、通过教会委员（churchwardens）为教区教会织布及制造家具等。

所以农民并非完全无权无势，也不是受领主压迫的群体。农民通过多种方式促进了经济增长，他们乐于迎接市场发展带来的新机遇，也迫切希望能用钱代替体力劳动为领主服役，从而推动了劳役向现金地租的转变。13世纪末期约有半数农民拥有15～30英亩地（相当于0.5～1码地），农作物产量和动物制品充足，尚有价值10先令到2英镑的盈余可供销售。13世纪时粮食、羊毛、动物产品价格翻了一倍多，大大鼓励了农民生产的积极性。此外，农民还生产一些领主极少种植的作物，如水果、蔬菜，以及大麻、亚麻、蜂蜜等经济作物和产品。

农民大部分收入都以租金形式交给了领主或以税收形式上缴国家，但仍有盈余可供购买自己无法生产的鱼、面包、啤酒等成品食物和饮品，以及服装、器具等经过加工的产品，这比自己做方便多了。13世纪农民的房屋大多以石头为基石，在此基础上搭建木质框架，房屋质量极好，甚至现在有几处房屋仍保存完好并有人使用。专业的工匠负责搭建经久耐用的房屋，农民需向他们支付工资及材料费，一栋小房子一般总共花费2英镑便可建成。

市场发展可能会使小佃农利益受损，土地面积过小导致作物产量低，他们不得不以更高的价格购买食物。自营地农业生产、富裕的农民以及乡村产业发展创造了更多的就业机会，对他们来说也是一条出路。许多乡村都有木匠、织布工或裁缝，在自然资源丰富的地区，整个村子都可以从事矿业、渔业、煤矿业或利用森林里的原材料生产木炭、木桶、绳子及陶器。小佃农还通过酿造、出售啤酒等方式变为小型零售商，以适应越来越商业化的社会。

农民渴望收售土地，通常领主同意土地交易，但必须通过领主法庭完成，缴纳相应费用并将新佃农的姓名登记在册。土地交易频繁，至13世纪末东盎格利亚平均每年每个村庄都会有十几笔土地交易。尤其是收成不好的年份，贫困的农民不得不出售土地，而家境富裕的农民则积累了更多土地。但保有的大量土地通常不会持续很久，长期来看，还是小佃农的数量越来越多。1086年编写《末日审判书》时，40%的农民保有约30英亩，即1码地的土地。而到13世纪末期，土地保有数量减半或变为原来的四分之一，小佃农数量激增，东盎格利亚部分地区的大部分佃农保有不到5英亩的土地。这个变化对领主有利，因为佃农越多，领主的收入就越多。土地划分得越来越小也与农民自身有关，按规定，土地只能给长子继承，但有些农民想要给女儿及其他儿子也留有土地，便将土地分为了好几份。不过由于就业机会增多以及小商贸的发展使得人们即便没有多少土地也能保障收入，农民们逐渐放松了子女婚配时对土地的要求。婚姻态度的变化得以解释为什么这个时期人口快速增长，从1086年的250万人增长到1300年的600万～700万人。

为提高乡村生产水平，农民采取了主动措施，例如比领主开垦更多土地，在林地及荒野地区清理出很多块1～2英亩大的土地。至1300年，土地开垦达到顶峰，耕地增加了约100万英亩（1086年耕地总面积为700万～800万英亩）。乡村还统一建立起排水系统，将英格兰东部许多沼泽用于农业种植。此外，不论是村庄集体还是农民个人都通过更加密集地耕种以提高生产力。在实行敞田制的村庄，农业耕种不再遵从此前的耕种"制度"，管理较为随意，例如二田制中休耕的部分土地仍种上了农作物。在人口密集的英格兰东部，人们精心呵护耕地，进行除草、施肥，所以土地能多年一直耕种，极少休耕。由于休耕土地减少，无法供家畜放牧，农民便种植了巢菜、豆类等植物作为饲料，还为动物建造了更好的谷仓及窝棚，有些农民学习领主搭起了设计精巧的羊圈以便羊群能够御寒过冬。虽然农民总是谨慎和保守的形象代表，但他们有时比领主更具有创新精神，例如将马用作役畜，用于耕地及往集市运输货物。

修建机械化磨坊等项目对于农民来说造价太高，所以无法予以考虑。至1086年，磨坊已经数量众多，大部分都属于庄园的领主。12—13世纪，尤其是1180年采用了风车以后，缺少激流的地区磨坊数量增加。同中世纪许多技术进步一样，风车是由一位工匠通过观察和反复试验发明出来的。他创造性地将磨具上方一处机械装置安装到下方，系上帆使其改用风力而非水力运行。这个新发明广受领主欢迎，领主们通过租赁磨坊赚取收入。但即便在这种领主主导的情况下，农民也能发挥作用。12世纪，有些农民以低廉的价格租赁水磨，对其进行发展并加以管理，使自己从中获利。农民虽然理论上讲必须使用领主的磨坊研磨谷物，但仍有选择的余地，领主们需要彼此竞争来吸引农民选择这项省力的服务。

城镇居民及贸易商

1050—1300年的城镇发展有赖于富有想象力的城镇规划和有一定风险的投机活动。城镇规划人员意识到，只有选择了合适的地点，以最便捷的方式规划房屋、街道和市场，同时为前来的定居者提供富有吸引力的特权，才能使城镇成功发展。他们无法强迫佃户搬迁——只有让佃农确认新的居住地具有生产和贸易的新契机，才能吸引他们到新城镇居住。例如在英格兰东部，诺福克郡的阿特尔伯勒镇（Attleborough）或伦敦附近的威斯敏斯特镇等虽未获得领主批准特权，但由于能够提供良好的生存环境，也得以发展起来。新建的城镇有时会发展失败，但绝大多数都具备了城市的特征，大多数城镇居民从事着非农业工作。城镇规模并不需要很大，大多数城镇拥有逾500人口，但有的城镇仅有300人口。

大量居民搬往新城镇居住，或者搬往旧城区使其不断扩大。至1300年，城镇数量达到600个，其中约40个城镇人口超过2000，20个城镇人口超过5000，伦敦人口至少有8万。1086年城镇人口占总人口的十分之一左右，

1300年这一比例上升到约五分之一。城镇人口并不全是手工艺人和商人，他们中许多人居住在数量众多的市场化村庄和工业化村庄。

很多情况下，姓氏记录了人们的原籍，所以通过姓氏我们能了解移民来自哪里。例如，1297年理查德·德·温洛克（Richard de Wenlok）在什鲁斯伯里（Shrewsbury）当面包师，他或者他的父亲是从同这一郡县相距12英里的马奇温洛克（Much Wenlock）搬到城镇的。城镇越大，吸引人们从远方前来定居的能力就越大——埃文河畔斯特拉特福（Stratford-upon-Avon）的人口来自方圆16英里以内，而诺丁汉三分之一的人口来自方圆30英里甚至更远的地方，伦敦至少一半居民是从方圆40英里以外迁徙过来的。同理查德·德·温洛克从一个小商贸中心搬迁到城镇一样，一些相对富裕的移民也是从小镇迁到了大城镇，他们很有可能是为了寻求更好的商业机会。农村贫困人口，通常是那些在自己乡村找不到工作的年轻人以及很大一部分妇女，为寻找工作机会而搬迁至城镇，一般而言他们在城镇是做仆人。还有乞丐和罪犯，他们前往城镇是因为发现在那儿能够得以生存，这类人对城镇的社会发展造成一定风险。

城镇新居民往往最终都能够改善自己的生活。那些最开始做仆人的人，无论是靠自身经验还是靠成为正式学徒，都在十几岁或二十岁出头时学到了一门手艺或从事贸易。此后，他们便可以进入成人劳动力市场，成为雇员赚取工资，最终还有希望成立自己的工坊，发展自己的生意。对于某些人来说，这个过程很简单，他们或是继承了生意，或是迎娶了雇主的女儿。而对于许多人来说，扎根城镇仍是困难重重。每个城镇都有拥有特权的少数派，或者是商贸协会的会员，他们享有所有交易特权，要进入这个精英阶层，限制条件很多。但普通市民的前景也并非如各项法规描述的那样惨淡，因为这些规定通常执行得并不到位。城镇还为小商贩提供了发展机会，例如街边总有十几个商贩提着篮子挨家挨户兜售鸡蛋、水果、面包以赚取微薄的利润。小城镇里社会和商业等级层次较少，最成功的市民应数手工艺者和食品商。而在大城市，职业种类更多——小城镇中只有约20种职业，而大城市约有50种。大城市里专业化程度也更高，例如在林肯这样的大城市，凭借其国际经贸往来，企业家们得以树立起羊毛制品的声誉，从而专注于纺织业，为纺织工人提供就业机会。林肯这样的城市与马奇温洛克等集镇最大的差异在于，大城市为富商提供了更多机会，这些商人或是靠薄利多销赢利（尤以羊毛、鱼等需要长距离交易的物品为甚），或是靠红酒、香料等价值更高的奢侈品赢利。要想从事这种利润丰厚的工作，仅靠进取心和主动性是不够的，资本、家庭和影响力都是成为精英的必要条件，他们在政治和经济方面都具备强大的实力。

城镇居民渴望实现自治，所谓自治并非同时期意大利人享有的政治独立，这在英国的中央集权制下根本不可能实现，这里的自治指的是掌握监管贸易、征税和法庭开庭的权力。对于大多数城镇而言，这个目标很难实现，因为每个城市都受领主统治，领主会任命自己的市政官（bailiff）负责管理，同时还会派一名总管（steward）主持城镇法庭。大多数情况下，城镇居民的主要代表与领主默认达成协议，市政官、法庭陪审员及其他官员将从精英阶层中选拔。某些城镇中，所有较富裕的商人组成了一个宗教协会，这个团体就相当于一个影子政府，可以在城镇法庭作出正式判决前先召开理事会议作出决议。该做法在通常情况下奏效，但不适用于教会领主，他们不愿与市民达成协议，导致市民长期苦苦斗争。位于萨福克郡西部的首府伯里圣埃德蒙斯建立在一所富裕而保守的修道院的领地之上，那里的居民认为自己的政治权利与经济地位不符，整个13世纪甚至14世纪大部分时间都在为成立商会、选举自己的城镇官员而斗争。

王室领地涵盖了大多数大型城镇，这些城镇自治程度最高。12世纪末，王室城镇获得特许权，能够自行管理城镇收入，城镇收取地租、法庭罚款及市场通行费，并向王室财政署一次性缴纳费用（如诺维奇每年支付108英镑）；城镇事务则由市长和地方议会全权负责。这类城镇通常由较富裕的城镇居民（大多为商人）负责管理，其内部各派系之间不可避免存在纷争，而不公正的裁决也会导致市民不满。精英阶层让市民们为能够实现自治而感到自豪，并总是声称自治有利于整个城镇所有人的利益，例如自治使得他们有资源为城镇修路、建造市政厅等。但是当时很多受精英阶层管理且对自己的城镇极其忠诚的人，一度怀疑城镇政府是为了富人的利益而存在的。据说1305年在约克收税时，只有工薪阶层缴纳了税款，商人没有缴纳。

城镇的建立满足了很多消费需求。贵族领主还是要巡视各个庄园，他们可以从自己的领地获取食物。但是即便是这样，能够自给自足的家庭也要定期去城镇购买肉类、鱼或麦芽酒。他们在葡萄酒和香料上也花费不菲，大多数贵族一半以上的收入用于购买食物和饮品，剩余的收入则用于其他物品和服务——这部分数额非常可观，每年总计超过20万英镑，其中很大一部分花在了建筑物上。至13世纪，大部分贵族居住在石制城堡和住宅中，饰有铅皮屋顶和玻璃窗等昂贵配件。这个时期，城堡建筑发展到了顶峰，许多教堂以新哥特式风格进行了重建。小贵族们的房屋至少基石是选用石材搭建的，并在此基础上搭配优质木材构建上层建筑。13世纪还是挖掘壕沟的鼎盛时期，小贵族，甚至那些希望自己被视为贵族的人认为，这种在房屋周围建造的基础防御工事可以彰显他们的贵族身份，同时还能防御盗贼和当地对手的突袭。这些建筑工程为城镇和乡村成千上万的泥瓦匠、木匠、砖瓦工、水管工、安装玻璃的人及其他建筑工人确保了稳定的就业，他们经常穿梭于各个施工现场。

贵族们还需要购买各种纺织品，有时是为自己买衣服，有时是为仆人和随从买工作制服，此外他们还需要亚麻床单、毛巾、桌布等家庭用品。配有各种装饰物，尤其是皮草的服饰备受富人喜爱。大量钱财还用于交通和旅行，包括饲养各类马匹、购买马具和饲料。富人还购买医生和律师的服务，以及燃料、蜡烛、家具等物品。13世纪许多商品是进口的，例如上等布料产于佛兰德斯，毛皮和蜡来自波罗的海。购买这类物品通常要去波士顿、温彻斯特、圣艾夫斯（St Ives）等地举办的大型国际展览会，这些展览会会有外国商人参展。英格兰贵族各项支出的主要受益人是大城市（尤其是伦敦）的富商，他们能够提供大量高品质物品，如成批腌制的鱼、成桶的烟熏鱼和腌鲱鱼以及成百条晒干的鳕鱼。

小城镇的商人则提供了更多日常物品，如食品、价格低廉的纺织品、皮革制品、五金器件、木制品及家具，当然最主要的还是大量农民、工匠和普通打工族所需的粮食、动物制品、燃料及各类原材料。销售的产品数量较少，并且销售地点一般位于中心地带，许多顾客距离集市不超过6英里。

人们购物通常是去生产者那里直接购买所需物品。例如买鞋的话就直接去鞋匠家，在那儿有手工作坊，鞋匠在仆人或学徒的辅助下制作鞋子，他的妻子负责销售。这类商店将工作场所和居住空间结合在一起，以家庭劳动为基础生产了大量货物。13世纪时商贸变得更加复杂，例如刚才提到的鞋匠，可能需要从制革商或经销商那里购买皮革。鞋匠自己通常也会销售皮革，为了制鞋，鞋匠会储存一些皮革，同时也将其卖给其他小工匠。兽皮多是以赊购的方式进行买卖的——比如鞋匠一般希望在鞋子需求量最多的10月和11月再付款。家庭经营范围局限性小，收入来源也不止一个，还是以鞋匠为例，他的妻子也常酿造和出售啤酒。

纺织业要复杂得多：首先涉及原材料的交易范围就非常广泛，涵盖了羊毛、明矾、染料、油、钾碱；其次制作过程可按步骤分成一系列专业任务，包含剪毛、梳毛、纺纱、织造、漂洗、染色等。在这个行业内，企业家可以组织生产、提供原材料和信贷、销售成品布，商业机会更多。但最成功的商人还是来自欧洲大陆，高质量羊毛出口至佛兰德斯，做成布匹又卖回了英格兰。

需求的增长推动了贸易额增长，1300年前后，贸易额达到顶峰。那时商人每年要从加斯科尼进口500万加仑葡萄酒，从波罗的海进口数十万张松鼠皮。为了满足英格兰家庭对锡镴的需求，德文郡和康沃尔郡的矿工每年要开采至少80万磅锡，其中很多也出口到了欧洲大陆。商业将带来巨大的财富，尤其以羊毛出口为甚，公元1300年之后的几年中，羊毛出口数量每年达到4万麻袋，相当于逾1000万只绵羊的羊毛。1300年前后，什鲁斯伯里的拉德洛家族（Ludlow family）每年羊毛交易量达到50～200麻袋，利润高达数百英镑。劳伦斯·德·拉德洛（Lawrence de Ludlow）有能力在斯托克赛（Stokesay）购置土地并建造一幢配有防御工事、具有贵族风格的房屋，但他的贸易活动过于频繁，1294年在泽兰（Zeeland）发生海难溺水身亡。而在公元1300年以前，大部分羊毛贸易还只掌握在外国商人手中。

设施技术革新推动了贸易发展，例如运输系统得到改善，至1300年，主要道路和桥梁都已修建完，货物得以高效、合理运输。甚至运输沉重的木材、建筑石块，以及葡萄酒桶、陶器等易碎物品也并无明显困难，与通常选用泥泞的、坑坑洼洼的道路运输不同，运送这些物品当然能用水运便用水运，不仅便捷，且服务价格低廉。

客户支付银制便士来购买商品，便士重量足、纯度高，且数量大大增加。1086年左右，便士流通量为3.75万英镑。到1180年，这个数字增加到12.5万，1300年达到90万。诸如汇票等复杂的信贷工具并不像意大利（欧洲的商业中心）那样发达，但依然存在大量延期付费交易，通常是靠书面记录或带有锯齿的木条记录欠款数额，这类交易促进了货物和服务贸易的发展。

1300—1350年：危机

至1300年，英国人已经取得了不俗的成就——许多土地已投入生产使用，密集的商业网络也遍布全国。但经济扩张到1300年便停滞了，并且在接下来的五十年里发生了一系列灾难。13世纪90年代收成欠佳已造成一定困难，但14世纪初情况越发糟糕，1315年、1316年及1317年夏天降水过多引发灾难，造成了饥荒，至少50万人丧生。人们纷纷出售土地，规模之大前所未有，犯罪率突增，这都清晰地表明社会充满疾苦。大饥荒（Great Famine）结束后，部分地区人口恢复，但普遍看来，各地区人口数量仍停滞不前甚至有所下降。至1340年，中部地区许多土地尚未开垦，而南部和东部沿海地区重新开垦的湿地又遭到海洋侵蚀。1348—1349年，黑死病导致约一半人口死亡。但所有不幸不能只归咎于一系列自然灾害和疾病的发生，实际上灾难发生之前，经济发展已经停滞不前了——人们不再大规模开垦土地，而贸易发展在1300年达到顶峰后也开始萎缩，新的城镇和市场未再建立。饥荒的来临使已经吃不饱饭的人们雪上加霜，今天这个繁荣、充满信心的社会是从自然灾害中恢复过来的。14世纪的危机暴露了中世纪发展的主要问题——乡村的数百万小农和城镇的劳动者一年最多也就只能赚30先令，根本不足以养家糊口。年岁好的时候，他们尚且可以维持生计，妻子和孩子也能为家庭增加收入，但是一旦粮食价格大幅上涨，他们的生活就会面临威胁。如果黑死病只暴发一次，人们还能迅速恢复过来；但瘟疫在14世纪60年代再次发生，新生人口已无法持续增长，死亡率大于出生率。

　　人们为这个时期的社会巨变想出了各种各样的解释。有人认为，一直支持着市场扩张的商业增长因市场供过于求而停滞了，也就是说整个社会只能支撑大约20%的城市人口，如果再多就会发生危机。要打破这个僵局，唯一办法就是进一步提高生产力，可惜当时并未实现。也有人认为，危机的发生与耕地过度扩张有关，贫瘠土地依然用于农业种植，打破了畜牧与农耕之间的平衡，也导致缺少肥料的农作物收成欠佳。虽然可以通过技术手段解决上述问题，但经济衰退不仅仅局限于农业种植，还影响了专门从事畜牧业的地区。这种情况下，有可能是租金过高导致农民不愿从事农业生产，从而使生产力下降。或是13世纪90年代赋税过重，对于已经承担了高昂地租的农民而言，这成为压垮他们的最后一根稻草。也有可能是社会等级开始固化，无法再激发人们的进取精神。最后一种可能是贵族不事生产，没有鼓励社会其他阶层进行投资，只鼓励了消费。

我们很难判断到底是哪一种原因导致了危机。英格兰发生的社会问题其实在13世纪的整个西欧都普遍存在，复杂程度不亚于5世纪时罗马帝国倒塌或20世纪不列颠帝国的衰落。

1300—1500年：应对经济衰退

黑死病暴发是一次可怕的经历。它是一种全新的未知疾病，鼠疫与肺炎结合呈现出肺炎的症状，一旦感染，患者将迅速死亡。当时每个人身边都有许多人死于黑死病，连疫情较轻的社区都有三分之一的居民丧生。幸存者负责应对紧急情况，有序掩埋死者，并处理寡妇和孤儿的问题，这充分证明了中世纪英格兰社会已基本稳定，且具备一定复原能力。政府迅速重建，在黑死病暴发的几年内很快便恢复到了正常水平。但是，从1377年的人头税（poll tax）来看，当时人口约为250万，不到1300年的一半，此后人口数量一直保持低位，直到16世纪才有所增长。到处都呈现出衰败之势，房屋倒塌，田野杂草丛生或长满了灌木丛，庄园房屋遭到遗弃，部分教区无法继续维持教堂。据说当时整个社会都笼罩在沮丧和绝望之中。教堂被画上了"死亡之舞"，描绘着死神将教皇、国王和其他各阶层人民带往坟墓的情景。墓上画着腐烂的尸体，与传统华丽的雕像形成了鲜明对比，碑文上写着"请记住您必死无疑"。但我们也不能将上述具有冲击力的图像直接与黑死病联系起来。

但从另一个角度来看，由于瘟疫致死率极高，那些幸存者一旦从瘟疫中恢复过来便能享有众多机会，甚至可以过上幸福生活：土地充足、劳动报酬丰厚，社会底层人民可以提升自己的地位，幸存者们能够拥有更多休闲时光和更加美好的生活。

黑死病后的变革：前三十年

黑死病暴发后人口随之减少，社会底层人民得以解放。不论是有自己的房屋的劳动者，还是住在雇主家的奴仆，都再也不必担心失业问题。如今工作机会繁多，他们可以从中挑挑拣拣。劳动者们要求提高薪资，此外他们还拒绝签署年度雇佣合同，只按天工作，一旦赚够了钱就休假，所以劳动者们再也不用依附别人，也不用做苦差事了。比如埃塞克斯的砖瓦匠和制陶工人罗伯特·博凯特（Robert Boket），据说他1378年一整年都闲散无事，"除非有人付高薪，否则不工作"。雇员可以自由更换雇主、更换工作地点、更换工作。

新时代里人们还享受到了其他自由。农奴们意识到自己更加有能力与主人讨价还价，要求减少租金和免除奴役义务。不论农奴还是非农奴，在新时代都摆脱了贫困。部分雇员获得了土地，而佃农则逐渐扩大了保有土地的面积。起初工资增长缓慢，但1375年收成不好的局面已经转变，粮食价格下跌，此后靠工资生活的人们生活水平大幅提高，因为面包更便宜了。

上层阶级却倍感威胁。工人不仅工资变高了，还不服从纪律，佃农总是对现有条件不满足，要求提高待遇。生产和运输成本增加导致建筑材料、葡萄酒等制造品和进口商品价格上涨，而领主依靠出售的谷物等农产品获得的收益却不断减少。领主们首先采取的应对措施是维持从前的社会秩序，防止自己的世界崩塌。1348年之前，他们反对爱德华三世出征法国，但是如今双方立场一致。新颁布的劳动法试图将工资维持在瘟疫暴发前的水平，迫使工人签订雇佣合同，此外贵族们还特意命法官在当地大力执行新劳动法。在庄园里，领主们依然坚持之前的旧规则、推行农奴制、拒绝减少租金。而且他们通过领主法庭实际增加了自己的收入，给数量大幅减少的佃农带来了巨大的财务压力。萨福克郡一位领主约翰·蒙索（John Monceaux）的行为在当时很具有代表性，为了追回1363年潜逃的农奴托马斯·雷恩堡（Thomas Reynburgh），他特意派出了一支搜捕队并威胁要烧毁托马斯所居住的房屋，以迫使他投降。

社会秩序似乎已经发生了翻天覆地的变化，社会上层人士陷入困境，他们一再强调从前的观念：社会是由战士、牧师和工人组成的。他们声称实现和平与和谐有赖于彼此合作及互相尊重。上帝给每个人都赋予了自己的职能，每个人都承担着满足其他人的需求的职责，例如工人的职责是为贵族和神职人员提供物质，而贵族和神职人员则需要为他们提供保护和宗教服务。显然，这并不是对现实世界的准确描绘，只体现出那些因传统社会瓦解而蒙受最大损失的人担忧、恐惧的心情。1363年，议会出台一项限制消费的法律，规定了每个阶级对应的着装，以此从外观上固化大家的财富阶层。这一做法表达了上层社会对社会变化趋势的不满，但并未得到执行。阅读这一时期的文献不难发现当时存在道德恐慌的迹象，主要是针对变得越来越富有、越来越有主见的社会底层人民。乞丐被公开谴责为罪犯和资源浪费者，乞丐的无所事事令找不到足够工人的领主们感到恼怒，人们在施舍时带有了更明显的歧视情绪。道德恐慌推动了税收政策改革，14世纪70年代政府通过各种方法迫使越来越富有的工薪阶层缴税。1377年到1380年的人头税要求每人至少应支付4便士（相当于一位工匠的日薪）。1381年夏天，在政府对大规模逃税行为进行调查时，东南部人民爆发起义。

这次起义被称为"大起义"（Great Revolt）。起义声势之浩大以至于当权者认为底层人民都疯了。当时的相关文献中多次将叛军类比于动物，认为他们已经失去了理智。但如果我们深入探究就会发现，起义爆发背后存在其合理性：首先是借鉴了几个世纪前的思想，其次表达了黑死病后的三十年里大家绝望的心情。虽然直到现在我们仍不了解叛军杀害佛兰德人的原因，但他们大多数举止还是与诉求相一致的。在东南部郡县，他们袭击了征收人头税和执行法律的官员——这是仔细挑选的目标，还烧毁了记录着他们农奴身份的庄园记录。叛乱者从埃塞克斯和肯特一路来到了伦敦，并相继在麦伦德（Mile End）和史密斯菲尔德（Smithfield）与国王会面。虽然起义是因人头税而起的，但叛乱者的主要目的实际上是废除农奴制。他们意识到只有国王才有权改变法律，所以自14世纪初就一心想要通过王室法庭获得自由身份。叛乱者们认为自己是国王的忠实臣民，他们来到首都是为了帮助政府清除叛徒，并直接与国王结成同盟。

叛乱者并非因极度贫困而起义，他们一般是较为富裕的农民和工匠，自黑死病以来甚至变得更加富有，他们起义的原因是感到社会压迫和官员腐败阻碍了他们的进步。叛乱者们也并非边缘人士，他们往往是庄头、陪审员、治安官，身居要职且手握权力，但他们希望管理自己的村庄时可以不受领主或律师干预。起义的组织有条不紊，由信使将起义信息传递到各个村庄，人们加入起义军后便有组织地向前行进。此次起义表达的并非绝望之情，而是人们的自信和希望。起义结束后，最初的组织者有些逃跑了，有些则被处决。领主们努力让一切恢复如常，政府则从中吸取了教训，取消了人头税，并停止了劳民伤财的连年征战。农民们认为废除农奴制的时机已经成熟，在接下来的一个世纪中，农奴制的确不复存在，但并不是如农民们希望的那样通过明确废除农奴制或者大规模解放农奴而实现的，农奴制最终是在潜移默化中逐渐消失的。农奴离开庄园，展开新生活，他们的身份也早已被人忘却。15世纪领主与佃户协商服役时，更愿意做出让步，因为1381年6月农民们爆发的那场起义，以及他们愤怒且信誓旦旦的样子，还历历在目。

1382—1500年：创新

从很多方面来看，虽然瘟疫和大起义后工薪阶层生活水平之高前所未有，但这个时代的人们仍经历了萧条时期。领主们收取的地租持续下降，农民虽然能够得到更多土地，但由于人工费用高昂而农作物的市场价格非常低廉，他们能够赢利多少尚未可知。城镇居民抱怨已经负担不起自己的庄园应缴纳给王室的费用，对于城镇规模不断缩小也颇有微词。此外，15世纪贵金属开采减少，还导致了资金短缺。相较之下，那些此前度过了艰苦岁月的人反而很快适应了新情况。

新形势下，最先受到影响的是女性的角色和人们对待家庭的态度。人口减少致使劳动力短缺，女性的工作变得越来越有价值，有些此前男性从事的工作如今也不乏女性的身影。女性承担了更多职责，薪资水平有所提高。尤其是寡妇，享有了更大的独立性，城镇中越来越多的寡妇继承了亡夫的生意。比如在约克，我们发现了一位寡妇药剂师，还发现了一位从事盔甲交易的女性。显然女性早已做好准备抓住机会，当然女性的进步仍然有限——她们仍然无法参与公共生活，偏见也依然存在，人们还是认为女性适合从事的行业是食品饮料及纺织业等技能要求低、酬劳少的行业。这些变化也影响了婚姻，由于年轻女性在婚前有工作，有了一定积蓄，所以她们在是否结婚、与谁结婚等问题上具有了发言权。

黑死病暴发之前，土地的稀少对维护家庭大有裨益。15世纪的年轻人实现独立后，经常离开故乡去别处寻找工作或土地，他们的配偶也往往来自外地。人口流动性增大，居住地靠近亲属的人越来越少，人们对于原生家庭土地的依赖性也越来越小。这些变化解释了为什么这个时期即便工作机会增多、人们的幸福感有所提高，但人口却未增长。瘟疫频发导致14世纪人口数量急剧下降，但15世纪人口数量仍停滞不前似乎与高死亡率和低出生率都息息相关。人们的结婚年龄上升，还有相当一部分人决定不结婚。

人们越来越自力更生，虽然影响了家庭生活，但并不一定会导致社会凝聚力的下降。我们发现城镇议会的活动日益增多，例如帮助工匠建立协会以确保学徒制、薪水、工作时间等问题形成规范制度。社区组织似乎比以往任何时候都更加强而有力。考文垂（Coventry）等城镇组织游行时，几乎所有社会阶层都会参与其中，这既是为了彰显身为城镇居民的精英身份，也是为了向外界展示出城镇居民团结的风采。在乡村，人们针对从足球比赛到公地饲养动物数量等各种问题，制定了一系列法规。教区重建并更精心地装饰了教堂。教区已经变成教会委员及兄弟会（fraternity）组织社会协作的核心单位，教区通过售卖麦芽酒筹集资金，并建造教堂以供节庆使用。虽然社区并不是一个实实在在的行政单位，各项规定并未得到有力执行，自私自利的个人也不会受到纪律处分，但我们仍然可以发现有些变化正在悄然发生。比如穷人与社区之间形成新的关系：黑死病暴发之前，贫困救济往往源于家庭支持；而如今，经济条件较好的个人或团体建造了医院和救济院供穷人居住，穷人也可从邻居那里得到帮助，慈善帮扶较此前而言更为正式。教区将救济贫困者与征税结合，通过强制性征税以维持大家共同的救济资金。虽然旨在帮助穷苦人民，但仍有一些社会纪律需要遵从：接受救济的穷人需要仔细挑选，不符合要求者、酗酒者及毫无能力的申请者将无法得到救济，被救济院收容的人们应举止得当。

居民的迁移几乎从未中断。虽然人口流动并不新奇，但由于取消了农奴制等限制，以及等待着佃农和雇员的工作机会数量众多，人口迁移之频繁前所未有。每个村庄和城镇都源源不断地更换着居民，部分居民迁出，也有新的移民来此定居。人员流动往往并不平衡，在某些村庄和城镇，迁出的居民比迁入的居民数量更多，在条件较差的地区，迁出人口过多以至于约3000个村庄完全荒废。受影响最大的村镇往往比相邻村镇规模更小、没有深入参与工业活动、缺乏教堂等设施。因此，这些村镇规模不断缩小，居民通常迁往相邻地区。由于相较耕种粮食而言，照顾动物更节省劳动力，所以保有土地较多的佃农转而发展畜牧业。这个变化加上劳动力短缺扰乱了农业发展。此外，共耕制度使这些日渐衰落的村庄更加无法吸引居民定居，居民流失加剧。有时，村里仅剩的几户人家最终也被领主清走了，因为领主将土地作为牧场出租能获得更好的收益。

城镇完全荒废的情况比较少见，但许多城镇也失去了很大一部分人口，同样是因为居民迁往了发展机会更好的其他城镇，而新移民又迟迟未来。例如，温彻斯特1300年大约有11 000人，而1400年只有不到8000人，到了16世纪初仅剩4000人。格洛斯特和莱斯特等郡县人口也有所下降，波士顿和林恩（Lynn）等东部沿海港口也不例外。经营奢侈品贸易的伦敦商人使规模较大的省级城镇受到冲击。此外，乡村和小城镇纺织业兴起，加上羊毛出口贸易下滑，也给省级城镇带来不利影响。当然也有发展较好的城镇，例如考文垂和科尔切斯特（Colchester）在1400年左右迎来了繁荣期，规模不断发展壮大，但是持续时间非常短暂。还有些纺织业兴盛的小镇也得以扩大，例如德文郡的克雷迪顿（Crediton）。伦敦是大城市的典范，可与意大利及低地国家的重要城镇相媲美。当然也会有人口迁出伦敦，但由于其商人在对外贸易中占据重大份额，伦敦并未因人口外迁遭受重大的经济衰退。人口流动总体而言并没有改变城乡之间的平衡，同1300年一样，1500年还是有约五分之一的人口居住在城镇。但是，随着纺织业的发展，地区平衡发生变化，财富不断向西南地区郡县及伦敦地区（包括埃塞克斯郡和萨福克郡）聚集。

富有进取心的人会抓住机遇，利用新产品或通过新方法赚钱。我们发现羊毛出口量下降，但英格兰开始利用羊毛这种优质原料进行纺织，至15世纪，布成了主要出口产品。织布业的发展主要集中于西南部、东盎格利亚和约克郡西郊的工业村或相对较小的城镇。织布商们将投资用于绵羊牧场、仓库和缩绒机，但最重要的是，他们满足了协调并销售工匠成品这一日益增长的需求。他们几代人改变了贸易格局——曾经是原材料出口国的英格兰现在向欧洲市场提供了制成品。

农业生产创新与工业进步相似。其中企业家是关键人物，他们大多出身农民，通过接管领主自营地对外租赁的农场，或通过将一些此前农民保有的土地集合在一起，进行大规模生产。托马斯·戈达德（Thomas Goddard）曾是威尔特郡奥尔德伯恩（Aldbourne）庄园的一位佃农，他筹集了大量资金，并以61英镑17先令6便士的价格从领主处购买了825只绵羊。农民们通过专门从事畜牧业来减少劳动力成本：牧羊需一人，而种植农田则需数十人。之所以发生这种变化，是因为人们的饮食结构改变，很大一部分人口需定期购买肉制品，人们对农业的需求有所变化。农民们有时将以前的田地围起来改建为草地，以促进生产，这也导致15世纪末大家纷纷抱怨乡村也变成城镇了。

农民，即那些没有拥有数百英亩土地的佃户，接手了邻居的土地。他们的祖先很少拥有超过30英亩的土地，而如今他们通常管理40～50英亩的土地。在种植谷物的村庄中，农民们发现他们可以通过将部分耕地变为"轮作草地"，交换并封闭部分共耕田地以饲养更多的动物。而向来重视畜牧业、土地耕作更个人化的高地和林地地区，更加轻松地实现了向畜牧业的转变。例如在德文郡北部，几乎所有人都专门从事放牧工作。1380年到1520年间，新建造了数千栋木质结构房屋，其中部分仍存于世，我们可以通过现存的数百栋新建房屋判断出农民经济情况日趋改善。在中部和北部，多见"曲木"（cruck）结构建筑；而肯特、苏塞克斯和萨里宏大的"威尔德式"（wealden）建筑则体现出东南部的富庶，这类建筑中央有一大厅，可见房椽，大厅两侧配有两层楼的侧翼。

最后要谈及的是贵族，虽然贵族早已存在，不是新兴阶级，但他们也显示出了非凡的适应能力。到14世纪，大约有70个家族属于大贵族，公爵这种新头衔的出现则进一步区分出了超级贵族。高级别贵族的阶层较为固化，但人们仍有机会实现阶层跨越。贵族们常与伦敦商人家庭联姻，也接受商人、律师、企业家和将领成为贵族。新出现的"绅士"（gentleman）阶层使得贵族阶级得以扩大。

由于农产品价格下降、劳动力成本高昂，上层阶级发现不能再以从前的方式经营庄园并自行耕种自营地了。大领主们将土地出租给农民，通过新的土地管理方式确保地租能够全额支付。租金收入持续下降，领主们只能调整自己的生活方式以免破产，他们精心控制家庭收支，在必要时还减少了葡萄酒的支出和雇用仆人的数量。因为要节约成本，贵族们将建筑支出集中于少量房屋，任由其他房屋破败，结果就是我们发现这一时期涌现出不少辉煌的新建筑，如林肯郡的塔特舍尔（Tattershall）城堡、苏塞克斯的赫斯特蒙苏（Herstmonceux）城堡，但还有数百个庄园不会给我们留下任何印象。越来越多的贵族通过法律手段获得收入，或通过为国王或大贵族当随从赚取钱财。他们还通过联姻谈判、政治结盟等方式，侵害其他家庭利益为自己获取财产，有时在复杂的财产纠纷中还会利用"强制侵占"（forcible entry）或其他非法手段。各家族尽力保全自己的财产，并越来越多地通过"让与土地使用权"确保自己的财产能够传到继承人手中。"让与土地使用权"是指领主去世后，封地不收归封君所有，而是移交给受托人，而受托人根据指示再将土地移交给领主的继承人。

到1500年，财富和社会力量的分配形成了新的格局，英国也形成了新的发展前景。家庭价值观发生了变化，人们更加注重个人选择，而非传统和群体利益。社区焕发了新的活力，贫困人口相关问题得以解决。在农业和工业领域，商品生产都得到了大规模发展，销售引起越来越多的人的重视。人们不再像从前那样唯命是从，而是获得了更多机会进行流动。当然，许多社会传统特征，例如城镇中寡头占据统治地位、贵族具有优越性等，依然存在；但过去两个世纪发生的危机使英国不论是社会现实还是人们的观念都发生了转变，这标志着英格兰已经迈出了成为"第一个工业化国家"的第一步。

第六章

信仰、宗教及教会

HENRIETTA LEYSER

传教、传教士与大教堂

597年6月9日，爱奥那岛修道院的创始人圣科伦巴（St Columba）在为他的去世做准备。他已经将去世的时间推迟了一段时间了，选择春天会破坏他所在社区的复活节庆祝活动，选择6月会更好。6月9日到来时，农作物已经丰收，科伦巴从成堆的谷物判断，他的修道士来年有足够的面包可以吃了。他为储存粮食的谷仓祈福，然后转向跟随他的仆人，告诉他自己将在午夜死去。科伦巴与仆人一起回到修道院，在半路的一个休息点遇到了一匹白马。科伦巴的传记作家阿多曼（Adomnan，627 / 628—704）描述了这个故事：

> 这匹白马是一匹忠诚的役马，用于将牛奶桶从牛栏运送到修道院。说来有些奇怪，我想可能造物主在创造生命时，赋予了所有生物感知力。受上帝启发，这匹马走近科伦巴，将头埋

在他的胸前。它知道主人很快就会消失，将再也无法见到主人了，马儿开始像人类一样哀悼，在科伦巴的怀里大声哭泣。仆人看到这一幕便开始驱赶哭泣的马儿，但被圣徒阻止了，他说道："放开他！让爱着我们的他在我怀里哭个痛快吧。看看你，虽然你拥有人类的理性灵魂，但如果我不告诉你我要死了，你根本都感知不到。而他，这个不知理智是何物的牲畜，却能通过造物者感受到他的主人即将逝去了。"

597年在英格兰的基督教史中非常重要。这一年，在与爱奥那岛相距甚远、位于肯特海岸的萨尼特岛（island of Thanet）发生了一桩著名的历史事件，关于此事件的描述各不相同。教皇格雷戈里派遣传教士圣奥古斯丁前往英格兰这个罗马曾经的行省传播福音，圣奥古斯丁于597年到达了英格兰。比德在《英吉利教会史》中描述，圣奥古斯丁一行（约40人）觉得这项任务的前景并不乐观，他们一想到要前往一个野蛮、凶暴、不信教的民族中去，便胆怯起来。[1]传教士们到达英格兰后最初受到的接待对缓解他们的恐惧心理几乎无济于事。肯特国王埃塞尔伯特坚持只能在露天场所与传教士会面。"由于一种旧迷信的缘故，他不能允许奥古斯丁在房屋里接近他，免得他们，如果他们擅长妖术的话，对他采取突然袭击并进而把他制服。"比德继续描述道，"然而，这些人来了，不是被赋予魔鬼的力量，而是被赋予天主的力量。他们走上前，手上拿着的不是一面旗子而是一个银十字架和一幅画在板上的救世主的画像。"[2]埃塞尔伯特听了他们的布道，对他们前来传教的意图表示尊重，并在首都坎特伯雷给他们安排了一处住所以供他们进行传教。奥古斯丁就这样成了第一任大主教。

再说回罗马，奥古斯丁初步成功的消息令教皇格雷戈里欣喜若狂。但

---

[1] 比德：《英吉利教会史》，商务印书馆，1991年，第61页。
[2] 同上书，第64—65页。

此时我们知之甚少的盎格鲁－撒克逊异教仍未消除，英格兰皈依基督教还需近一个世纪才能完成。从周二至周四的英文和复活节（Easter）的名称可以看出，人们对于异教中的诸神，如战神Tiw、主神Woden、雷神Thor及女神Eostre非常忠诚。从中我们也可以发掘英格兰从信仰异教向信仰基督教转变的过程，虽然大部分人对基督教在英国怎样萌芽不甚了解，但近期对墓地和异教中心的考古还是可令我们得知一二。在传教士们坚持不懈的说服和对异教徒的耐心教导下，至686年，最后一个异教据点怀特岛（Isle of Wight）接受了基督教，整个英格兰彻底皈依了基督教。

在英格兰信奉基督教的过程中，来自爱尔兰、意大利、法国的传教士以及英格兰的凯尔特传教士均发挥了各自的作用。如比德所说，其中最著名、最受人爱戴的当数爱奥那岛上圣科伦巴的属灵后代们（spiritual sons）。虽然我们并不清楚科伦巴本人是否有传教目标，但毫无疑问他在世时，爱奥那岛一直举足轻重、影响力极强。引得白马为其哭泣的科伦巴出身于爱尔兰贵族家庭，受家庭政治影响颇深。这位圣人具有巨大影响力以至于天使委派他为和苏格兰王国相邻的达尔里阿达任命统治者。即便死后，科伦巴仍然保持着政治影响力。据阿多曼描述，634年决战前夕，科伦巴的幻象现身帮助奥斯瓦尔德赢得了诺森布里亚。奥斯瓦尔德在流放爱尔兰期间曾接受洗礼，因此他被视为爱奥那之子，也"理所应当"成为国王的人选。奥斯瓦尔德成为国王后，便请爱奥那岛上的修士们前去进一步推动诺森布里亚的基督教化，并在林迪斯法恩建立起教会。至比德时代，该修道院已享有盛名，圣卡斯伯特于685年到687年间任林迪斯法恩主教，他的神龛便置于修道院内，后来人们为了纪念他，撰写了《林迪斯法恩福音书》。

奥斯瓦尔德召集的爱尔兰修士与随同奥古斯丁一起到达坎特伯雷的修士之间一直存在纷争，虽然人们曾一度将双方的成败用于描述和解释英格兰皈依基督教的过程，且比德也极力宣传这一观点，但如今这一观点已被推翻。664年，惠特比宗教会议（Synod of Whitby）召开以解决爱尔兰和罗马基督教派之间的一大分歧——复活节应该为哪一天（比德着重强调了这次会议的重要性），但相较而言，其实673年的赫特福德会议，才算得上是英格兰早期教会史上的重大转折点。

西奥多大主教（Archbishop Theodore）

赫特福德会议是有史以来整个英国教会举行的第一次会议，此时"英国"这一政治概念尚不存在。这次会议是668年到690年间担任坎特伯雷大主教的西奥多主持举行的。西奥多具有希腊血统，在得到任命时已年过六旬，他善于管理，对盎格鲁-撒克逊时期英格兰的精神及文化生活影响深远。在西奥多任职期间，坎特伯雷成立了一所基督教学校，所授知识包含了希腊文、法律、韵律学及占星术。此外，整个英国教会还依据教会法并仿照欧洲大陆的做法确立了教区制。

西奥多成绩斐然，但有一个问题仍未揭开谜底：在盎格鲁-撒克逊早期，基督教是如何传播到精英阶层以外的呢？在目前的学术研究中，针对这一问题大家讨论的焦点是如何理解修道院在教牧关怀中起到的作用，而要回答这个问题首先则需要重新审视"monasterium"一词的含义。最初monasterium被译为"修道院"（monastery），但如今大家认为将其译为"大教堂"（minster）或"母教堂"（mother church）更为合适。它可为修士、牧师提供住处，也可充当躲避外部世界的避风港，但这种情况较少。当时传播福音的工作过于紧迫，所以还未能像后来的教会一样对主动传教或负责冥想等职责进行细分。在7—8世纪的英国，修士和牧师的工作职责都是通过言传身教进行传教。理想情况下，传教应通过教导实现，而非通过强迫或展现上帝神力等方式灌输信仰。奇迹也许能使摇摆不定的信仰者坚定信念，但是这种方法永远无法取代教育和教牧关怀的作用，无法培养出比德这样热诚的拥护者。对比德而言，即便是住在他的家乡诺森布里亚最荒无人烟、人迹罕至的山区居民，也应当有机会接受洗礼；即便是那些对拉丁语一窍不通的人，也可以并且应当通过牧师布道以及《主祷文》[1]和《信经》的白话译本了解基督教教义的基本内容。

愤怒的上帝与维京灾祸

比德明白他所描述的只是一个乌托邦式的愿景。他不知道的是，在他死后百年内，异教徒维京人洗劫了贾罗修道院、爱奥那岛上科伦巴的修道院以及其他圣地，此番掠夺让人们对英格兰基督教的未来感到担忧。本书第二章曾介绍了维京人入侵英格兰的始末，本章则主要描述当时基督徒们对此的反应。教徒们想要知道为什么上帝会允许维京人来到英格兰"打砸抢烧"。答案只有一个：用约克大主教沃夫斯坦（1002—1023年在任）的话说，这一系列事件表示着"这个国家的所作所为显然令上帝生气了"。那么如何才能赎罪？以后如何才能求得上帝的庇护呢？回答上述问题并非易事。在此我们将简要回顾三位国王采用的不同解决方案，他们每一位都对盎格鲁-撒克逊时期英格兰基督教的理论发展及实践有所启发。

阿尔弗雷德国王（871—899年在位）最先出台了措施，这些措施在许多方面影响重大。不难发现，中世纪早期的国王们大多依照《旧约》选择了自己的统治模式，阿尔弗雷德主要参考的则是《所罗门智训》（*Book of Solomon*）："万民的君侯！你们若喜爱王位与王权，就应尊重智慧，好能永居王位。"（6：21）[2]阿尔弗雷德谨记以上教诲，回顾了西奥多大主教和比德所处的时代，那时可谓是黄金时代，"整个英格兰学富五车者比比皆是"，战争胜利的一方多为智者。阿尔弗雷德认为，如果想要在其统治时期实现国家繁荣、避免灾难，就必须遵从黄金时代的价值观。在

---

[1] 天主教亦称为《天主经》。

[2] 原文其实出自《圣经后典·智慧篇》6：22。

他看来，维京人入侵是上帝的警告。他写道："记住我们因不重视学习、不传播知识而遭受的惩罚吧。作为基督徒，我们徒有虚名，只有极少数人真正拥有基督徒该有的美德。"（出自阿尔弗雷德为格雷戈里的《教牧关怀》所作散文的序言）于是为了让人们能够学习知识、接受教育，阿尔弗雷德将包括《英吉利教会史》在内的一系列"必读书目"翻译成了英语。

依靠学习赢得上帝眷顾或许可行，但似乎阿尔弗雷德的教育计划也只是令小部分人得以受益。埃塞尔雷德（978—1016年在位）时期，维京人对英格兰进行了第二次袭击，几乎致使整个英格兰溃败，这时人们才开始广泛忏悔和祈祷。民众的不敬惹怒了上帝，必须采取妥善措施才能平息这番怒火。1009年大军压境时国王颁布法令，要求举国上下寻求上帝帮助以抵御外敌。米迦勒节前的周一至周三成为全国斋戒日，人们只能饮水、食用面包和香草，每个人都要赤足前往教堂忏悔、参加纪念游行。

10世纪修道院改革

1009年的这项法令只是由于当时国家处于紧急状态才得以颁布。规模如此之大的忏悔活动难以长期为继，而且也不清楚非信徒采用这种方式进行祈祷是否最为灵验。此前埃德加国王（957—975年在位）统治时期，曾进行修道院改革，极大地促使人们相信祈祷也有优劣之分。964年，为展现出改革运动的新风貌，首都温彻斯特新老教堂中的世俗神职人员被逐出教堂。他们如果想要重回教会，必须与新加入的修士们一同发誓愿意接受朴素严谨的修道生活。之所以要如此严厉，国王解释道：

> 上帝掌管世间万物，我担心如果不遵从他的意愿，我们将
> 永陷苦难之中。作为上帝在尘世的代表，我做主将大批无用之

人、无法胜任职务的教士逐出教会……为修士群体更新血液可以取悦上帝，这样他才能时时为我们代祷，永不停歇。

推动此次修道院改革运动的有三人：坎特伯雷大主教邓斯坦（Dunstan）、温彻斯特主教埃塞尔沃尔德（Æthelwold），以及同时担任约克大主教和伍斯特主教的奥斯瓦尔德（Oswald）。在国王的支持下，他们彻底改变了英国的宗教生活，引入了新阶层。此时上帝及圣徒们与国王和修士之间形成了一种特殊的关系，如果天堂的统治者是上帝，那么尘世间的统治者则是他的"尘世代表"埃德加。而修士们守护着圣徒的坟墓以寻求精神支持。

10世纪修道院改革者们根据比德时代的模式推行改革。但实际上，他们与比德的目标大不相同。比德时期，修道院生活不拘一格，每个修道院都可随意尝试、选择自己的习俗，形成特有的生活方式。比德所在的贾罗修道院由本尼狄克·比斯科普（Benedict Biscop）建立，用于收藏他从意大利带回英国的宝藏、珍贵书籍和圣像。为建立一座新型且豪华、具有"古典风范"的修道院，他不惜成本：专门从高卢带回泥瓦匠和玻璃匠，依照"罗马样式"打造一座石制教堂。所以毫不意外，贾罗修道院的手抄本与地中海的范本极为相似，只有专家才能将它们区分开来。而林迪斯法恩的手抄本、建筑及组织模式则与之大为不同，来自爱奥那岛的修士们[1]及林迪斯法恩主教都居住于此，而比德曾惊奇地指出，他们全都服从于修道院院长的权威。惠特比（约克郡）又是另一番景象，修道院中既有修士也有修女，可能是遵循高卢习俗，由修女担任院长。诺森布里亚主教兼院长威尔弗里德是将6世纪意大利的圣本笃修道院教规（Rule of Saint Benedict）引入英格兰的第一人。这个在10世纪广泛应用的教规在8世纪时尚未流行，而且恰恰相反，8世纪的修道院生活可谓百花

---

[1] 奥斯瓦尔德曾请求爱奥那岛上的修道院向其王国派遣牧师前去布道，艾丹（Aidan）率领12位修士到达了诺森布里亚，并最终定居于林迪斯法恩。

齐放、各不相同。至800年，英国已经成立了多达200个修道院。这还是保守估计，因为除了有据可查的以国王和圣徒为中心的修道院，还有无数规模较小的教会团体，例如由个人家族成立并一直在家族内部传承的威辛顿[1]（格洛斯特郡），该修道院的主要用途在于帮助家族世代获得影响力。

至10世纪，修道院已不再不拘一格。正如我们所知，7世纪的教区制在10世纪得到广泛应用：自大主教西奥多提倡推行教区制后，英国在8世纪开展了多次艰苦改革，其中以747年的克洛菲休会议（council of Clofesho）最为著名。此次会议引入了礼拜仪式以确保教会盛典能以"正确的方式"举行、人们能以"统一的方式"敬拜上帝。大约两百年后，人们后知后觉地发现，此时的改革已经成为修道院"标准化"的转折点。埃德加于964年在温彻斯特建立修道院，随后966年的彼得伯勒、970年的伊利也相继建立起类似的修道院。据说按当时计划，要建立40座这样的修道院；虽然如今我们可能无法一一说出它们的名字，但当时要实现这个目标也并非不可能。970年，温彻斯特会议（the synod of Winchester）上发布了《教规》（*Regularis Concordia*，英文为 *The Monastic Agreement*），修道院改革达到了高潮。埃德加召集了主教、修道院及修女院院长，"要求所有人就修道院规程达成一致意见……避免任何纠纷，因为如果大家对同一习俗的规定各不相同将会有损教会威望"。所有修士和修女都发誓将"一致遵守"相关规定。他们不服从于任何非教会人士，但仍接受王室保护，且国王有权左右教会高层的选举。他们每天都要做礼拜为国王和王后祈祷，频率达到了每天八次（如有特殊需要，也可达到九次）。

英国教会与国王、王后结盟，并建立起修道院大教堂——此前曾是圣奥古斯丁在坎特伯雷的社区——因此英国的修道院改革运动在很多方面都

---

[1] Withington.

与同时代欧洲大陆的改革不同，尤其是礼拜仪式不断发展使其改革深受影响。欧洲大陆的改革者们致力于保护教会不受世俗权力影响，虽然这也是英国改革的目标之一，但英国教会非但不排斥国王，而且如我们所见，还让国王承担起了保护者的角色。过去国王和教会的权力曾一度不相上下，彼此嫉妒对方的权力基础，而如今两者携手合作似乎能够实现互利共赢。教会因此获得资金援助，同时也得到国王的大力支持。威塞克斯的国王们也只是新晋国王而已，在英格兰的统一进程中以及各地方派系互相倾轧、争夺权力的过程中，教会起到了重要作用。973年巴斯举行的宏伟加冕典礼不仅代表着埃德加国王的胜利，同时各位修道院院长的出席也说明他们受埃德加的统治，他们所能起到的作用远不止出席仪式而已。修道院院长们不仅参加国王加冕典礼，还参与了王廷事务，970年就有17个修道院院长全程参与了皇室宪章的制定。

教会还通过圣徒提高自己和王室的地位。早在罗马不列颠时期，圣徒已在英国备受崇敬，直至比德时代，英国人民仍对殉道者奥尔本（Alban，卒于210年）十分崇拜。6世纪、7世纪到达英格兰的传教士们推动建立了更多的以圣徒为中心的宗教团体，团体中既包括英格兰当地圣徒，也有其他国家的圣徒。当时拥有来自意大利或高卢的圣物，象征着身份尊贵；但与之相比，拥有一位圣徒更为重要。比德在《英吉利教会史》中记载了英格兰北部人们崇拜的圣徒，如林迪斯法恩的艾丹，以及卡斯伯特等精神领袖。圣徒增强了朝圣者的信仰，他们常前往圣徒葬身之处祭拜，因此守护圣徒遗体的修士团体得以享有盛名，而对该团体提供资金支持的资助者地位也得以提高。10世纪，威塞克斯国王们在统一英格兰的过程中发现上述宗教团体居然大多位于北方，对此十分恼火。于是他们便采取了一个为人熟知的补救措施："窃取"圣物，将其从原来的保存地点迁移至新地点。如果一切顺利，说明这一行为得到了圣徒的祝福，窃取行为合法。虽然其中许多细节我们不得而知，但至少10世纪时新建修道院获取的圣物数量之多，以及被运往南部的北部圣物数量之多，令人惊叹。

女性与改革

由于直至中世纪后期才出现圣徒追封仪式，此时圣徒的信徒团体仍可以，也的确以较快的速度发展壮大。英国皈依基督教的过程中，具有皇室血统的女性成为圣徒的速度是极快的。这些女性的圣徒身份能为其男性亲属带来荣光，帮助他们加强统治。虽然10世纪的修道院改革中，女性的作用与修道士相比略显逊色，但仍不可忽视。许多贵族女性通过给予土地支持修道院改革运动，虽然当时双修道院尚未复兴，但撰写《教规》时仍将修士与修女都考虑在内。汉普郡的惠威尔（Wherwell）和拉姆西修女院是为数不多的新建修女院；稍显老旧的沙夫茨伯里（Shaftesbury）和威尔顿（Wilton）修女院则继续供承担政治任务的女性及王室女性使用，这些女性中最著名的便是埃德加的女儿威尔顿的伊迪丝（Edith of Wilton）。在埃德加去世后的动荡时期，正是沙夫茨伯里的修女们承担起了养育、教导王位继任者爱德华的责任，但继位三年后爱德华便被谋杀了。

据说爱德华是在其继母埃尔夫斯里斯（Ælfthryth）的煽动下被杀害的，关于这个问题我们不深入探究，但埃尔夫斯里斯对我们要讨论的话题有重要影响。谈到10世纪的修道院改革，如果只讨论埃德加与修道士之间的关系则有些片面，埃尔夫斯里斯与主教埃塞尔沃尔德之间的联系也不应忽略。在埃塞尔沃尔德的政治神学理论中，国王与王后都有一席之地，国王是民众的"好牧人"[1]，而王后则是天国王后圣母玛利亚在尘世间的代表。《埃塞尔沃尔德祝福书》（*Benedictional of Æthelwold*）中记载了最早的圣母玛利亚加冕礼，为此撰写的祷告词和礼拜念词在温彻斯特创作完成。

如果说10世纪时人们对玛利亚的崇敬尚不普遍是事实的话，这意味着虽然修道院改革采取了有力措施且取得了一定成绩，但该改革并未实

---

[1] Good Shepherd，出自《圣经·约翰福音》10：11，指耶稣，全文为"我是好牧人，好牧人为羊舍弃生命"。

现全面覆盖。地方贵族仍偏爱当地宗教团体，愿意资助长期与自己家族保持联系的在俗教士。但不论如何，英格兰一直以来都在举国上下推行这一场革命，即建立教区制度，该制度一直延续至宗教改革之后，甚至直至20世纪。

英格兰教区制

在拉姆斯伯里（Ramsbury）的主教赫尔曼（Herman）向教皇利奥九世的描述中，至1050年，英格兰"处处可见教堂，且每天都有新教堂建成"。人们现如今的判断与赫尔曼不谋而合。当时教堂数量激增主要得益于10世纪到11世纪英国土地所有制发生变化；从前的大块封土被分割为当地的庄园，聚集起了不断扩大的"绅士"阶级。不论是庄园领主还是佃农，都非常需要拥有自己的教堂及牧师，这种需求同外交需求一起为日后发展现代教区制度奠定了基础。这一点，从汉普郡克赖斯特彻奇（Christchurch）10世纪90年代建立的教堂的相关记录中可见一斑：

> 主持牧师阿尔梅特斯（Almetus）说他出席了米尔福德（Milford）教堂的落成奉献仪式，可以证明当时小阿尔夫里克（Alvric the Small）询问主持牧师戈德里克（Godric）是否可以在保留什一税（tithe）及教区税（churchscot）等克赖斯特彻奇传统习俗的条件下，建立一座教堂，并通过戈德里克向主教瓦克林（Wakelin）表达这一意愿。当教堂落成时，阿尔夫里克会给教堂半威尔格[1]的土地。同时，阿尔夫里克和主教还将交出钥匙，把教堂、土地以及克赖斯特彻奇免于服役的教士交由

---

[1] virgate，早期英国的土地面积单位，也称为雅兰地。

戈德里克管理。主教在场的情况下，规定只能将阿尔夫里克的奴仆及佃农埋葬在那里，下葬时他们应支付4便士。戈德里克同意派遣一个牧师，牧师居住在克赖斯特彻奇时由阿尔夫里克为他提供餐食。在合理范围内，牧师应等阿尔夫里克到来再开始服务。若阿尔夫里克前往百户区，牧师应陪同其一起前往，但其他地方不需要陪同。阿尔梅特斯见证了戈德里克派遣牧师艾尔维（Eilwi）前往克赖斯特彻奇，戈德里克的一生都是通过这种方式管理该教堂的，此后他的继任者也是如此。

通过阿尔夫里克的教堂，我们可以了解从盎格鲁-撒克逊时期到诺曼时期的转变。1066年诺曼人征服英格兰，建立起新政权，阿尔夫里克本人便深受影响。1079年为满足国王狩猎的需求建立了新森林（New Forest），这剥夺了阿尔夫里克大部分土地，阿尔夫里克仅仅得到微薄补偿，正是在这片土地上新教堂建成了。据估计至1100年，有六七千座类似的教堂建成，但这并不能说明诺曼征服加快了建立地方教堂的速度，因为在中世纪后期也仅是新增了约一千座教堂，我们似乎没有理由怀疑这些教堂多数还是在盎格鲁-撒克逊时期建立起来的。埃德加国王统治时期已有法律表明当时已经在建地方教堂用以补充旧教堂并与之形成竞争。诺曼人起到的作用应该是帮助提高教堂施工的速度，或者将木质教堂改用石材进行重建，加强教堂的耐用性和延长保存时间。直至今天，英国乡村里此类教堂仍随处可见。

诺曼征服

1066年，诺曼军队打着罗马教皇的旗号，以神选军队的名义参加了黑斯廷斯战役。为了证明其入侵行为的正当性，诺曼人必须抹黑英格兰世俗及教会统治者，损害他们的声誉。诺曼人宣称哈罗德作伪誓，要将其赶下王位[1]，并称兼任多个教职的坎特伯雷大主教斯蒂甘德已为上帝所摒弃[2]。诺曼征服取得胜利后，为巩固政权，教会改革成了一项重要任务。斯蒂甘德被罢免后，由贝克修道院院长兰弗朗克接任职位，他上任后的确产生了不少影响深远的变化：使用了新的教职人员、新教会法庭，以及新教规条例。而11世纪时盎格鲁-撒克逊教会则与之对比鲜明，即便还称不上腐朽不堪，从某种程度上讲其发展也停滞不前了，急需海峡对岸给教会发展带来激励因素和新灵感，而这也只有兰弗朗克这样有才能的人才能实现。但对于这一说法，很少有人表示赞成。盎格鲁-撒克逊教会早已因其传教活动声名远播至其他国家，尤其是圣卜尼法斯于8世纪就开始规劝欧洲大陆的盎格鲁-撒克逊人皈依基督教。11世纪时，在斯堪的纳维亚半岛仍保留着传教传统。而在英国国内，晚期的盎格鲁-撒克逊教会也大大推动了宗教生活的发展。虽然10世纪的修道院改革存在一定局限性，但在一个世纪后，不论是世俗生活还是教会生活中，都体现出了改革运动的成果。整个欧洲，只有英国建立起了本土语言的宗教文学体系，其中最著名的作品就是盎格鲁-撒克逊晚期恩舍姆（Eynsham）修道院院长埃尔弗里克撰写的布道书。埃尔弗里克是温彻斯特主教埃塞尔沃尔德的学生，他通过撰写一系列书籍，将经书内容进行了简化。此外温彻斯特也是著名的书籍出版中心，大量宗教作品诞生于此，最近还有线索表明，温彻斯特等地经过改造的修道院内专门设立了缮写室，用来为当地牧师和传教活动提供高质量的经文手抄本。

诺曼人经历了一段时间才开始欣赏并吸收盎格鲁-撒克逊人的传统文化和技艺。在第一次诺曼征服时，英格兰教堂被洗劫一空，教堂里的宝藏被当作战利品带回了法国，用以装饰法国的教堂和修道院："有些教堂获得了尺寸极大的金制十字架，上面还饰有珠宝。许多人得到了数磅黄金或

---

[1] 哈罗德违反了自己向征服者威廉许诺的支持其继承英格兰王位的誓言。
[2] 斯蒂甘德因同时担任温彻斯特和坎特伯雷两个教区的主教曾被教皇逐出教会。

黄金制成的器皿。"（普瓦捷的威廉）诺曼人获得了英格兰主教和修道院院长的职位，但他们既不了解也不想遵从英格兰当地的风俗：在格拉斯顿伯里（Glastonbury），新任命的诺曼修道院院长带着全副武装的随从，试图"说服"修道士们接受另一种圣歌；在坎特伯雷、温彻斯特和埃克塞特（Exeter），曾经英格兰特有的庆典，如"童贞圣母玛利亚受孕日"（the Conception of the Virgin）庆典等遭到废除；在伊夫舍姆，圣徒的遗物被送入大火，以检验其真实性。至11世纪末，诺曼人抵制英格兰宗教习俗最严重的阶段已经过去，开始对其进行吸收、同化。至12世纪，修道院编年史家们，例如同时受到诺曼和撒克逊双重影响的马姆斯伯里的威廉，已经可以着手重述和重写盎格鲁-撒克逊历史了。

政教冲突

威廉时代的英格兰教会与1066年时截然不同，这既与罗马教皇有关，也与诺曼人密不可分。兰弗朗克的继任者、坎特伯雷下一任大主教安瑟伦于1098—1099年出席了意大利的宗教会议，时任教皇的乌尔班二世（Urban Ⅱ）对英国的平信徒授衣礼[1]及国王要求任命的神职人员效忠于他表示谴责。乌尔班延续的是前任教皇格雷戈里七世的政策，该政策在格雷戈里时期已经将整个欧洲搅得混乱不堪，而如今如果安瑟伦个人想要为教皇效忠的话，那该政策则可能威胁到英格兰国王的地位。问题的根源并不在于是否要废除英格兰的相关习俗，而在于教会与国家的关系。正如我们所知，在诺曼征服前的英格兰，国王被描绘成一个像基督一样的人物，他是人民的"好牧人"。而在格雷戈里的世界观里，根本不存在这种神权政治观念，而且恰恰相反，他认为国王与强盗相差无

---

[1] lay investiture，指普通信徒（通常是世俗君主）以世俗权威任命主教及修道院院长。

几，只有接受教会的要求和保护，才有希望得到救赎。因此，教会自身必须得到净化，改革者们决心采取措施杜绝买卖圣职，不再允许牧师结婚。关于规范道德行为方面的改革，国王们可能会采取支持的态度，但是对于废除平信徒授衣礼、要求神职人员不再为国王效忠、放任教皇拥有越来越多的权力统治基督教世界等削弱王权的改革措施，国王们可不会愿意实行。

整个中世纪时期，这种教会与国王之间的冲突不时爆发，解决办法只有一个：妥协。正是通过妥协，1106年安瑟伦和国王解决了平信徒授衣礼和神职人员效忠国王的问题；也正是通过妥协，亨利二世与他所选的坎特伯雷大主教托马斯·贝克特（Thomas Becket）因如何控制英国教会寻求教廷庇护及如何处置犯罪教士等问题爆发激烈冲突后，英国教会仍能重获和平。1170年，贝克特在坎特伯雷大教堂被杀害，贝克特之死时刻提醒着教、俗两方固执己见将会带来怎样的后果。此次冲突还表明，在类似情形下，各当局者的心境着实复杂难测。伦敦主教等人觉得贝克特"太傻"；教皇则因罗马教会长期分裂而自顾不暇，需要得到亨利二世的支持，贝克特对他的拥护实则令教皇尴尬不已。而亨利一方，他的盟友们虽然知道自己这一方更加"得势"，但是他们并不确定其对于权利的主张是否有力。各方的冲突值得我们仔细探究，正是这种相互角力才使得教皇、国王和英国教会三者之间的传说精彩纷呈。约翰王统治时期恰好也体现了这一点：教皇提名斯蒂芬·兰顿（Stephen Langton）为坎特伯雷大主教，却遭到约翰王拒绝，导致教皇对英格兰实施了"禁教令"，严格限制英国教会的一切合法活动，还使约翰王险些遭到废黜。同时，贵族反叛并逼迫约翰王签订《大宪章》，面对如此艰难的处境，约翰王不得不向教会妥协，将英格兰变为了教皇英诺森三世的属地。而最终为约翰王接受、成了大主教的兰顿，由于支持贵族们反叛，被教皇停职。

1215年，约翰王签订了《大宪章》，其统治时期在英国历史上具有里程碑式的意义。而在教会史中，1215年也意义非凡。在这一年，英诺森三世举行了第四次拉特兰公会议（the Forth Lateran council），此次会议前所未有地关注了世俗人民对教会生活的需求。根据此次会议，在所有人文科学中，心灵关怀是最为重要的，其重要性甚至高于神学及逻辑学研究。因此教会必须采取措施，确保所有牧师在被培养的过程中，除了学习如何正确地举行宗教仪式，还学习教牧关怀知识，学习如何向人们布道、如何倾听忏悔之言、如何恰当地安排忏悔活动。自此之后，进行忏悔、参加圣餐礼成了所有基督徒（不论男女）都要履行的义务。这些规定是巴黎大学的知识分子们经过多年审议之后才提出的，影响非常深远。通过英格兰索尔兹伯里教区，我们可以得知上述规定的落实情况，但首先，还应从宏观的角度了解座堂城市[1]索尔兹伯里的作用及发展。

索尔兹伯里：大教堂的形成

1075年，伦敦会议决定此后将主教座设立在城镇而非乡村，这也是兰弗朗克大主教改革的一项内容。于是舍伯恩（Sherborne）和拉姆斯伯里的主教座被搬迁至索尔兹伯里周围的老萨勒姆（Old Sarum），那里新建了诺曼城堡和精美的罗马式大教堂。教堂竣工后，在时任主教奥斯曼德（Osmund，1078—1099年在任）的引领下，法政牧师们（canons）任职于教堂。这些最早的牧师所遵循的规则尚不明确，至12世纪中叶，法政牧师们已形成了牧师会（chapter），并在英国大教堂供职，而坎特伯雷、温彻斯特、伍斯特等主教堂则一直由修道士供职。索尔兹伯里最早的牧师以学识渊博、治学严谨著称。他们抄写了当时尚未存于英国的书本，并建立起一个图书馆，使索尔兹伯里得以同欧洲大陆最前沿的《圣经》释经学派一样知名。索尔兹伯里并不是象牙塔，最近人们发现当时参与誊写书籍的牧师中有三四位也参与了《末日审判书》的编纂。此

---

[1] cathedral city，座堂即主教座堂（cathedral），是指设有主教座位的教堂，为教区主教的正式驻地，汉语中也常译为"大教堂"。

外，1103年到1139年的三十六年里，索尔兹伯里主教罗吉尔（Roger）效忠于亨利一世，主管财政，并在亨利一世离开英国、前往诺曼底时担任大宰相。

虽然罗吉尔不计成本，一直不断修缮大教堂，但12世纪时，人们对于教堂的不满日益加剧：据说，大教堂嘈杂吵闹、难遮风雨，而且水资源短缺。造成不满的更重要的一点原因，也许是温彻斯特和韦尔斯（Wells）新建了气势恢宏的大教堂，人们迫切希望拥有一个能与之相媲美的新教堂。至13世纪20年代，国王和教皇都同意并支持修建一个新的索尔兹伯里大教堂，举国上下开始为之募集资金。新教堂选址距老萨勒姆2英里远，于1220年奠基，1266年竣工，教堂外观一直保持至今（塔楼及塔尖于14世纪添加完工），但内部则与如今大不相同。13世纪的大教堂色彩斑斓，教堂中置有唱诗班席隔屏，上面绘有国王及天使，用于分隔唱诗班席与教堂中殿。隔屏后有15个圣坛，每天每个圣坛处都有人传唱弥撒。教堂东部有一耳堂，用于进行礼拜仪式，同时根据1215年拉特兰公会议上颁布的圣餐变体说教义，在此放置了主祭台，并将圣餐饼和葡萄酒置于圣餐盒内。新教堂的中殿规模宏大，其长度达到老萨勒姆教堂中殿的两倍。理论上讲中殿为信徒所设，但由于索尔兹伯里大教堂并不承担教区教堂的任何职能，所以实际上其中殿同时为信徒和神职人员所用，在特殊场合用以举行庄严的节日庆典。

大教堂可能不会每天都为索尔兹伯里的信徒提供服务，但由于教堂内安葬了可能成为圣人的人，对信徒而言，教堂仍非常重要。大教堂自老萨勒姆搬迁时，牧师们将前任主教们的遗体一同迁往了新址，其中最受尊敬的是创始人奥斯蒙德，他的遗体极有可能置于主祭台后方中央拱顶之下。看起来似乎人们希望奥斯蒙德能很快被封为圣人，变为三一圣堂中供奉的神明。奥斯蒙德的陵墓至今仍可供观瞻，上覆有一石制神龛，可供朝圣者伸手触摸。奥斯蒙德直至1457年才被封为圣人（因而他成了直到20世纪最后一位被封圣的教徒）。但对索尔兹伯里当地居民而言，早在奥斯蒙德被正式封圣之前，向他祈祷就非常灵验了。据说，奥斯蒙德与索尔兹伯里大教堂的主保圣人玛利亚共同救治了很多人。例如1410年前后，一个在拉弗斯托克（Laverstock）观看比赛的孩子，被铁环击中头部，人们向上帝、玛利亚及奥斯蒙德祈祷后，这个孩子恢复了意识。又如1421年，索尔兹伯里一位市民的女儿被铁棍刺穿，人们向奥斯蒙德祈祷、朝拜，拯救了这个女孩的生命。当然，如奥斯蒙德这样的知名圣人为当地人提供救助并不意味着大家就不能朝拜其他更著名的圣人。近期在埃文河（River Avon）及米尔溪（Millstream）的河床中发现了朝圣者带回的徽章（也许是作为感恩节献祭礼被扔进河里的），证明了人们曾离开索尔兹伯里、前往国内外其他教堂朝圣，例如前往坎特伯雷朝拜圣托马斯·贝克特（St Thomas Becket），以及前往西班牙孔波斯特拉朝拜耶稣门徒大雅各。朝圣者们的目的各不相同，有人为了忏悔，有人为了祷告，还有人为了能让奇迹发生。虽然为病人或残障人士寻求疗法的朝圣之路充满苦痛，但朝圣也同样带来了狂欢的气氛。索尔兹伯里的河床上，除了朝圣徽章还发现了小铃铛和哨子，以致批评者谴责道："他们（朝圣者）又唱又叫，从坎特伯雷带回的铃铛响个不停，到处充斥着铃铛声和犬吠声，比国王驾到时的号角声和音乐声还要吵闹。"（威廉·索普[1]，1407年）

1217—1228年索尔兹伯里主教理查德·普尔[2]与托马斯·乔布翰[3]

索尔兹伯里大教堂开始重建时，时任主教为理查德·普尔。理查德是兰顿大主教的朋友，在巴黎时甚至可能是其学生。他们二人都参加了第四次拉特兰公会议，并极力推行会议上提出的改革措施。此前教皇的多年禁令致使英国许多教会服务及仪式或被叫停或遭到简化，上述改革

---

[1] William Thorpe.

[2] Richard Poore.

[3] Thomas Chobham.

措施即旨在让英国教会获得一个崭新的开端。改革过程中，理查德做出的贡献最为突出：1220年理查德组织制定了教区条例，为教会会议立法设立了新标准；他通过给学校校长们授予圣职以鼓励学校为男孩们提供免费教育；建立了索尔兹伯里第一家医院；还邀请了方济各会的修道士来到索尔兹伯里。理查德将大教堂的礼拜仪式编纂成册，使《塞勒姆礼》[1]成为整个英格兰教会仪式所遵从的典范。此外，由于此时的牧师们在聆听忏悔和引导苦修方面需要承担的义务愈加严苛，主持牧师托马斯·乔布翰还编写了一本手册，涵盖了教区牧师可能需要了解的方方面面内容。

　　理查德和托马斯等13世纪改革者的目的并不仅仅在于纠正不当之处，还在于教育，不论是理查德的教区条例还是托马斯编纂的手册都能体现出这一点。例如他们二人都非常关心孕妇福祉是否得到保障、婴儿是否能够得到妥当照料等问题。依据理查德的法规，妇女应悉心喂养婴儿，而且"不要让婴儿在无人照看的情况下，独自靠近水边"。托马斯则写道，"牧师应告诫怀孕的妇女……在受孕后不要继续从事繁重工作，医生说（即便是）轻度工作也会导致流产"。这并不意味着神学被忽略了，反而说明神学具有教育和实际意义，少了一分神秘色彩。托马斯探讨了牧师应掌握的必要知识，以及如何用这些知识抚慰心灵，他写道，"牧师必须了解四项基本道德准则，即审慎、正义、节欲和坚韧，只有如此牧师才能教导忏悔者如何以审慎的态度区分善恶，如何伸张正义、坚韧不拔地惩恶扬善，以及如何克己节欲、避免沉湎酒色"。此前，各罪行均有相对的、固定的忏悔方式，但这种模式现已成为过去时，如今需要询问忏悔者犯下罪行的原因再决定其悔过方式。以醉酒为例，托马斯解释道："牧师应当询问忏悔者是否醉酒，为何醉酒，是因为忏悔者并不知晓酒的威力，还是因为客人的缘故而醉酒，抑或是因为他太渴了而饮酒过量。"

---

[1] the Use of Sarum，Sarum为英国索尔兹伯里教区的古罗马名，该文件记录了索尔兹伯里大教堂在进行宗教仪式时所使用的礼仪、文字及音乐。

修道院复兴

13世纪修道院改革中最著名的推动者是那些新来的托钵僧（mendicant 或friar），他们成功地赢得了人心，这令其他修士十分恼火。在讲述托钵僧们的故事之前，我们需要先了解一下12世纪对英国及欧洲大陆产生了深远影响的修道院复兴。

据《末日审判书》描述，诺曼人于1066年到达英格兰，当时记载在案的修道院共有45座，其中8座为修女院。诺曼征服后的前几十年内，人们并没有急于建立更多修道院，只在英格兰北部采取了一系列措施重振修道生活，10世纪时的修道院改革尚未对英格兰北部产生影响。诺曼征服后英格兰北部政局一直动荡不安，1069年威廉对英格兰北部进行了残酷掠夺。正是在此次战役之后，威廉麾下一位骑士雷因弗里德（Reinfrid）放弃了世俗生活，追求精神涤荡。雷因弗里德后来成了伊夫舍姆的一名修道士，并发现了比德的《英吉利教会史》。他同几位志同道合的修道士一起，决心依据比德的描述恢复"黄金时代"的风貌，于是又回到了英格兰北部，并受到了杜伦主教、后来的诺森布里亚的厄尔瓦尔彻（Walcher）的欢迎。雷因弗里德一行人得以定居于比德曾经待过的贾罗修道院。自9世纪维京人入侵英格兰以来，贾罗修道院已废弃多年，"为了主，雷因弗里德一行人离开了各自生活富足的修道院，来到了物质匮乏的贾罗修道院，过上了饥寒交迫的生活"（杜伦的西蒙[1]）。

从政治层面看，雷因弗里德的改革举措对威廉一世及瓦尔彻而言均有所裨益。从修道院层面看，则能够发现一个有趣的现象：促使雷因弗里德及其同伴进行改革的动力恰恰与改变了欧洲12世纪精神面貌的修道院改革运动精神颇为相似。整个11世纪期间，大量隐士（主要但不仅限于法国和意大利北部的隐士）一直致力于寻求崭新的修道生活，他们希望修道院能

---

[1] Symeon of Durham.

恢复教会早期简单质朴、无欲无求的状态。欧洲大陆的改革者们以沙漠教父（Desert Fathers）、圣本尼狄克及圣奥古斯丁为榜样，而雷因弗里德以比德为标杆。他们从本质上来说，恰恰不谋而合。

在11世纪前后的所有改革者中，10世纪90年代聚集在勃艮第西多（Cîteaux）附近的修道士们产生的影响最为重大，西多则成了后来西多会的发源地。虽然人们通常将西多会的成就归功于1113年新入会、后来的明谷修道院院长伯尔纳铎（Bernard, abbot of Clairvaux），但英国人史蒂芬·哈丁（Stephen Harding）的贡献也不容忽视。史蒂芬于1109年到1134年间担任西多修道院院长，西多会早期的成文宣言《爱德宪章》（*Charter of Love*）几乎可以确定就是他撰写的。但在推动西多会在英国的发展方面，仍是伯尔纳铎发挥了最重要的作用，特别是1131—1132年，伯尔纳铎从明谷修道院派遣了一队修士前往英格兰建立了第三所隐修院，其位置位于约克郡的里沃兹（Rievaulx），这也是英格兰北部第一所西多会隐修院。

自此之后，西多会在英格兰北部取得了巨大成功。在不到20年的时间里，西多会又建立了8所修道院。西多会之所以能够实现如此快速的扩张，是因为英格兰北部人口稀少且战事不断、屡遭破坏，如同《圣经》中所描述的"旷野荒凉之地"（《申命记》32：10），这些与世隔绝的地方数量颇多，深受西多会早期修士们的偏爱。但讽刺的是，这些地方也让修士们得以成为约克郡丘陵地区最富有的牧羊人。现代批评家们毫不迟疑地指出了这一点，他们嘲讽道，西多会修士们贪得无厌，他们的生活方式丝毫没有体现出苦行主义，此外如果没有人烟稀少的地方，他们便会"夷平村庄、摧毁教堂、驱逐教民"（瓦尔特·梅普[1]），以快速创造出符合自己心意的环境。但是单单具备瓦尔特所描述的开拓技能并不能使西多会实现如此快速的扩张，我们还须综合考虑12世纪整个英格

---

[1] Walter Map.

兰的修道院发展历程。

毫无疑问，12世纪时，英格兰的修道院数量大幅增加：男子修道院新增250所，修女院新增逾100所。这背后存在多种特殊原因，例如此前对北方修道院欠缺重视（如今亦是如此）、修女院短缺、第二代诺曼移民希望建立起修道院等。此外还有一个原因便是人们对于救赎的需求日益增长。一方面，12世纪时，上帝不像此前那样令人心生畏惧：除了谴责和惩罚，上帝也展现出了慈悲和宽容的一面。另一方面，"人性化"的上帝从某种意义上说要求也更高：他希望人们不是因畏惧而是出于友谊前来敬拜他；他希望每个基督徒都能有所响应，而不只是由他人代为祷告赎罪。10世纪时，修道院起到的作用主要就是为民众祷告，修士们的职责便是救助那些他们代为祷告的人。虽然自12世纪起，这仍然是修道院生活的重要组成部分，但此外也发展出了一个全新的理念——修士们呼吁人们向基督学习，了解、敬爱并模仿像上帝一样的人。人们纷纷响应了这个号召，例如里沃兹修道院院长艾尔雷德（1147—1167年在任）便因此决定放弃官职，加入西多会。艾尔雷德后来在思考自己的天职时表示希望能够"分担基督的苦难"，他十分重视在修道院中结下的情谊，认为这是"了解上帝、获得上帝垂爱的基石"。艾尔雷德的这些想法恰好体现出了12世纪宗教思想的新潮流。

托钵僧的到来

西多会一大典型特征是其各修会废除了所有教区工作。虽然在这一点上各修会遵从的教义有所不同，但总体而言，承担教区工作只是13世纪托钵修会的专属特征。托钵修会由方济各会和多明我会共同创立，虽然这两个修会的创始人圣方济各（St Francis，1181—1226）与圣多明我（St Dominic，1171—1221）的性格及目标截然不同，但分别以他们的名字命名的两个修会所承担的使命却颇有共同之处。两位创始人仍在世时，方济各会和多明我会都一直以弘扬1215年拉特兰公会议指令为己任。多明我会修士于1221年首次到达英格兰，受到了兰顿大主教的热烈欢迎。1224年，方济各会修士也相继到达英格兰。此时，相较而言，多明我会修士在学术上造诣更深，他们早期将全部心血用于在牛津建立修道院，直至今天，牛津都还是一座举世闻名的大学城。与多明我会不同，方济各会成员则分散在英格兰各地，至1230年，已经在13个城镇建立了据点，上文提到的索尔兹伯里就是其中之一。

在各个时期的小说作品中，对于托钵僧的描写都并不积极。从舍伍德森林（Sherwood Forest）的塔克修士[1]（Friar Tuck）到乔叟笔下的约翰修士，托钵僧们最好的形象也不过是有点儿可笑的贪吃鬼，而最负面的则是贪得无厌、操控虔诚信徒的无良之人。无论现实生活中"真正的"修道士个人品质究竟如何，可以确信的是，世俗神职人员对他们充满了敌意。这可能是因为修道士在民众中具有较高的号召力，致使世俗神职人员心生嫉妒。作为职业传教士，托钵僧们需要也的确完善了布道的技术，他们能够抓住大批听众的注意力，不论男女。讲述奇闻逸事是托钵僧们取得成功的关键所在，由于在讲述这些故事时所开的玩笑常常对当地牧师不利，所以会引起他们的不满情绪也就不奇怪了。以多明我会布道合集中的一个13世纪末期的故事为例，这个故事讲述了一位富农临死之前几乎已经说不出话来了，但还是被其教区牧师所烦扰。牧师告诉富农和妻子说，一会儿在问问题时，如果想表达"是"的话，"啊"一声就可以；如果想表达"否"，就不发出声音。然后他便开始了提问：

> "你去世以后愿意把灵魂交给上帝，将遗体葬于母教堂吗？"农民"啊"了一声。牧师接着问道："你是否愿意向

[1] 塔克修士是怪盗罗宾汉传说中的一个人物，居住在舍伍德森林附近。

埋葬遗体的教堂捐赠20先令呢？"农民没有回答，一直保持沉默。牧师立刻粗暴地拉扯了他的耳朵，于是农民喊了一声"啊！"。牧师说道："他说了'啊'，记下来他愿意捐赠。"随后牧师开始盘算怎么才能为自己捞到农民的小金库（用于存放钱财和珍宝的箱子），于是便对他说："我有几本书，但是没有箱子存放它们了，那边那个箱子刚好适合，你愿意把那个箱子给我用来放书吗？"农民一声不吭，牧师便用力拧他的耳朵。事后据在场的人描述，当时农民的耳朵流血了。虚弱的农民当着他们的面对牧师大声喊道："你这个牧师太贪得无厌了！我宁死也不会让你得到钱匣子里的一分钱！"说完他便咽气了。于是农民的妻子和亲戚们得以分得他的遗产。

罗拉德派的出现

如前文所述，托钵僧们煽动起了一种反对教会干预的情绪，但他们也经常因此遭受嘲弄。虽然不应将这种反对情绪与异端邪说混为一谈，但这二者确实也密不可分。在欧洲大陆，异教突起常常与宗教改革有关，尤其是当改革者提出的目标未能像所有人都满意的那样实现时，便会出现异教。但英国的情况与之不同，一直到14世纪末期英国才出现了异教徒，罗拉德派首次出现，令从未面临过如此挑战的权力当局大为惊慌失措。至1401年，由于形势所迫，相关法律得以通过，所以此后英国学习了欧洲大陆的做法，对于冥顽不灵的异教徒以及那些曾公开悔过但又故态复萌的异教徒，一律处以火刑。同年，诺福克郡的一位罗拉德派牧师，威廉·索特里（William Sawtry）在伦敦的史密斯菲尔德被施以火刑。

如果没有约翰·威克利夫（1130—1184）的话，可能在中世纪晚期英格兰便会出现异教徒：他们批评朝圣、反对崇拜圣人，但并没有人特别在意。但如果没有威克利夫，可能罗拉德派也不会出现了，因为正是威克利夫的教义掀起了这场著名且危险的罗拉德派运动。威克利夫是牛津大学的一位学者，早年他在牛津大学墨顿学院和贝利奥尔学院获得了学士及硕士学位，并担任坎特伯雷学院（Canterbury Hall）的学监。虽然威克利夫后来声名狼藉，但他早期的这些经历并未对他的名声产生任何不利影响。1371年后，威克利夫开始为"黑太子"爱德华及冈特的约翰效力，正是从那时起他进入了大众的视野，开启了新的职业生涯。作为政府的发言人，威克利夫表达的一些观点起初深受欢迎，但由于他反对化体说，认为该论说从哲学角度来看站不住脚，加之人们怀疑他与1381年爆发的农民起义或多或少有所关联（无论该怀疑是否成立），于是威克利夫被迫退出了公众舞台，变为拉特沃斯（Lutterworth）的教区长（rectory）。在那儿，他的热情毫不减弱，依然坚定地捍卫着自己更加激进的立场。

威克利夫最初在1371年提出的论点主要是为了帮助爱德华三世将教皇的财富转移至王室，从而助力于英格兰的对法战争，威克利夫认为应最大限度地减少对教堂的资助资金。他修正了政教关系理论框架，认为教皇代表了基督的人性，而国王则代表了基督的神性，因此应该是国王改革教会，而不是教会掌控国王。威克利夫并未仅仅满足于颠覆传统的政教关系，他的研究更加深入。在关于君主制或"国王统治"的教义中，威克利夫宣称，只有贤德的人才能行使权力，否则权力无效；因此，真正的教皇不一定是具有头衔的人，而是世间最为正直的人。这番论说引起了多纳徒派（Donatism）——一个长期遭到教会谴责的异教的质疑，其成员称威克利夫的论说说明圣礼的有效性取决于司仪神父是否道德高尚。威克利夫本人否认了这种说法，他认为圣礼源于上帝，而非任何其他"被诅咒的人"。但是显然威克利夫的追随者们与他不同，他们在威克利夫的基础上更进一步，声称"罪孽深重"的牧师无权举行圣礼，而且还表示所有品德高尚的信徒，不论男女，实际上都是牧师。根据对1428—1431年诺维奇异教徒审判案件的调查，哈维斯亚·莫内（Hawisia Mone）称："只要品德高尚，每个人不论男女都可以成为牧师，他们同教皇和主教一样，都受到了上帝的垂怜。"

哈维斯亚·莫内的观点曲解了威克利夫的论说，但威克利夫也大大削弱了牧师的地位。他否定了化体论，称这是1215年拉特兰公会议才提出的，而且也否定了这次会议上提出的每个人都需要忏悔的要求，这无疑削弱了牧师的权力。威克利夫对教会等级制度造成的更大威胁源于他所主张的宿命论。威克利夫对宿命论坚信不疑，所以他认为虽然教会的确是选民的主体，但无法保证其中某个牧师、主教或教皇就是属于这个群体的，他们也有可能属于该下地狱的那群人。

在威克利夫和罗拉德派，以及英格兰宗教改革的影响下，英国教会变得非常激进，其程度前所未有。面对迫害，从威克利夫到16世纪的新教徒一直都体现出了韧性，虽然这种韧性有多强尚存争议，但毫无疑问他们对教会提出异议的传统得以一直流传。此外，对于异教徒们的审判还清楚地表明，中世纪晚期英格兰对于宗教问题的争辩并不仅仅局限于某类话题，其覆盖范围广，涉及了社会各阶层、不同背景的男女老少。威克利夫的支持者中，既有他在牛津的门徒，其将威克利夫的观点传播到了校园之外；有"黑太子"的遗孀，在其荫庇下威克利夫最终得以免遭辱没（例如驱逐出境）；有以冈特的约翰和肯特的琼安（Joan of Kent）为首的朝廷大臣；还有所谓的"乡间派"人士，例如隐士莱斯特的威廉·史温德比（William Swinderby of Leicester）、北安普顿市长约翰·福克斯（John Fox），他们帮助建立了当地地方团体。

罗拉德神学的核心在于坚持《圣经》（拉丁语为sola scriptura）价值至高无上，认为所有基督教徒都有权利阅读并读懂《圣经》。罗拉德派为此呕心沥血将《福音书》，有时甚至是整本《圣经》翻译为白话文，并在全国各地通过布道广泛传播。坎特伯雷大主教托马斯·阿伦德尔意识到阅读、背诵及讨论这些文本将会产生巨大影响，于是于1409年颁布法律，严格控制白话文学的产生。虽然阿伦德尔认为这项举措至关重要，但自1215年拉特兰公会议以来，教会一直致力于推动信徒使用白话文，显然阿伦德尔的举措与当时英格兰教会的政策相违背。讽刺的是，当时能用英语诵读《主祷文》《信经》《圣母经》[1]的人会被怀疑为异教徒。虽然这听起来有点儿极端，但这种前后矛盾的现象在当时的英格兰教会屡见不鲜，例如约克大主教索尔斯比的约翰（John of Thoresby）所著的《平信徒要理本》（*Lay Folk's Catechism*）风靡一时，但在15世纪被改编为白话文时却被当成了改写自罗拉德派文章的异教作品。

当然15世纪的英格兰教会史要比单纯的异教徒斗争复杂、有趣得多。接下来要讲述的内容还要从一个人——玛格芮·坎普（Margery Kempe）的生平说起。玛格芮被怀疑信仰罗拉德派，但她本人最推崇的观点却恰恰是罗拉德派所反对的理念。

玛格芮·坎普

我们对玛格芮·坎普具有比较全面的了解，主要是因为她通过自传《玛格芮·坎普传记》（*The Book of Margery Kempe*）描述了自己的一生。这本书被誉为第一本用英语完成的自传，实际上是由牧师代为书写的。尽管如此，它也不失为一部优秀的传记。传记的手稿发现于1934年，其夸张的风格与20世纪的主流文风格格不入，以至于在当时人们的印象里，玛格芮是个歇斯底里的神经质的人。直到近十年左右，人们才给玛格芮"正名"。

玛格芮于1373年前后出生于林恩（诺福克郡）的一个显贵家庭，父亲曾五次当选为林恩市长。约1393年，玛格芮与自由民约翰·坎普

---

[1] 向圣母玛利亚祷告的经文。

（John Kempe）结为夫妇，育有14个孩子，但也正是在这段婚姻中，玛格芮看到了天堂和地狱，屡屡感到自己不够高尚。玛格芮渴望最终能够"抛下俗世，尽忠于上帝"，她发誓要保持贞洁，还想前往耶路撒冷朝圣，但遭到了丈夫的强烈反对。直到1413年夏天，玛格芮夫妇才就如何在婚姻关系中保持对主的虔诚商讨出一致意见。当时他们正从约克返乡，玛格芮逐渐明确了自己的心愿，在到家之前，玛格芮与丈夫达成了共识：约翰希望与玛格芮同床共枕，但他们并不会发生关系；玛格芮可以前往耶路撒冷，但在此之前她应首先帮助约翰偿清债务；从此以后玛格芮应戒掉周五斋戒的习惯，与约翰一同进餐。

对玛格芮而言，新生活中并不缺乏榜样。欧洲大陆女性追求神秘主义和禁欲主义的经历及启示长期以来一直吸引着人们的关注并为人所尊重，这些女性享有的良好声誉使玛格芮得到了启发，并帮助她确认自己所坚持的目标是正确的。玛格芮在自传中经常提到这些榜样，例如瑞典的布里奇特（Bridget of Sweden，1303—1373），她像玛格芮一样已经结婚，是一位公认的圣人，她曾前往罗马、圣地亚哥和耶路撒冷朝圣；又如瓦尼的玛丽（Mary of Oignies，卒于1213年），她是佛兰德斯一位著名的贞女，她同玛格芮都拥有"恩赐的眼泪"，所以她们一想到耶稣受难便会"心痛不已，哭个不停"[1]。玛格芮在英国遇到了同时代著名的神秘主义者诺维奇的朱利安（Julian of Norwich），并深受其鼓舞。她还在自传中回忆了牧师曾为她诵读英格兰14世纪神秘主义者理查德·罗尔（Richard Rolle）和瓦尔特·希尔顿（Walter Hilton）的著作。

虽然玛格芮想要将自己的一生记录成册，并在自传中列出了书单，透露出一股"学究气"，但书籍并未给出理解玛格芮精神生活的关键所在。

---

[1] 玛丽作为一个圣人的特别之处是她的哭泣。玛丽经常难以克服在情感上的悲伤，在雅克·德维特里的文章中描述了她会长期和剧烈地流泪。特别是在思想基督的苦难，并感受到被钉在十字架上的基督所承受的痛苦时，她会哭泣得比平常更加激动。另外，她也会为了城市里居民的罪恶而啜泣。她在圣周的敬拜快要结束，并想起上帝时，便会持续流泪几天，这显示出她对基督的爱和她与基督的关系。

如同上帝向她说的那样：

> 我时常告诉你，你不论是出声祈祷还是用心思考，无论是自己读书还是让别人念给你听，我都会很高兴。但是女儿，我想对你说，你相信我，思考于你而言是最好的，也会最大程度地增加你对我的爱；如果在尘世间你的心灵与我亲近，那么在天堂里你的灵魂便也会与我亲近。

　　自12世纪以来，基督徒的确一直被鼓励要"用心思考"，为自己重现基督一生的景象，并用想象与场景中的人物互通情感。例如西多会修士艾尔雷德让他的修女妹妹自圣母领报[1]（Annunciation）起直至耶稣下十字架（Deposition）都一直陪伴在圣母玛利亚身旁，分享她的喜悦，分担她的烦扰和悲伤。这样的建议最初只是针对诸如艾尔雷德妹妹等修女和修士，至15世纪则扩大到了所有虔诚的信徒。1410年，在抵制罗拉德派的运动中，大主教阿伦德尔授权发行了《耶稣基督的有福人生之镜》（中古英语为 *The Mirror of the Blessed Lyfe of Jesu Crist*，现代英语为 *The Mirror of the Blessed Life of Jesus Christ*）。这是一本供"拥有简单灵魂的普通人"阅读的专著，旨在帮助他们"通过想象耶稣的苦痛经历从而感同身受"，从人性方面理解耶稣是如何自受割礼的那一刻起便开始忍受苦难了[2]。在此背景下，我们需要了解"亲近"及"用心思考"对玛格芮意味着什么，她的宗教生活又是如何由当时的精神需求塑造而成。

　　玛格芮的自传开篇描述了第一个孩子出生后，她精神崩溃，直到耶稣出现才恢复正常。书中写道，耶稣"是个男人模样……身穿紫色丝绸披风，坐在了我的床边"。后来玛格芮决心要用更加神圣的方式生活，她看见自己成了圣安妮（St Anne）的仆人，并受托照顾还是婴儿的

---

[1] 指天使加百列向圣母玛利亚告知她将受圣神降孕而诞下圣子耶稣。
[2] 受割礼时，耶稣的妈妈"看到小小的婴儿哭泣……便亲吻他，对他说话，安慰他"。

玛利亚。效忠于圣安妮在中世纪晚期的英格兰相对少见。圣安妮的庆祝节日于1382年正式设立，用以颂扬女性美德。据传说，圣安妮曾结过三次婚，所以她有可能是《福音书》中三位玛利亚的母亲。在侍奉完圣安妮以后，玛格芮的精神层次得到进一步提升并发誓要保持贞洁，然后便如上文所说，从约克回来时，她与丈夫约翰达成了一致。这件事发生在1413年仲夏夜前夕，说明这对夫妻前往约克是为了参加基督圣体圣血节（Feast of Corpus Christi）。基督圣体圣血节于1318年传入英格兰，由原来耶稣圣体和耶稣宝血两个瞻礼合并而成。节日庆典中，除了举行游行将圣体高高举起，还会进行戏剧表演，其中以约克组诗（York cycle）最为著名，其戏剧生动、直观地体现出了耶稣的一生，给玛格芮带来了深刻的影响。

后来玛格芮又看到了耶稣被钉在十字架上的场景，她描述了约克组诗中的细节，例如耶稣的肌肉萎缩、十字架掉入了榫眼。在这些细节的基础上，玛格芮还添加了自己后来在耶路撒冷的一些见闻，描述了亚利马太的约瑟（Joseph of Arimathea）是如何将耶稣的身体从十字架上取下并置于大理石之上的，并讲到她在耶路撒冷时曾亲眼看到了这块石头。

玛格芮只要一想到基督受难和复活就忍不住放声痛哭，以致听到哭声的人都以为她疯了。虽然玛格芮哭得有些"不同寻常"，但引得她落泪的原因却再也"稀松平常"不过了：可能是教堂里的十字架或《圣母怜子》（Pieta）的画像，可能是复活节仪式，亦可能是诺维奇大教堂中描绘了耶稣被钉在十字架上的祭坛画像。那些指控玛格芮是罗拉德派异教徒从而让她不再发声的人显然走错了方向，玛格芮富有想象力地重构了《圣经》中未描写的场景，其态度之虔诚恰好令罗拉德派深恶痛绝。此外，阿伦德尔大主教本人也认为玛格芮的信仰非常正统。出于喜爱，阿伦德尔还赋予了玛格芮一个特权，使她有权选择自己的忏悔牧师，这可是罗拉德派根本不愿获取的权利。虽然玛格芮一生敌人众多，但她也从不缺少朋友，其中既有位高者，也有当地的普通男女。在后者看来，玛格芮获得了上帝的指引，是可以向其吐露内心深处的恐惧和期冀的对象，是自己生病时陪伴在床畔的上好人选，因为她的祈祷一定能够被上帝听到。

改革前夜

玛格芮·坎普于1440年去世，九十年后发生了英格兰宗教改革。这九十年间，英格兰教会有了新的发展，其中最重要、最有趣的一个变化是人们对耶稣受难的兴趣与日俱增，并展开了深入思考。例如耶稣被钉在十字架上时遭受了五处刺伤[1]引起了人们新一轮的追崇，大量相关画作产生，生动地描绘了耶稣复活的场景：他从墓中起来时，身上的伤口依然新鲜。得益于印刷术的出现，人们不断将这类画作印制在女性及普通信徒阅读的启蒙书籍或时祷书（Books of Hours）中。甚至此前无法印刷时，画作也通过木版画的形式广泛流传，人们可以在朝圣圣地或四处售卖赦罪符的牧师那里购得。能够在画前正确说出祷词的人将获得赦罪符，据说可以得到32 755年之久的宽恕，免受炼狱之苦。这个数字令人震惊，但其背后的含义更值得我们深思。人们关注圣伤淌出的"血流"不仅强化了耶稣"真实临在"圣餐礼（the Real Presence of the Eucharist）的理念，还体现出圣伤的救赎作用和社会意义。15世纪戏剧家韦克菲尔德大师（Wakefield Master）的一出剧目中，基督在审判日对聚集的众人说：

> 如你们所见，我浑身是伤
> 是因为我代你们受过

---

[1] Five Wounds of Jesus.

> 伤痕遍布我的心，我的头，我的手脚和肋部
>
> 是因为我代你们受过，而非我自己罪孽深重
>
> 看看我的后背，我的身侧，我的全身
>
> 看看我为兄弟姐妹们付出了什么
>
> 我忍受苦痛
>
> 我受伤流血，只为了你们幸福
>
> 我承受了如此之多
>
> 你们呢，你们为我做了什么？

　　基督身上每一处伤口都能够对某种罪孽起到救赎作用，由于肋部贴近基督的心，那里的伤口具有独特的救赎能力。诺维奇的朱利安在上帝第十次显现时，看到的伤口便位于肋部。她写道，这一处伤口就像是"充满公平、令人愉悦的地方，足以让所有得到救赎的人类在爱与和平中安息"。这种圣痕在穷人身上也能看到。基督最终出现在所有人面前时，伤口再次流血，然后正如《马太福音》第25章描述的那样，在最后的审判中，那些对穷人毫无怜悯之心的人将一无所得。

　　但是，尽管知道有基督保佑，即便能够得到赎罪券，人们还是惧怕死亡，畏惧灵魂被审视的时刻，担心通往天堂的路上会遇到恶魔，被他的诡计所骗，在最后时刻灵魂被撒旦抓走。只有极少数圣人才有机会直接升入天堂；只要能够不下地狱，无论炼狱中的惩罚有多么痛苦，都是可以忍受的，而且尚在人世的亲朋好友还能提供些许帮助。15世纪时，只要经济条件允许，人们仍继续向礼拜堂捐赠财物，在那儿每天都会有一两位牧师为人们及其已故亲人的灵魂做弥撒。但这种捐赠往往价值不菲，所以中世纪晚期出现了人人都能负担得起的赎罪券，也算是教会的一项成就了。虽然总有黑心商人利用赎罪券牟利，但赎罪券背后所蕴含的将生者与逝者联结以帮助逝者升入天堂的理念，对中世纪基督教而言至关重要，其基本原理可以从弥撒中寻得踪影。

　　15世纪富有的信徒，如玛格丽特·博福特[1]（Margaret Beaufort）、约克公爵夫人塞西莉[2]（Cicely duchess of York）等贵族，集中在他们的私人礼拜堂做祈祷，每天他们能够听到为自己或为逝者而做的弥撒，数量多达四五场。对于广大普通人民而言，除非碰巧周中遇到了节日，否则只有周日才能做弥撒。但仅从每周一次的弥撒，我们也得以窥见中世纪晚期的信仰、价值观及人们关注的重点问题，这将是本章的结尾内容。

　　以多塞特郡温伯恩大教堂（Wimborne Minster）的弥撒为例，该教堂属于索尔兹伯里教区，玛格丽特·博福特的父母便葬在那里。其历史悠久，建立时间可追溯至英格兰皈依基督教时期。长期以来，温伯恩大教堂一直是温伯恩集镇的教区教堂。据记载，1545年温伯恩有1700位领圣餐者，其中每周日平均有多少人前来做弥撒暂无记录，也并无史料说明除复活节外他们是否参加了圣餐礼。对普通信徒而言，参加圣餐礼极不寻常，这是只有少数人才能享受的特权，而星期天的弥撒则是大量普通信徒均可以参加的。周日的弥撒仪式以进堂式开始，游行队伍向圣坛和会众洒新鲜的圣水；随后圣水将被分发给各家各户，以帮助抵御恶魔。接下来是忏悔礼和经文诵读，然后是祈祷。人们用英语进行祈祷，祈祷分为两部分。第一部分是为生者祈祷：为教皇、国王等世俗的达官显贵祈祷，也为牧师、市长等祈祷；为囚犯、朝圣者、孕妇等有特殊需求的人祈祷；最后为本周提供了圣餐的家庭祈祷。第二部分是为死者祈祷，特别是为最近去世的教区居民或捐赠者祈祷。然后人们唱念感恩经，这时教堂的钟声响起，会众双膝跪地，庄重敬拜圣杯及神父。牧师亲吻圣像牌，上面通常饰有神圣绘画，然后将其传递给在场的所有人以供亲吻，这象征着慈善，希望会众也能具备这种品质。最后会众分享圣餐面包，这是周日可以食用的第一样食物，非同寻常。如果在离开人世时，找不到牧师安排临终圣餐，那么也可用一小块面包代替。

---

[1] 亨利七世的母亲。

[2] 爱德华四世的女儿。

当然，周日弥撒所要体现和促进的和平、虔诚、一派和谐的理想氛围常常也会被参与者破坏。例如：牧师可能会喝醉；教区居民"吵吵闹闹"可能会引起骚乱，甚至他们也有可能会因为争抢圣像板而大打出手；负责制作圣餐面包的人可能没做；等等。但是与亨利八世引发的革命相比，这些都不算什么。15世纪的温伯恩教区非常活跃，教会资助了一家当地医院，并定期向穷人捐款。用于上述活动的资金部分源自租金收入，部分源自兜售啤酒、举办蛋糕比赛和集市等活动。如果要举办特殊活动，当然还需要通过其他形式筹集资金。例如1448年，温伯恩教区居民决定新建一座教堂塔楼——当时这可以算是一种忏悔方式，也是一件功绩，所以在15世纪风靡一时。为了修建塔楼，教区居民呼吁当地乡绅捐赠财物。汉普雷斯顿庄园（manor of Hampreston）的领主捐出了200车石头；格伦斯顿庄园（manor of Clenstone）的领主捐了什么不甚清楚，但教会委员的账目显示，有两个蛋糕和价值7便士的马尔姆西葡萄酒，说明他应该出手很大方。15世纪末，玛格丽特·博福特想要为父母的灵魂寻得一个礼拜堂，还想在温伯恩建立一所学校一直"免费教授语法"到世界末日，温伯恩因此获得了大量捐赠。相关商讨始于1497年，直至1511年才结束，那时玛格丽特已经去世了，但是由于她的遗愿清晰地表明这项工程对她而言十分重要，所以遗嘱执行人未曾耽搁项目进程。根据1511年的捐赠章程，学校将由一位牧师负责管理，同时这位牧师还应每天在教堂祭坛前为玛格丽特、她的儿子、她的父母及其他所有亲属做弥撒，此外每天还应参加大教堂的弥撒，为上帝、圣母玛利亚以及温伯恩的主保圣人圣卡斯伯格（St Cuthburga）唱诵经文。

圣卡斯伯格备受人们敬重，8月31日是她的节日，每年的这一天，温伯恩教堂的公墓都会举办一场集会；教堂会被打扫得干干净净，圣卡斯伯格的雕像饰有珠宝，人们前来奉上供品，或是放在她的脚下，或是放在她的头上，也有可能是放在她的衣物里。据1488年到1489年教会账目记载，人们用精纺毛纱为圣卡斯伯格制作了新的衣衫。1530年，这件衣衫"上"

共有137枚戒指。1538年，这一年，教会被下令拆除雕像，圣卡斯伯格又多了一个新的传奇故事。人们遵从指令拆除了雕像，教区居民可以保留雕像头上的银子。九年后，一项议会法案彻底解散了所有礼拜堂，玛格丽特·博福特兴建的温伯恩礼拜堂就此不复存在。

毫无疑问，宗教改革即将给中世纪的英格兰教会带来血雨腥风。

第七章

视觉艺术

NICOLA COLDSTREAM

Most shining of crosses encompassed with light.

Brightly that beacon was gilded with gold;

Jewels adorned it, fair at the foot,

Five on the shoulder-beam blazing in splendour.

I gazed on the Rood arrayed in glory,

Fairly shining and graced with gold,

The Cross of the Saviour beset with gems.

以上诗句出自8世纪梦诗《十字架之梦》，能够反映出中世纪美学的特点。那时还没有艺术评论家，书面评论往往都遵从同一个模式。艺术品通过其外观彰显主人的身份，人们对于艺术品的赞誉或是由于其做工精湛，或是由于其价值连城。但《十字架之梦》的作者所突出的闪耀光芒没有落入窠臼：诗人用黄金灿灿、珠宝闪耀，描述上帝出现时的景象，将其比喻为真理的光辉,如同20世纪初格洛斯特铜镀金烛台闪烁的光芒一样。在中世纪的艺术品中,金属制品因其闪亮的外表及其本身具有的内在价值,地位最为崇高。石制品、象牙制品及画作等其他材质或形式的艺术作品,也都制作得尽可能贴近于金属制品。例如《林迪斯法恩福音书》中交织着刺绣和动物装饰,再如林肯大教堂中殿棱角分明的装饰线条都是特意根据同时期金属制品的图案和特征设计的。

中世纪艺术并非仅与宗教相关,世俗关怀也渗透到教堂艺术当中。现存中世纪艺术品中,宗教文物的数量要远远超过世俗文物的数量,但亨利五世的弟弟贝德福德公爵约翰(John, duke of Bedford)的遗嘱及物品清单里也列有世俗书籍、珠宝、纺织品及金属牌,只不过现在都遗失了而已。邓斯特布尔天鹅珠宝(Dunstable Swan Jewel)便展现出世俗艺术品的品质和丰富性。由于教堂能够起到救赎人们的作用,所以教徒及世俗信徒在赞助艺术创作时首先想到的便是教堂。教堂的建筑设计及视觉艺术创作既要满足敬拜神明的需求,也要兼顾艺术展示的需要。它们既能给人带来感官上的愉悦,同时也要起到引导人们思想的作用。尤其在中世纪晚期,艺术作品促使观众冥思耶稣受难时的恐惧感及经历的痛苦。但是英国教堂的现代建筑很少能体现出宗教改革之前教堂艺术品的外观形象,因为在宗教改革中,亨利八世掠取了教堂中的贵重金属,清教徒打碎了玻璃和人物雕塑。此前只要人们想要捐赠建造一个礼拜堂,那么他们便可以在任意角落选址建造。礼拜堂里陈列着数量众多的棺木和圣坛,圣坛上绘制或雕刻了装饰物,上方悬挂着纺织品,摆放了雕像和烛台,这些景象着实难以想象。最初的教堂色彩丰富,教堂内的壁画、吊饰、地板马赛克和瓷砖,以及后来的玻璃彩窗和色彩对比鲜明的石头,都给教堂增添了光彩。普通的石制品涂上了颜料,石雕和木雕也有彩绘并进行了镀金。

中世纪的基督教艺术并不以人为中心,而是以上帝为中心,关注重点是耶稣受难的十字架。《十字架之梦》刻在了位于加洛韦(Galloway)的8世纪所制的鲁斯韦尔十字碑上;诗中描述的应该是同时期由盎格鲁-撒克逊工匠打造的镀铜鲁佩图斯十字架（Rupertus cross）。每个教堂会众面前都有一个十字架，上面刻有被钉在十字架上的耶稣，十字架两边则是圣母玛利亚和圣约翰的雕像。类似的大小不一的图案在壁画、雕塑、彩绘玻璃、泥金装饰手抄本、小幅画作、宗教服饰、礼拜堂陈设品中均有出现。艺术家们试图化无形为有形，虽然历史上曾有某些时期展现出了自然主义特征，如14世纪起，英格兰艺术家对展现现实空间表现出了一定兴趣，但总的来说，整个中世纪的一千年中，艺术展现的大多还是非自然主义。其中流行的图案和装饰并不完全抽象，主要是将鱼、鸟等动物及植物进行一定抽象化，但人们仍能辨认出原本的形状。人们还通过符号、手势、标志、图像等表达不同的含义。8世纪的弗朗克斯盒出现了复杂的道德对比，比较了韦兰·史密斯一生犯下的罪孽与耶稣一生承受的苦痛。格洛斯特烛台上的人物正在战斗，代表着善与恶、光明与黑暗之间的斗争。所有艺术品都体现出一个共同点——《旧约》中的事件预示着《新约》中发生的种种。艺术存在的意义之一便是讲述基督教故事，但由于关于神的教诲太深入人心，加上圣像破坏运动（Byzantine iconoclastic movement）在西方产生了一定影响，看到宗教图像时，教士常常表达出一种不安的情绪。中世纪艺术作品以叙事体艺术为主，盎格鲁–撒克逊晚期出现的叙事体艺术，在中世纪的英格兰蓬勃发展。英格兰艺术家擅长讲述故事，他们或是直接展现出故事中的苦难使作品具有感染力，或是运用讽刺的手法展现出极强的幽默感。

与当代艺术家不同，中世纪艺术家主要是接受委托进行创作，其创作内容及形式都有一定界限。有证据表明，诺曼征服之前，手工艺者往往精通多门技艺，教士擅长抄写书籍和制造金属制品；但自11世纪末期起，绝大多数工匠都只擅长一门手艺，对其他手艺最多只是粗略知晓一二。中世纪艺术品创作常需要多人合作，例如：建筑工程需要工匠、玻璃匠、画师等人通力合作才能完成；手稿创作过程中需要有人生产羊皮纸和墨水，还需要有人负责抄写、装订和装饰书稿。人们将各种图案收集成册以供创作使用，或将现有作品复制到便携物品上以便于远距离传送。当时并不存在版权概念，人们也并不重视独创性。虽然历史上有名的艺术家数量不少，而且他们每个人的作品都家喻户晓，但本章并不会介绍这些艺术家，因为如果只关注个人，将令我们一叶障目，看不清楚中世纪艺术史的真正本质。

英国艺术品中，最能体现技艺和创造性的当数金属制品、彩绘手抄本、板画及刺绣，其中"英伦刺绣"（opus anglicanum）享誉整个欧洲。现存板画极少，从威斯敏斯特教堂13世纪的圣坛装饰板画和14世纪的《威尔顿双联画》（Wilton Diptych）来看，类似作品质量都非同一般。英国艺术家一直走在技艺前沿，13世纪中叶便开始运用上釉技术。诺曼征服后，建筑艺术及建筑装饰的发展进入了全盛时期。仅存的几件中世纪木雕表明木质雕塑作品大多精美绝伦，但13世纪之前的石制雕塑作品并不突出。从风格上讲，中世纪英国艺术品风格较为平和寡淡，人物形象柔和婉约，除了盎格鲁–撒克逊和罗马式作品，大部分作品中的人物都是静态的。艺术创作的主要资助人是国王、贵族和级别较高的神职人员。他们最为富有，也最应当热衷于通过价格高昂的艺术品体现教会和自己的地位。但自13世纪起，商人、骑士、乡绅、教区牧师等阶层出于利己和利他的考虑，为实现自我救赎也开始对艺术创作进行资助。那些负担不起修建教堂或礼拜堂费用的人，可以只资助制作一块彩绘玻璃或一幅画作；如果雕刻的陵墓过于昂贵的话，可以选择更便宜的铜碑。中世纪教堂建筑体现的恰好便是使用者的需求。

很难说资助人对艺术风格发展带来了怎样的影响。1174年，坎特伯雷的修道士们听从泥瓦匠的建议而选择设计方案；而1291年约克大教堂的设计却受到了资助人的影响，由于资助人曾定居巴黎，教堂设计中融入了法国元素。几乎可以肯定的是，艺术主题由出资人确定，但其他部分则同时受到出资人与工匠两方面的影响。工匠对艺术创作具有浓厚的兴趣，同资助人一样广泛旅行，在英格兰艺术作品中时不时能够发现欧洲大陆的痕迹，有些影响更为宏观，有些则着眼于细微之处，这都可以说明工匠在艺术创作中同样发挥了作用。随着礼拜仪式的发展，人们品位及表达虔诚方式的转变，15世纪中叶的教堂建筑与公元600年时已经大为不同。

盎格鲁-撒克逊早期至9世纪

从597年起，基督教传教士通过书籍将拉丁文化慢慢传入了盎格鲁-撒克逊时期的英格兰。拉丁文化并未完全取代日耳曼-凯尔特人的传统，6世纪末7世纪初的盎格鲁-撒克逊艺术特征仍保持了数年之久。通过古墓出土的贵族珠宝及礼服饰物，我们可以了解当时的艺术风格特征。日耳曼-凯尔特艺术风格被称为"风格一"（Style I），其镏金动物和几何图案铜器采用了浮雕技术进行制作，表面棱角分明，与古典时代晚期基督教徒从欧洲大陆传入英格兰的艺术品形成了鲜明的对比。例如源自意大利的泥金装饰手抄本《圣奥古斯丁福音书》，几乎可以肯定是随着传教士传入英格兰的，其中就出现了人物形象和叙事场景：福音传道者身着亚古典服饰，坐在罗马拱门下，两侧画有福音书中的场景。但是传教士的主要目标对象，即当地贵族，仍保留着日耳曼-凯尔特传统，如今称为"风格二"（Style II），该风格中常用到拜占庭黄金。人们将黄金拉丝，制成辫子和链条，或做成动物，或交错穿插打结。十字架、鱼等基督教象征很快便出现在风格二的金属制品设计中。例如克伦代尔带扣（Crundale Buckle）的中心图案是一条大鱼，饰有串珠线绳，两侧金线打结呈风格二中典型的蛇身形象；带扣接口处采用掐丝珐琅技法，配有石榴石、金色颗粒及线绳。类似的样式和技法在7世纪初的珠宝上已经出现，东盎格利亚的萨顿胡船葬中的随葬品尤为豪华，其中有来自地中海东岸的物品，如阿纳斯塔修斯银盘（Anastasius silver dish）。虽然盎格鲁-撒克逊人并不反对将欧洲大陆的艺术品奉为经典，并且十分珍视这些艺术品，但工匠并未模仿欧洲艺术风格，也未将其融入自己的设计中。

罗马文化的传播力度通过教堂建筑及教会书籍得以加大，首先从建筑中便可以清楚地看到罗马文化的影子。盎格鲁-撒克逊人使用木材建造房屋，样式较为简单，大厅为矩形，极有可能是沿用了罗马不列颠时期的传统。木质结构在整个中世纪及其后仍一直应用于家庭建筑及某些盎格鲁-撒克逊教堂中，这些教堂通常与非宗教建筑群相关联，例如在诺森伯兰郡的叶弗林（Yeavering）及威塞克斯的不列颠罕（Bremilham）都是如此。而如比德所说，由于石头暗含"罗马"的意思，所以基督教建筑总体而言大多为石制。在坎特伯雷、里卡尔弗（Reculver）、布拉德韦尔（Bradwell）等南方地区，仍继续沿用了尚存的罗马式建筑，将其改造成规模适中的矩形教堂，并设有圣坛、供神职人员使用的后殿，以及葬礼所用的耳堂（拉丁语为porticus）等。自7世纪中叶起，威尔弗里德主教和本尼狄克·比斯科普在英格兰北部引入了罗马式建筑，赫克瑟姆及里彭（Ripon）的地下室便是例证。诺森布里亚教堂装饰华丽、色彩丰富，大部分装饰采用了诺曼风格，其中芒克威尔茅斯-贾罗修道院的地面采用了Opus signinum[1]铺设，西侧门廊（公元700年）的栏杆柱采用车削加工，仿照了罗马柱子的样式。在这些地点发现的彩绘玻璃碎片及墙壁石膏碎片说明罗马文化经由法国传到了英国。

贾罗修道院玻璃中的图案装饰可以追溯至7世纪末期。具象艺术通过教会书籍从意大利传到了肯特和诺森布里亚。公元700年，芒克威尔茅斯-贾罗修道院出现了类似的教会书籍，其中《阿米提奴抄本》[2]便有一幅插图体现出了古典时代晚期的特征，此抄本后来由修道院院长切奥尔弗里德

---

[1] 古罗马的一种建筑材料，现代意大利语为cocciopesto，由碎瓦片等烧制的黏土材料碎片组成，混以石灰砂浆使用。

[2] Codex Amiatinus，是完整保存下来的最早的拉丁文《圣经》手抄本。芒克威尔茅斯-贾罗修道院院长切奥尔弗里德委托修道院缮写室完成三部大型《圣经》抄本，其中只有范本保存了下来，后来被称为《阿米提奴抄本》。

（Ceolfrid）于716年传入了意大利。但诺森布里亚的视觉艺术主要还是与早期的爱尔兰教会艺术相近，7世纪末8世纪初时，不论在诺森布里亚还是爱尔兰，都是以海岛艺术风格为主。海岛艺术传承于日耳曼-凯尔特传统，以缠绕的曲线、回纹装饰、风格化的动物图形为特征，多见于手抄本及金属制品中。海岛艺术对麦西亚，尤其是其北部艺术发展意义重大，同时也给欧洲大陆带来了一定影响，许多罗马式艺术作品的装饰图案中都能够看到海岛艺术的影子。从公元700年前后制作的福音书手抄本中可以看出，诺森布里亚的工匠们那时才开始接受欧洲大陆的古典主义艺术形式。福音书封皮以珠宝装饰，内页华丽，色彩丰富，字体精美。这种手抄本的形式及大部分内容源于地中海艺术，例如福音传播者的肖像画、意大利礼拜仪式的用途及文字记录，以及便于人们搜索翻阅福音书的拱形目录等。但是《林迪斯法恩福音书》中的传教士肖像画风格简单、扁平化，与地中海风格并不一致；其装饰图案呈现出的是海岛艺术风格，其地毯页[1]（carpet page）华美繁复，福音书文本中优美的字体及精心设计的首字母，均体现出了该书的神圣性。

8世纪初期的《圣查德福音书》（*Gospels of St Chad*）中的肖像插图表明此时稍显僵硬、刻板的具象艺术风格在英格兰已经愈加流行。同时期的《达勒姆福音书》（*Durham Gospels*）等手抄本中出现了叙事页面，有关记录表明，此时教堂中也出现了叙事性画作。8世纪时，叙事性视觉艺术蓬勃发展，现存的几件稀有作品技艺精湛，可以想见当时还有很多水平高超的艺术作品已经遗失了。弗朗克斯盒上的图形同时体现出罗马、犹太、日耳曼及基督教传统。725年左右在坎特伯雷制作的手抄本《维斯帕先赞美诗》（*Vespasian Psalter*），记录了最早的图案式首字母，即每节开头的字母都设计成了一个小图案或包含了一个小场景，将叙事性与海岛艺术相结合，使文字与装饰物融为一体。

---

[1] 每部福音书前的彩页，整页全是抽象的几何装饰图案，没有文字，如同伊斯兰教的祈祷地毯，因此被称为"地毯页"。

《维斯帕先赞美诗》中还有一幅整页插图体现了拜占庭风格，该插图以古典风格描绘了大卫王和他的乐人奏乐的场景。此时叙事风格与地中海风格虽尚未完全融合，但联系已愈加紧密：插图中的拱门上饰有凯尔特式小号图案，文字部分的设计则体现出海岛风格。诺森布里亚的古典人物造型可参见鲁斯韦尔十字碑和比尤卡斯尔十字碑（Bewcastle Cross），碑上图案交织缠绕，还伴有古代北欧的如尼文字。在约克郡及边界地区的装饰面板和门框上刻有葡萄藤蔓、飞禽走兽，交相辉映。

《维斯帕先赞美诗》是8世纪坎特伯雷制作的豪华手抄本之一。此时麦西亚及其北部的南森布里亚（Southumbria）国力强大，艺术蓬勃发展。从坎特伯雷、利奇菲尔德和伍斯特等主要教会中心传来了各种教会书籍，如《圣经》、福音书、赞美诗、弥撒书、小型祈祷书等，还有描述圣徒生活的书籍及比德《英吉利教会史》的手抄本。英格兰与加洛林王朝之间的往来使盎格鲁-撒克逊工匠及学者得以前往欧洲大陆，塔斯洛圣杯（Tassilo chalice）可能就是出自一位这样的艺术家。他们又从欧洲大陆带回了新的艺术品范本，此时人们越发重视艺术品的深远价值。英格兰人从拜占庭华美的书稿中得到灵感，在刻写文字时用金、银等贵重金属进行装饰，在坎特伯雷撰写的《维斯帕先赞美诗》及《斯德哥尔摩金典》（Stockholm Codex Aureus）都体现出了这一特征。8世纪末期，不仅手抄本具有拜占庭风格和华丽的装饰，建筑物和独立式雕塑也体现出同样的风格特征。例如：威尔特郡科德福德圣彼得（Codford St Peter）的一块十字碑上，人物像手中握有一丛茂密的灌木植株；约公元800年威尔特郡布里特福德教堂（Britford church）的拱门上饰有交错的植物，浅浮雕部分刻有藤蔓卷轴形装饰；莱斯特郡山丘上的布利登教堂（church of Breedon-on-the-Hill）的雕刻中，藤蔓卷曲，其内饰有优美的鸟儿，还有一块面板上刻有天使。

自8世纪中叶起，英格兰的建筑仿照加洛林风格，布局更加正式，空间分配更加清晰。北安普顿郡的布里克斯沃思教堂如早期建筑一样，中殿两侧连有门廊（拉丁语为porticus[1]），通过砖砌拱门与中殿相连接。中殿东侧为唱诗班席（choir）和半圆形后殿（apse），后殿下还建有地下圣堂（crypte）。以格洛斯特郡9世纪初期的赛伦塞斯特教堂为例，该教堂中殿纵向有九个拱顶湾，其后殿下方及东侧均建有地下圣堂。德比郡雷普顿教堂（Repton）的地下圣堂内有四个装饰精美的立柱，这四个立柱属于加洛林风格，极有可能是8世纪时才建于地下圣堂里的。格洛斯特的圣奥斯瓦尔德教堂（St Oswald）的地下圣堂位于西侧后殿下方，体现了另一个加洛林风格的特点。后殿和地下圣堂都有特定的仪式功能，直到12世纪后期，教堂建筑一直都在探索如何明确区分各个空间的使用功能。

盎格鲁-撒克逊末期至11世纪中叶

由于阿尔弗雷德及其继任者与罗马和法兰克宫廷一直保持联系，自9世纪末期至诺曼征服时期，英国艺术受加洛林风格以及后来的奥托艺术影响最深。维京人给英国带来的主要是政治影响，即便是11世纪维京统治时期，其艺术影响也不及政治影响。盎格鲁-撒克逊时期图案交错的特点还未消失，但934年埃塞尔斯坦在达勒姆进献给圣卡斯伯特神龛的法衣绣有加洛林风格的标志——厚实的叶形装饰。一同呈交的还有一本比德著作《卡斯伯特生平》的复本，开启了早期英格兰艺术资助人向教会进献书籍的风尚，并一直流行至中世纪末期。埃塞尔沃尔德、邓斯坦等人开创了手抄本中的温彻斯特流派，其特点为页面边框厚重，并进行镀金，色彩浓郁，大量运用叶形装饰，并且叶形装饰成了常用的固定图案。其绘画风格自信从容、干净利落，人物风格图示化、具有动感，而且受加洛林风格影

---

[1] porticus指位于教堂主体部分南北两侧的小房间，使教堂南北方向得到延伸，形成十字架的形状。该设计源于罗马时代晚期，一直延续至8世纪。

响，人物衣饰中常配有飘逸的褶皱布料[1]（drapery）。

自10世纪末期起，盎格鲁-撒克逊发展出一种独特的绘画风格，图案由彩色线条进行勾勒，人物图像并不受边框所限，有的甚至直接画于文本之间［请参阅《舍伯恩主教祷告书》（*Sherborne Pontifical*）］。11世纪初至12世纪末期，坎特伯雷大教堂临摹9世纪初加洛林王朝的作品《乌得勒支诗篇》（*Utrecht Psalter*）时制作了三个副本，其中之一为《哈利赞美诗》（*Harley Psalter*），该作品最淋漓尽致地体现出了当时盎格鲁-撒克逊绘画艺术的特点。在罗马式艺术风格的影响下，上述绘画技巧及前文提及的叶形图案得到了强化，也为英国中世纪手抄本的发展奠定了基础。这个时期还有一些艺术创新影响深远：例如《诗篇一》（*Psalm I*）中的首字母B[2]，上面绘有叶形装饰和张着嘴咬人的猫形面具；又如现存于大英博物馆中世纪馆的11世纪中叶作品《提比略赞美诗》（*Tiberius Psalter*），其在序文中用一系列微缩图画展现了基督的一生。

除了手抄本，我们还可以通过教堂了解盎格鲁-撒克逊晚期的艺术特征。从教堂建筑中饰有的壁画、彩绘玻璃、地砖、纺织品挂饰，以及金属和象牙制品装饰物，我们都能窥见一二。汉普郡的布雷默（Breamore）和拉姆西如今依然存有盎格鲁-撒克逊时期呈十字形的纪念碑。威尔特郡埃文河畔布拉德福德（Bradford-on-Avon）的天使雕塑、汉普郡下诺瓦洛普教堂（Nether Wallop church）的彩绘天使，以及《舍伯恩主教祷告书》都表明这个时期各种艺术形式彼此紧密相连。

修道院建筑也能反映出教堂的变革。此时的教堂仍有门廊，且常配有廊台，但受加洛林风格影响，教堂建筑规模更大，结构更加清晰。中央塔楼位于唱诗班席上方，样式可参见多佛的卡斯特罗圣玛丽教堂（St Mary-in-Castro），这种布局一直保持至中世纪末期。温彻斯特教区奥尔特敏斯

---

[1] 即披肩，通常是将一块宽大的衣料披挂、缠裹在身上，类似佛教中的袈裟。

[2] 《诗篇一》的开篇写道"Beatus vir"，意为"这人变为有福……"，其句首字母B设计华美，被称为"首字母B"。

特教堂（Old Minster）的西侧耳堂为圣斯威斯顿（St Swithun）的神殿。还有汉伯河畔巴顿（Barton-on-Humber）等教堂，虽然空间布局不甚清晰，但其建筑上的装饰反映出加洛林王朝复兴古典主义晚期艺术风格给盎格鲁-撒克逊英格兰带来的影响。

从视觉艺术上也能发现维京人入侵英格兰的痕迹。圣保罗大教堂的墓地浮雕上便刻有维京"猛兽"，这是维京人用于装饰的唯一图案。源自丹麦的灵厄里克风格（Ringerike style）多用曲线，乌尔内斯风格（Urnes style）则善用蛇形图案，这与英格兰人偏爱交错线条的风格相契合，圣保罗大教堂金属底座上的装饰图案便能体现出这几种艺术风格的完美融合。但总体而言，英国对丹麦的影响更胜一筹。1042年后，英国艺术则为诺曼底风格所影响。诺曼征服之前，忏悔者爱德华的威斯敏斯特大教堂就已经完全是诺曼风格建筑，与瑞米耶日修道院[1]相似，这就说明了接下来英国艺术将发生什么转变。

盎格鲁-诺曼时期

中世纪初期，欧洲各地区的艺术各有不同。尽管海岛艺术已渗透到欧洲大陆，加洛林艺术也给英国带来影响，但总体而言，诺曼征服之前，欧洲各岛都有自己独特的艺术风格。但自11世纪末期起，欧洲艺术风格开始融合，例如出现了英国罗马式、盎格鲁-诺曼式风格，而作为地方艺术风格的哥特式也在整个罗马天主教界受到广泛认可。其他此前已经存在的艺术风格并未消失，乌尔内斯风格直到12世纪还出现在雕塑作品中，而独特的温彻斯特风格则从未消失。但是那些次要的、未成为主流风格的艺术特征，那些短暂出现过几次的图画的确消失了。罗马艺术风格稳定，能体

---

[1] 位于法国诺曼底地区。

现出阶层等级，其装饰图案较集中，多种造型整合后形成了惯用的风格体系。12世纪20年代温彻斯特海德修道院（Hyde Abbey）的回廊石柱柱头（capital）上刻有狮鹫身人面形象，还有配有圆形珠饰的叶形图案，这些雕塑纹路清晰、结构有条理，体现了典型的罗马式艺术风格。

越来越多的证据表明该时期艺术风格集中化。如今得以流传下来的盎格鲁-诺曼艺术品数量众多，一方面是因为该风格的艺术作品创作数量多，另一方面也是由于诺曼人销毁了盎格鲁-撒克逊时期所有重要的建筑物和艺术作品。文献记录稀少，所以必须精心对待，这些记录一致体现出：虽然艺术作品仍集中于修道院，但可以确定的是从该时期起，大部分工匠已经变为了世俗手工艺人。同时世俗信徒也成为资助人，开始为艺术创作出资，使得已有及新建的宗教团体得以大规模进行建筑装饰及建造。以西多会为例，西多会建立初始朴素低调，但西多会12世纪中叶的建筑，如里沃兹修道院（Rievaulx Abbey）、喷泉修道院（Fountains Abbey）等，则完全相反，极尽富丽堂皇。此时高级神职人员依然继续在修道院和世俗教堂推动艺术革新、引领艺术潮流，例如温彻斯特主教布鲁瓦（Blois）最先使用了图尔奈（Tournai）和波贝克大理石（Purbeck Stone）进行对比装饰。

流传至今的盎格鲁-诺曼艺术作品数量较多，因此我们得以对各地区的风格特征及艺术品材质有更加清晰的了解。耶稣受难像、主教权杖把手、圣物箱面板等宗教物品常用金属和象牙制成，碗、梳子、腰带搭扣等家常物品也会用到这两种材质。铁用于制作精美的铰链及门环，用以抵御恶魔。书籍大多为修道院或礼拜仪式所用。教堂日常使用的书装饰较为简单，但《圣经》依然延续了盎格鲁-撒克逊风格，即在每篇诗篇前都有图画描绘《圣经》中的场景；12世纪，伯里圣埃德蒙斯、坎特伯雷和温彻斯特还制作了一系列篇幅巨大的《圣经》插图以供人们在餐厅阅读使用。

受到诺曼风格影响最大的是建筑设计，来自洛林塔吉亚（Lotharingia）的主教们还将佛兰德斯及莱茵兰地区的艺术风格引入了英格兰。不论是教堂还是城堡，新式建筑的规模比罗马时代以来英格兰任何时期的建筑规模都大，给人带来强烈的视觉冲击，同时也体现出华贵高雅的气派。诺曼式建筑结构清晰、协调，其主要墙体所用的碎石被方石（经过加工的石块）取代，这对测量设计及石材切割技术提出了极高的要求。由于许多盎格鲁-撒克逊教堂被迅速拆除，新式建筑得以流行。在坎特伯雷、格拉斯顿伯里等重要教会中心，原本相连的建筑群被单座大教堂取代，这些大教堂一般具有整体平面图和清晰的立面图。而在韦尔斯、温彻斯特等地，新教堂建在了盎格鲁-撒克逊式旧教堂旁边，但后来这些旧教堂也被夷为平地了。以坎特伯雷、圣奥尔本斯和伊利等地的基督教大教堂为例，唱诗班席后方为半圆形后殿，这种结构在诺曼征服之前的威斯敏斯特教堂已经出现；而在圣奥古斯丁修道院、中西部地区（如格洛斯特等）及温彻斯特，则是另一种设计，唱诗班席后侧除半圆形后殿外，还有半圆回廊（ambulatory）和突出的小礼拜堂。盎格鲁-诺曼教堂中殿极长，最长的中殿具有多达14个拱顶湾，使得教堂看起来矮而宽；但在十字交叉处，有时在西面或教堂东侧建有塔楼，以从外侧加强视觉效果。从内部看，教堂高三层，效果如同罗马的高架引水渠。高大厚重的墙壁上开有高窗，两侧侧廊上方建有廊台，壁轴高耸，与教堂同高直至拱顶湾处，拱顶湾之间区别分明。拱顶是整个盎格鲁-诺曼地区建筑的一大鲜明特色，是哥特式拱顶设计发展初期的重要元素。此时的拱顶分为桶形拱顶（barrel vault）和肋状拱顶（rib vault），其中盎格鲁-诺曼式肋状拱顶起源于达勒姆，并在诺曼底的莱瑟（Lessay）和卡昂发展壮大。达勒姆大教堂从头至尾都使用了拱顶，林肯大教堂可能也是同样的情况，但这个时期的教堂中殿通常都采用木质屋顶，拱顶多为几个世纪后才添加的（如格洛斯特教堂）。

卡昂和坎特伯雷的教堂设计奠定了盎格鲁-诺曼式建筑设计的发展基础。这两座教堂的设计中，垂直方向的各个部分都紧密相连，拱门分为多个层级，每个层级都有相对应的柱头和柱墩。柱头为立方体，或是采用诺曼式涡卷形装饰，或是采用罗马式柱头。虽然盎格鲁-诺曼式风格特点清晰，但长期以来各地之间总有差异。例如在东盎格利亚的诺维奇、彼得伯勒和伊利，拱门并不总是有小柱（coionnette）支撑的；而在中西部等地，则采用巨大的柱墩支撑上方的建筑结构。在这些建筑元素之外，人们又对表面装饰产生了兴趣，其中大部分采用建筑装饰或几何装饰。例如至12世纪中叶，出现了壁上拱廊，拱廊由交错的拱门组成，拱周饰有错齿雕饰，并采用凿雕刻有"之"字形或V形图案；教堂拱顶及门窗同样采用V形图案或兽头图案进行装饰。

诺曼征服后的几年，盎格鲁-撒克逊风格的人物、动物形象及装饰图案仍然对各类型艺术具有较强影响，其中一部分原因是诺曼人本身此前就已经受到了盎格鲁-撒克逊艺术的熏陶。坎特伯雷手抄本中的首字母B就能够说明11世纪末期艺术集合了多种风格：纯色背景、图案类型及图案在字母中的摆放位置体现的都是诺曼风格，但是字母的形状和图腾则属于盎格鲁-撒克逊风格。从《巴约挂毯》可以看出，至11世纪中叶，这两种风格都受到了罗马式风格的影响，人物形象偏古板，图示化图案更多，艺术作品中运用了更多纺织物元素。罗马式风格最先出现于手抄本及金属制品，而非雕塑作品中，例如格洛斯特烛台上饰有大量战斗中的人物和怪兽，同时伴有卷曲的叶形装饰，而后者也成了英格兰-诺曼艺术的独特特征。上述人物形象、卷曲的植物图形以及带状铭文都可以从海岛艺术的交错图案和维京"猛兽"中找到源头。烛台上的人物形象沿烛台方向排列，其中一些为中心人物。

英勇的战斗、寓言和史诗是宗教及世俗艺术中备受人们青睐的主题，且彼此之间的区分并不总是很明确。例如《巴约挂毯》描绘了黑斯廷斯战役，很可能是用于教堂装饰；温彻斯特市博物馆中的西格蒙德浮雕（Sigmund relief）雕刻的是沃尔松格传说（Volsunga Saga）；威廉·鲁弗斯（William Rufus）修建的威斯敏斯特大厅（Westminster Hall）中立柱的柱头刻有寓言故事。虽然流传至今的世俗艺术品数量极少，导致我们无法得知其涵盖的范围，但从盎格鲁-诺曼教堂艺术来看，当时英格兰艺术品的内容与整个欧洲的主流一致，主要包括《圣经》故事、圣徒生平、寓言与神话，以及基督等神灵显现的故事。建筑雕塑及教堂雕塑的装饰物中常体现出上述主题，其中柱头、门廊、圣水盆、屏风等12世纪起迅猛发展的雕饰也反映出了其他艺术作品的主题和风格。

格洛斯特烛台上的图形及结构融合了多种艺术风格，这在雕塑、手抄本等其他形式的视觉艺术中也是普遍现象。就建筑雕塑而言，雕饰根据其在建筑物上的位置进行雕刻，浮雕永远不会超出墙面。伍斯特和赫尔福德郡基尔贝克（Kilpeck）门框上的人物形象会被拉长；而立柱柱头上的人物形象则较短。门楣上方的半圆形龛楣[1]雕饰中，人物形象占据的空间更大，可参见格洛斯特郡莫顿·瓦伦斯（Moreton Valence）教堂中圣乔治与群龙的雕饰效果。纽约修道院博物馆（Cloisters）中的象牙十字架等艺术作品上，环绕其中心圆形刻有人物造型，尺寸较小；而在手抄本中，人物图案则是位于卷曲的植物枝干上，或是将肘部倚靠在微缩画像的边框上。

12世纪，法国、意大利、德国和拜占庭风格对英国艺术的影响接踵而至。其中有些影响比较明显，例如巴黎附近圣德尼修道院（Saint-Denis Abbey）中的装饰图案出现在了林肯大教堂西面亚历山大主教安置的雕塑中；但是有些影响则更为笼统，例如在手抄本及金属制品中能够发现拜占庭风格的影子，但并没有那么具体。12世纪中叶的英国艺术中，艺术作品中的人物手臂和腿上常附有衣褶，衣褶成为普遍存在的标志性图案，该特点与修建了伯里圣埃德蒙斯修道院（Bury St Edmunds Abbey）铜制大门、制作了《贝里圣经》（Bury Bible）手抄本的世俗艺术家马斯特·雨果（Master Hugo）密不可分。从该时期一系列制作精良的书籍中可以看出，平实、图示化的图形逐渐变得更加抽象：《兰贝斯圣经》（Lambeth Bible）中人物形象扁平，衣饰图案与蜘蛛网相似；《温彻斯特赞美诗》（*Winchester Psalter*）及后来的《约克赞美诗》（*York Psalter*）中，人物

---

[1] tympanum，一种建筑元素，位于门楣或窗楣的上方，起到装饰和协调建筑物立面比例的作用；常用于欧洲各时期教堂的入口上方，一般呈三角形或半椭圆形。

线条更加硬朗。叶形装饰基于拜占庭式图案或伸展或卷曲，形成了固定的模式。

自12世纪起，英国绘画最显著的特征之一就是色彩范围广、层次多。例如《圣奥尔本斯赞美诗》（*St Albans Psalter*）及《贝里圣经》手抄本中的插画就运用了丰富、微妙的色彩，不仅有红色、蓝色和绿色，还运用了灰色、紫色、橙色等，用白色加以衬托突出，以黑色描绘轮廓。《兰贝斯圣经》运用了粉色、浅蓝色等。《约克赞美诗》中，底色镀金或采用其他纯色背景，其中还出现了从天青石中提取出的深蓝色。天花板、彩绘玻璃、墙壁同样色彩丰富，马姆斯伯里的威廉曾对12世纪初期恢宏的坎特伯雷大教堂发表了著名评论，他说连大理石地板都能体现出人们对于色彩的热爱。

在坎特伯雷发现了类似玛瑙的条纹状大理石（onyx marble），但更普遍运用的普通大理石实际上就只是经过抛光的石灰石。自12世纪中叶起，这样的石材应用到了家居装饰中，用以替代承重墙中使用的奶油色石灰石和砂岩方石。教堂中的洗礼盘和墓碑是在比利时图尔奈制成的，但很快人们便在萨默塞特郡韦尔斯附近的多塞特郡波贝克（Purbeck）等英国本土其他地区发现了更加便宜的替代品。起初，波贝克石用于制作装饰性小柱及柱头。至12世纪末期，法国北部开始流行一种新的艺术风格，开启了哥特式建筑时代，波贝克石得以广泛应用于建筑物中，效果不俗。

哥特式艺术早期至13世纪中叶

用"哥特式"一词代表某一种艺术风格，并不特别合适。"哥特式"指由意大利文艺复兴时期的人文主义者创造出来的用以对自己的新型建筑风格与他们眼中北方的蛮夷风格加以区别的艺术风格，涵盖了12世纪后期至16世纪之间的所有视觉艺术。哥特式建筑通常高耸轻盈，具有大幅花窗、飞扶壁、尖拱和肋穹顶。但"哥特式"艺术风格存在一些变体，所以也有些哥特式建筑几乎不具备上述任何特征。大多数世俗建筑都没有飞扶壁，拱顶为桶形拱或交叉拱。即便如此，人们还是能够将哥特式建筑与意大利文艺复兴建筑区分开，正如借鉴古典主义理念及以人为中心的特点让人们能够将文艺复兴艺术与中世纪艺术区分开。

哥特式建筑设计源于法国，英国最早的哥特式建筑也是从法国传入的，其中英国南部坎特伯雷（1174年后）和韦尔斯的教堂、北部的里彭座堂（Ripon Minster）及西多会的半岛修道院（abbey of Byland）都是英格兰早期的哥特式建筑。英国向法国借鉴的更多的只是形式而非内在。例如英国也在建筑中使用了肋穹顶并在拱顶和柱身上加以壁画装饰，并促进了这些方面的创新发展；但是并不追求建筑物的高度，也没有沿用法国人建造肋穹顶的方法，也未削薄墙壁。个中原因我们只能加以猜测，也许是英国人本身偏爱低矮的建筑物、肋穹顶用于厚墙体上更合适，也有可能是建造师并不热衷于飞扶壁，所以采用其他方法在墙壁上安装大幅彩窗。中世纪的英国建筑总是新添加一些区域，例如在已有建筑上新增一个唱诗班席区域或中殿，而且通常新增的部分比例适中。由于新增区域是按照盎格鲁-撒克逊建筑物的比例进行设计的，英国教堂在向上增加高度时选择了建立高高的廊台，但彩窗高度较矮，这与法国大城市里具有三拱式拱廊（triforium）和高耸彩窗的建筑物形成鲜明对比。

12世纪70年代，法国艺术风格对英国产生了一定影响，使得英国人在建筑结构上的审美也有所改变。坎特伯雷、韦尔斯、半岛修道院墙壁更薄，也采用了三拱式拱廊的设计。但是这个时期的英国设计师们，除了在设计建筑物高度和结构方面想要有别于法国，在平面设计和装饰设计上也希望突显自己的独立风格。例如12世纪90年代修建的林肯大教堂的圣休（St Hugh）唱诗班席区域，拱顶不再是简单的十字肋，而是增加了其他拱肋，使墙壁的表面图案更加丰富。自此英国出现了装饰拱顶的潮流，并于13世纪20年代修建林肯大教堂中殿时得到发展，一直延续至中世纪末期，这段时期拱顶的肋条越来越繁复密集。林肯大教堂的中殿的装饰线条带有锋利的金属边缘，以柱墩为中心围绕着一条条小柱，体现出当时精湛的制作工艺。柱头叶形雕饰挤作一团，形成了独特的僵叶状（stiff-leaf）柱头；柱身及柱头由对比鲜明的波贝克石雕刻制成；高窗平整的表面处雕刻有三叶草、四叶草图案。教堂内部和外部装饰（如韦尔斯大教堂西侧立面）都越来越多地使用了金属制品。

韦尔斯大教堂立面陈列着众多壁龛以彰显其神圣性。13世纪教堂建筑形式能够代表并体现内部藏有的圣物，这说明当时圣物无论是在宗教层面还是在政治层面都意义重大。12世纪末13世纪初，由于要放置圣物和神龛，教堂东侧不再设计半圆形后殿，也就使得唱诗班席无法呈现矩形。此时的大教堂使用像悬崖一样垂直的山墙（gable wall，参见惠特比修道院），有时从山墙处还延伸出一个一层高的小礼拜堂。山墙墙体平坦，因此特别强调窗户的排列位置，可参见惠特比修道院东侧柳叶窗的排列方式。该时期教堂从平面图看整体呈矩形，这不只是为了追求美学效果，更主要的是从实际效果出发，为了满足神职人员和世俗信徒对于教堂东部空间不同的使用需求而提供了更加实际的解决方案。伊利大教堂、林肯大教堂、老圣保罗（Old St Pauls）教堂、埃克塞特大教堂等都按照矩形方案进行了重建或扩建，说明该方案取得了巨大成功。唱诗班席和高坛仍用屏风隔开，主祭台后方空间根据需要会安排主神龛、圣母堂及安置其他神明和神龛的次要祭台。13世纪后期，如果人们前去林肯大教堂朝拜圣休，需从南大门或审判门（Judgement door）进入教堂东侧，绕圣殿一周，然后从东北侧一扇小门离开，这样能够尽最大可能减轻对唱诗班席神职人员的打扰。在圣奥尔本斯和伊利等地，人们对于已有神龛又加以重视，并新建了相关建筑。主持牧师站在主祭台上能够看到位于高台之上的主神龛，放置主神龛的高台通常与周围建筑具有相同的形状和材质。教堂建筑上类似神龛的装饰能够反映出教堂有哪些神龛。例如坎特伯雷大教堂的三一礼拜堂（Trinity chapel）内存有贝克特的主要圣物，其内部便通过绿色的大理石石柱和马赛克地板加强了装饰效果，而彩绘玻璃则描绘了圣徒的生平和神迹。

从艺术风格来看，坎特伯雷大教堂制造于1200年左右的玻璃能够说明当时英国艺术正从罗马式图示化风格转向更加柔和、自然的艺术风格。《威斯敏斯特赞美诗》（*Westminster Psalter*）中"基督像"的头像是拜占庭风格，基督身上的衣袍褶皱线条柔和。自然主义的发展趋势从金属制品开始迅速扩展至其他艺术形式，成为欧洲的普遍现象。自然主义早在上一个艺术风格时期就已经出现了苗头：《温彻斯特圣经》中的首字母样式和插画虽然延续了罗马式样式，但已经出现了柔和的新风格。一个象牙制牧师权杖手柄上雕刻了圣尼古拉斯的生平，其中人物形象中抽象的衣褶图形柔化成优美的曲线线条，这预示着更加圆润的艺术风格即将到来。

1200年左右，英国的主要艺术风格与法国息息相关。由于两国泥金手抄本风格太过相近，以至于有些手抄本根本无法判断出自哪一个国家。坎特伯雷的玻璃工匠与法国东北部的玻璃作坊关系紧密，他们基本都是通过建筑泥瓦匠被聘请至英国的。坎特伯雷玻璃以红、蓝两色为底色，饰有黄色、淡紫色和绿色。手抄本的配色强调使用亮红色和蓝色，人物画像常以金色为底色，但是受到彩绘玻璃的影响，手抄本中有些页面也会出现窗户铁制骨架勾勒的圆形或其他形状。自13世纪初期起，由于世俗民众及大学提出了新要求，书籍的生产受到影响。抄写员、插画师和原材料生产商在城镇中比邻而居。世俗民众购买浪漫文学、编年史、圣徒生平及供私人祷告使用的书籍，如插画赞美诗、祷告书、时祷书等。此外，一系列动物寓言也深受欢迎，这类书籍通过插画和文字描述了动物在现实生活及神话中的习性。根据人们的喜好，工匠制作了朝圣者徽章、圣水容器等人们颇为喜爱的物品，贝克特神龛名噪一时也促进了这些物品的交易。在该时期的墓穴中发现了大量朝圣者徽章，但由于圣像破坏运动，我们并未发现为教堂和世俗出资人打造的各样材质（木质、象牙、金属）的雕像和圣像，只有斯堪的纳维亚半岛留存下的当时的出口物品可以让我们从中得知些许信息。

自1220年左右起，柔和的艺术风格逐渐发展成一种线条更加锋利、人物更加扁平修长的风格，人物仍饰有衣褶，但姿态更加棱角分明。现藏于特隆赫姆（Trondheim）、制于1250年左右的木雕《圣迈克尔与龙群》（*St Michael and the Dragon group*）便能体现出这一新风格。13世纪中叶，编年史家马修·帕里斯（Matthew Paris）的交际圈内，彩色轮廓画技艺曾短暂地重新兴起，可参见描绘托马斯·贝克特生平的画作。纪念碑雕塑风格受到法国影响，但英国的建筑雕塑仍与法国有所不同，例如唱诗班席屏风比屏风前的建筑还宽（如罗切斯特教堂、彼得伯勒教堂、林肯大教堂），又如对门的雕饰并不重视。韦尔斯大教堂及索尔兹伯里大教堂内的唱诗班席屏风上以阶梯式呈现了一幅神学大全巨作，涵盖了圣徒人物、《圣经》故事、神灵显现等内容。后来威斯敏斯特教堂及林肯大教堂的拱门上也出现了雕饰，但人物雕饰并未仅仅局限于拱门装饰。可以说英格兰在建筑装饰方面为欧洲哥特式建筑发展做出了独特的贡献。

盛饰式风格（decorated style）：13世纪中叶至14世纪中叶

13世纪中叶至14世纪中叶期间，英格兰教堂内部的发展趋势与其他地区的都不相同。这个时期，英格兰教堂内部装饰集中于大量的表面装饰，创造了新风尚。除了拱顶上的装饰图案尺寸较小，窗饰、圣坛装饰和教堂陈设品的人物雕像基本同真人一样大小或是更大，采用浮雕技法或是直接制成独立雕像置于基座上或壁龛中。这些雕像技艺卓越，非常有立体感，上色自然，并且其服饰经过精雕细琢，图案看起来几乎与真的布料无异。

这些雕像中有许多是代祷的圣徒和天使，或是教堂的出资人。林肯大教堂的天使唱诗班席于1256年雕刻了天使，指向了审判和天堂。正如坎特伯雷大教堂早期描绘贝克特的玻璃一样，这些图像具有暗示作用，通过这些图像便能得知具体建筑的意义所在。例如威斯敏斯特教堂南侧耳堂墙壁上饰有忏悔者爱德华和圣约翰的雕像，描绘了朝圣者与戒指的传说[1]，所有来到教堂的人看到了雕塑便会知道教堂里供奉着忏悔者爱德华的神龛。伯里圣埃德蒙斯教堂、圣奥尔本斯教堂及伊利大教堂的圣母小圣堂里着重描绘圣母玛利亚的生平和象征图案；伊利大教堂建筑平面呈十字形，十字交叉处则呈现出八边形，这也是专门为纪念教堂创始人圣埃塞德丽达及其他出资人而设计的。蒂克斯伯里修道院的彩绘玻璃上描绘了当地的领主，通过人物周围描绘的雕塑图案，可以看出他们身处天堂之中。这种艺术的现实主义发展以及艺术对感官的冲击完全符合当时宗教改革的重点方向，即强调个人与上帝之间的私人关系及救赎方式，强调"化体论"学说和基督圣体圣血节所体现出的与基督之间更加神秘的结合。教会比以往任何时候更能通过基督讯息将日常俗世与永乐世界联通起来。

这些图像设计精美，具有观赏性。威斯敏斯特教堂、林肯大教堂等中世纪建筑的金属光辉显然要远超于坎特伯雷和伊利大教堂新建的唱诗班席。威斯敏斯特教堂的墙壁上饰有玫瑰形图案装饰，窗户上点缀着当时新发明的石制花饰窗格（stone tracery），拱顶、窗口及墙裙刻满了雕饰和叶形图案。后来，建筑装饰中又出现了两个新元素——微建筑和葱形拱（ogee aroh，又名S形拱）。这两种元素在整个中世纪剩余时间都广泛应用于建筑装饰中，也使得建筑装饰日益盛行。金匠仿照了拱门、山墙、扶壁、花饰窗格、房顶尖塔（pinnacle）、城垛的建筑形式打造了金饰，用以装饰圣物箱、香炉等类似物品。这种微缩的建筑形式如今具有了特殊而神圣的含义，又被建筑师反向用在建筑和雕塑中。葱形拱用于拱门造型、

---

[1] 传说爱德华国王在威斯敏斯特附近遇到了看起来像乞丐的两位朝圣者，并将加冕戒指给了他们。朝圣者在朝圣途中遭遇风暴时，是戒指指引两人遇见了福音传道者圣约翰并获救。

曲折蜿蜒的窗饰图案和其他曲线造型中。葱形拱常与小型山墙结合应用于微建筑中，用于装饰神龛或起到其他装饰作用。发展鼎盛时期的葱形拱最上方头部较为突出，向前弯曲，好似呈"点头状"。壁龛象征着神圣空间，无论是单独的神龛还是排列于建筑立面上的壁龛，都起到了庇护圣人的作用。伊利大教堂的圣母小圣堂、布里斯托尔的圣玛丽红崖教堂（St. Mary Redcliffe）的北侧门廊及约克大教堂的西侧门廊上都布有层层壁龛，壁龛顶部为凸起的葱形拱装饰，给墙壁立面增添了动感与活力。

对大型教堂建筑设计影响最大的是花饰窗格，因为花饰窗格在传统的三层式建筑中无法得到充分展示。1270年左右开始重新修建的埃克塞特大教堂将中间层缩小为一个三拱式拱廊；1291年起修建的约克大教堂中殿，立面为法式风格，高且平坦，使得窗饰更加清晰可见。较小的建筑物中，中间层也被废除了。这个时期建造的约克大教堂，虽然墙壁仍然厚重，但已是唯一一所能够体现出新型建筑结构特征的教堂。大型教堂的修建和翻新工作一直持续不断，但人们的注意力已从修道院转移到了托钵修会和世俗的教堂，尤其是用来为家人做弥撒的小型礼拜堂和牧师会教堂（collegiate church）。这些建筑，特别是新修建的托钵修会教堂［如伦敦的黑衣修士（Blackfriar）建筑］样式简单，空间宽阔，墙壁薄，柱墩细长。托钵修会教堂在14世纪、15世纪成了大城镇教区教堂的典型范例。

此时，建筑师最看重的便是图案，除了窗格图案，还非常关注教堂平面和拱顶呈现出的图形。至14世纪20年代，人们将历史悠久的几何图形应用于拱顶，发展出繁复的拱肋结构。拱顶呈现出的几何形状已经日趋明显，且多以多边形为基础，建筑物平面图也是如此。卡那封城堡和登比（Denbigh）城堡出现了多边形塔楼；教堂建筑中运用多边形结构最著名的两个案例是韦尔斯的圣母小圣堂和伊利大教堂十字形交叉处。上述教堂案例呈现出的均是不规则八边形，相交的其他建筑空间通过倾斜一定角度与之融合在一起。例如伊利大教堂的石制八边形结构，顶部呈灯笼状，拱顶（不可避免）呈45度角，呈现出的效果既动感又坚固。在布里斯托尔和格洛斯特，拱顶上的拱肋繁复纷飞，丝毫不受平面网状结构所限，石质结构体现出了木质结构的特质。所以总体而言，这个时期的建筑装饰性极强。

众所周知，盛饰式风格并不仅限于建筑结构，在所有艺术形式中都有所体现、相互呼应。曲折蜿蜒的葱形拱影响了叶形雕塑，使叶形雕塑采用了起伏的海藻样式。微建筑出现于坟墓、礼堂陈设、神龛基石和其他小型纪念碑建筑中［如13世纪90年代为纪念爱德华一世的第一任妻子而修建的埃莉诺十字架（Eleanor crosses）］。墙壁上的壁龛和装饰线条影响了窗户及彩绘玻璃（例如约克大教堂、韦尔斯大教堂）。手抄本、壁画及面板绘画、象牙制品、纺织品、地板砖、金属制品和木制品中普遍存在微建筑结构。其中，将教堂各部分融合得最好的案例之一便是1316年开始修建的埃克塞特大教堂，该教堂具有木质主教座，石制的圣坛屏风、祭司席和围屏，且上述部件均具有多层葱形拱和山墙、房顶尖塔、叶形图案装饰。

盛饰式风格强调天国真实存在，所以该风格既体现出现实主义，又彰显了虚幻主义。当然，在所有艺术中，现实主义都是相对而言的。盛饰式风格下，人物形象或是经过美化或是荒诞不经，这个时期的手抄本中、托臂（corbel）上以及滴水嘴兽雕像中常出现怪兽和"babewyn"[1]。但人物雕像通常则以自然主义手法上色。从埃克塞特大教堂西侧的涂料痕迹来看，雕像上曾着有粉嫩的肉色，多莱帕里上则着有红色和绿色。可以发现，从13世纪起，人们对自然世界有了更加细微的观察：绍斯韦尔（Southwell）等地大教堂的牧师礼拜堂（chapter house）中的装饰树叶图案，能够被辨认出其种类，手抄本和壁画中还出现了鸟类等动物。索尔兹伯里大教堂和伊利大教堂托臂上雕刻的头像很可能源于日常生活。但出于艺术和宗教的考虑，这个时期的现实主义风格仍受到了严格的限制。

---

[1] 建筑装饰中的一种神话形象。babewyn为中古英语，意为"像狒狒之物/属于猴子的"，在建筑装饰中指滴水嘴兽（gargoyle）和石像怪（grotesque，或chimera）。

14世纪中叶，韦尔斯大教堂穹顶的彩绘玻璃已经有体现出三维特征的迹象；威斯敏斯特宫（Palace of Westminster）圣史蒂芬礼拜堂（St Stephen's chapel）的壁画（14世纪50年代）和手抄本中描绘的地砖，也已经体现出了空间纵深。至于肖像画，尽管面部的描绘非常写实，但与现代肖像画相比还相距甚远。例如爱德华二世的肖像画，描绘的并非死者本人，而是他的灵魂。艺术作品过于写实会令神职人员感到不安，害怕人们无法将现实与艺术区分开来。所以此前理想化的人物艺术风格仍得以延续，例如威斯敏斯特教堂和林肯大教堂中的人物形象优美高雅，身上披着多莱帕里。13世纪起，人物姿态有所改变，如赫金顿圣体安置所（Heckington Easter Sepulchre）上的雕像姿态摇摆，身着的多莱帕里褶皱更大。

教堂夸张的雕刻内饰属于虚幻主义。例如圣史蒂夫教堂的装饰中，真实的人物雕像和装饰物旁绘有虚构的建筑和雕塑，达到了精妙的视觉效果。从更物质的层面上看，运用虚幻主义可以打造出造价昂贵的效果。雕塑和绘画用工、用料都价格不菲，表面或是粉刷、上色，或是镀金；人物形象饰有金边。埃克塞特大教堂的唱诗班席装饰最为丰富的区域，涂成了蓝色，并配有红底银叶。此外还引进了新技艺和更加奢侈的装饰材料：如半透明瓷釉，又如雕刻圣殿教堂（Temple church）的威廉·马歇尔（William Marshal）人像采用的波贝克大理石，镏金铜饰和雪花石膏也成了风尚。但与奥古斯塔斯·普金（A. W. Pugin）等致力于复兴哥特式建筑的建筑师不同，中世纪的工匠在打造作品时偷工减料，即使是为最富有的顾客制作，也常使用廉价材料做替代品。威斯敏斯特教堂主祭台屏风上13世纪晚期的壁画便使用了假浮雕宝石，并用染色玻璃充当珐琅。廉价金属外层镀金，石膏上色变成大理石的样子。伊利大教堂的圣母小圣堂里的装饰线条看起来像是交织在一起，实际上只是为了节省石材而截短了而已。但这都不影响一件最重要的事情，即得体地展现出艺术作品的华丽光泽和缤纷色彩。

装饰华丽之风愈演愈烈，随处可见。血缘、家庭之间的紧密联系和职责、义务使得艺术理念能够快速渗透到方方面面，不论是为教会还是世俗出资人、为贵族还是新兴的绅士阶级及神职人员而制作的艺术品，均是如此。面向不同受众的艺术作品彼此之间的区别更多的是在于内容而非质量，例如14世纪初，东盎格利亚地区为绅士阶级和修士制作的赞美诗集及时祷书与为更高阶层制作的同类书籍一样设计精美。绅士阶级用彩绘玻璃和铜碑纪念自己，此外也出资购买书籍和小巧便携的艺术品；世俗贵族及主教们也是如此。这个时期，艺术品的制作、生产主要在诺维奇、牛津、约克、伦敦等城镇完成，纪念铜碑、书籍、象牙制品、木制品及金属制品有时是受出资人委托定制，有时也放到市场上公开售卖。虽然如画师达勒姆的瓦尔特（Walter of Durham）等艺术家忙于为王室服务，但所有工匠都并不会只为某个特定的雇主服务。泥瓦匠忙于建筑装饰和墓穴修建工程；波贝克石匠在伦敦设立了工坊，但雪花石膏工匠仍主要位于中部地区采石场附近。画师除了在节日期间需要创作大量画作，平时也绘制板画、壁画，为手抄本画插图。在制作艺术品时，正是各种艺术形式和不同技艺互相交汇融合，使中世纪末期艺术表现出了共同的特征。

由于艺术品制作过程错综复杂，加之缺少相关文字记录，我们无从考证工匠、顾问及雇主分别扮演了什么角色。有可能和如今一样，大家根据个人的知识和技能水平，分工各有不同。从仅有的几份现存文献来看，亨利三世和埃克塞特主教格兰迪森（Grandisson）非常积极主动地投入到了艺术品制作项目中。还有，据说爱德华二世甚至亲自设计了某一个项目。有证据表明，英国的盛饰式风格并非一步步系统地形成的，它在形成过程中时常受到其他国家艺术风格的影响。例如亨利三世似乎想要在英国重现法国王室的装饰风格，在工匠和顾问的建议下，采用了花饰窗格；又如威斯敏斯特修道院院长引入了意大利风格的科斯玛蒂式（Cosmati）地砖；还有人在14世纪初的手抄本及伊利大教堂的壁画中引入了意大利艺术风格及图案，但这个人是谁我们就不得而知了。格兰迪森主教的象牙制双脸画中也体现出意大利元素，我们认为这与格兰迪森个人的审美品位有关，但尚无证据支持这个观点。

唯一可以确定的是，当时的人们运用上述外国艺术元素都是为了形成一种能够反映时代愿景的艺术风格。主教们对于艺术创作的资助尤为慷慨，也推动了艺术创新：他们不仅出资修建座堂、牧师会教堂及自己的府邸，还最先在华盖冢中加入了哭泣的人物雕像和金属铸造的塑像。贵族们资助艺术创作除了为了表现骑士精神，还为了获得心灵抚慰。吉尔伯特·德·克莱尔（Gilbert de Clare）的墓穴中饰有金银珠宝；爱德华一世的弟弟埃德蒙及堂兄彭布罗克伯爵（earl of Pembroke）的墓穴都引领了艺术风尚。诺福克伯爵翻新了廷特恩修道院（Tintern Abbey），加入了最新的花饰窗格设计；蒂克斯伯里修道院中德斯彭瑟的墓穴饰有象征天堂的新型拱顶图案。吉尔伯特伯爵的卡菲利城堡（Caerfili castle）沿轴对称，具有高大坚固的门房；爱德华一世在北威尔士的城堡采用了相似的设计。世俗信徒喜欢让雕像身披铠甲；微建筑中要包含战争缩影，建筑上开有箭缝（arrow-loop），这些战争元素用于象征抵御邪恶。此外，徽章符号及相关色彩随处可见，既起到装饰作用，又用于表示物主身份。产自东盎格利亚、用于装饰多明我会圣坛的两幅板画（一幅藏于国立中世纪博物馆[1]，一幅藏于萨福克教堂），背景便绘有徽章色格纹，这种艺术效果还常见于手抄本中。泥金装饰手抄本中的插图一般绘有各式传说、日常生活或模仿人类活动的动物。

王室雇主出资制作艺术品的意图与贵族的大致相同，唯一区别是，王室艺术品要起到宣扬王权的作用。自古以来，王室一向出手阔绰。诺曼及安茹王朝早期国王均斥巨资于建筑工事，如亨利一世修建了雷丁修道院、史蒂芬修建了法弗舍姆修道院，种种迹象表明这些王室修建的修道院装饰豪华、富丽堂皇。奥福德城堡、多佛城堡等王室城堡不仅看起来气势恢宏，其设计也具有战略意义。自亨利三世起，国王府邸及教堂里的图像

---

[1] Musée Cluny，位于法国巴黎，旧名克鲁尼博物馆。

主要集中于他们已经成为圣人的祖先及《圣经》中的先辈，以突显王权神圣不可侵犯，威斯敏斯特教堂和威斯敏斯特宫尤为如此。前三位爱德华国王都热衷于通过建筑彰显王室的显赫地位，所以修建了一系列壮观的建筑物，如圣史蒂芬礼拜堂（1292年起修建）、北威尔士城堡、温莎城堡等。其中，温莎城堡作为嘉德勋章授勋仪式举办地，在爱德华三世在位时期进行了重新装修，成为当时欧洲最豪华的皇家行宫。

在通过建筑彰显王权的背景下，爱德华二世下葬后，格洛斯特大教堂的唱诗班席也进行了重新装修。借鉴13世纪末期法国建筑（尤其是欧苏瓦地区的圣蒂博教堂），并在圣史蒂芬礼拜堂窗格样式的基础上，将法式平直的花饰窗格样式应用到了所用平面上，这昭示着中世纪英式建筑的最后一个样式——垂直式（Perpendicular）出现了。虽然平直、简单的样式与同时期盛饰式风格的球形立体图案形成鲜明对比，但除了外表有所变化，其他方面均未改变。格洛斯特大教堂内仍然饰有大量雕塑、玻璃饰品等。格子样式并不会对建筑结构有所影响，只是在盎格鲁-诺曼的石制建筑基础上对样式进行了改变。此外，教堂内部仍遵循了传统的奢华风格。

中世纪晚期

盛饰式风格的图案样式及微建筑一直延续至宗教改革。平直纤细的线条风格并未对内饰的奢华风格产生影响，装饰物覆盖了所有建筑内部和表面，甚至拱顶也不放过。无论是手抄本封面、石材表面还是其他覆盖面都变得密实。装饰物更加坚硬，装饰线条出现了刻面，华盖和房顶尖塔引起了更多重视并得到推广。窗户上一排排图像延续了墙面图案的样式。自13世纪末期起引起人们注意的艺术发展趋势似乎得到了进一步加强，但是由于14世纪中叶之后对于艺术资助的记录更加完备，这种印象也有可能并不完全正确。中世纪末期的艺术风格并未发生任何令人震惊的变化：墓穴依然保持了石棺、华盖、雕像的样式；手抄本内页的布局、边框、首字母及文本样式还是同几个世纪之前一样；纪念碑雕塑并未按圆雕设计，仍是按照建筑雕塑设计的。但这个时期，视觉艺术为极度夸张的手法和二元对立的问题所困扰——宣扬展示还是低调谦卑？遵从现实还是加以虚幻？社会各阶层都变得更加浮夸。君主制得到了大力推动，在理查二世时期尤为如此，温莎城堡圣乔治礼拜堂里爱德华五世的新陵墓也对此有所体现。此前只有极少数人买得起艺术品，但如今有能力购买艺术品的民众人数之多前所未有。骑士精神与死亡和救赎之间的联系更加紧密。

从视觉角度来看，一个明显的二元对立案例就是建筑物更加封闭，但空间更大。墙壁变薄，柱墩更加精致，窗户更加宽敞。大约从1400年起，尖拱更加平展，增加了玻璃面积。拱顶由多条拱肋支撑，更加平直，高度更高。扇形拱顶（fan vault）由窗格图案装饰，呈锥形，起源之初规模很小，只应用于陵墓华盖或格洛斯特大教堂的回廊（14世纪60年代）。有时扇形拱顶还饰有悬挂物，后来广泛应用于门廊、侧廊和附属小礼堂。直至15世纪末期，只有舍伯恩修道院在主要通道上采用了扇形拱顶。悬吊式拱顶（pendant vault）源于木质屋顶，应用范围广、制作精良的案例参见1480年左右修建的牛津神学院。悬吊式拱顶依靠悬臂式锤梁等装置支撑，打开了拱顶下方空间，规模最大的悬吊式拱顶位于14世纪90年代建造的威斯敏斯特大厅。

自14世纪60年代起，约克、坎特伯雷、温彻斯特等几所大型教堂纷纷采用了新的方式进行修建。虽然教堂一直在翻新或增添新建筑，但大多数资金还是用于建造附属小礼堂、教区教堂和牧师会教堂。其中，位于城镇的教区教堂是依据此前托钵修会建筑的模式修建的，其结构轻盈，相较其他教堂而言长且低矮，通常带有正方形、具有垛口的塔楼。通过伯威尔教堂（Burwell church）可以看出，这些教堂侧廊开阔、窗户宽敞，使得出资人能够在小礼拜堂里设立祭台、装饰用的屏风、雕像及做礼拜用的供奉器皿，还可以摆放铜碑和彩绘玻璃祭奠自己。盛饰式风格一直持续至14世纪80年代，才转变为垂直式，转变缓慢并不突然，与黑死病引起的经济衰退无关。虽然垂直式看起来简单朴素，但其装饰造价同此前一样高昂。

14世纪末期和15世纪时的彩绘玻璃相对而言已经比较通透，但跟如今相比，当时的教堂光线还要昏暗许多。又因这个时期教堂内增添了许多屏风，使用屏风的时间也更长，导致教堂更显密闭、隐蔽。唱诗班席的屏风上饰有窗格图案雕饰，屏风上方置有耶稣受难像，底部常配有板画，板画上或是绘有圣人像，或是绘有天堂各层级。做工没有这么精细的屏风则用于分隔私人墓葬礼拜堂。屏风也可以成为一种微建筑，就像约1400年起，威斯敏斯特教堂的主要柱墩之间摆放的各主教的附属小教堂微建筑一样，这些微建筑设计精致，每个都足以容纳圣坛和墓穴。大型教堂的唱诗班席上的屏风是石制结构，主祭台后侧常有同样规模宏大的屏风与之相呼应、互为补充，具体可参考达勒姆大教堂和温彻斯特大教堂。后侧屏风将主神龛隐藏其中，突出圣坛，吸引大家将注意力集中于圣坛上，强调圣餐即耶稣的化体。

屏风和玻璃上饰有《圣经》人物、圣人、国王，约克大教堂及坎特伯雷大教堂的唱诗班席屏风上雕刻的便是国王像。这种一排排的人像装饰应用广泛，产生的影响与叙事性艺术品有所不同。叙事性作品常见于雕塑、壁画中，也存在于彩绘玻璃中，但数量较少。约克大教堂大东窗约于1400年修建，上绘有一幅圆形画作，描述了《圣经》中至天启（Apocalypse）为止的一系列故事；莫尔文大教堂（Great Malvern Priory）的彩窗制于15世纪20年代，描绘了《新约》中的场景。其实这个时期半透明状的彩绘玻璃并不适合用于描绘叙事性场景。后来，彩绘玻璃、壁画、圣坛上的画像逐渐由故事场景转向了道德、礼仪、虔诚等主题，如《尊主颂》（Magnificat）、善事（Works of Mercy）、七大圣礼（Seven Sacraments），反映出逐渐转向强调个人虔信的趋势。圣坛上的画像一般为虔诚主题，如圣母七喜（Joys of the Virgin）、耶稣受难（Passion of Christ）等。洗礼盘在近两个世纪里都没有人像装饰，但此时常刻有恰当的主题，例如萨福克郡巴丁汉（Badingham）的洗礼盘上饰有七大圣礼雕饰。墓葬雕像和嵌板中，雪花石膏材质极受欢迎。雪花石膏制作的圣坛装饰品，打磨得非常圆滑，部分镀金或饰有图画，打造成装饰造型后出口至西班牙、斯堪的纳维亚等地。

描绘了圣母玛利亚、耶稣受难场景、守护神的单片雪花石膏板也向个人出售。同教堂里设有私人空间一样，个人家中需要更多私密空间，因此华威城堡（Warwick Castle）、苏塞克斯的波定堡[1]（Bodiam Castle）里都有多套房间，克伦威尔勋爵（Lord Cromwell）在林肯郡塔特舍尔建于15世纪40年代的城堡每一层都有几间套房。防御工事并未消失，克伦威尔于1450年前后在德比郡南温菲尔德（South Wingfield）修建的城堡具有坚实的门楼，绵延数英里。城堡上的锯齿状垛墙数量众多，至少可以用于彰显防御能力。建于14世纪80年代、位于林肯郡的桑顿修道院（Thornton Abbey），门楼坚固巍峨，修道院院长的房间便位于其中。这些建筑设计柔和，宣扬了中世纪晚期的骑士精神，掩盖其暗含的军事意图。威尔特郡的华都城堡（Wardour Castle）由洛维尔勋爵（Lord Lovel）于14世纪晚期建造，城堡呈六边形，设计优雅大方。塔特舍尔依靠其城堡进行防御，城堡由砖石垒砌而成，这在13世纪的东盎格利亚非常流行。城堡的砖制拱顶上饰有盾牌，同诺森伯兰郡沃克沃斯城堡（Warkworth Castle）一样，地方领主常将武器放于门楼上显眼的位置。威斯敏斯特大厅的层拱（stringcourse）上刻有理查二世的徽章及相关图案；手抄本、盘子等便携物品上则通常饰有盾徽。

教堂内也不乏骑士图案。14世纪50年代，格洛斯特大教堂的东窗描绘了权威如何从天堂演变至人世间，其中的人像还包括了众多领主，例如与爱德华三世一同攻打法国的同僚。坎特伯雷大教堂内，"黑太子"的墓葬上方悬挂着他的盔甲。1396年到1397年间为理查二世所绘制的《威

---

[1] 14世纪80年代修建。

尔顿双联画》中，天使们身戴理查的项圈[1]和白鹿徽章[2]。天堂的等级制度和行为方式自然带有俗世的影子，《威尔顿双联画》中天使佩戴的圆形珠宝似乎有白色珐琅，珐琅工艺也用于制作奢华的邓斯特布尔天鹅珠宝。但并不是只有贵族才拥有奢华的装饰品，现存的最美珠宝之一［藏于牛津大学新学院（New College）］——一个镀银字母M，饰有圣母和天使长（archangel）图像——便出自一个绅士家庭。德比郡阿什伯恩（Ashbourne）的科凯恩家族（the Cokaynes）选用雪花石膏制作雕像并配以精致无瑕的服饰，足以与坎特伯雷大教堂里亨利四世、纳瓦拉的琼安（Joan of Navarre）等皇室成员或温彻斯特大教堂的威克姆（Wykeham）等主教的雕像相媲美。

《威尔顿双联画》整幅作品便同时体现了现实和虚幻两个对立面。画像中国王栩栩如生，精心描绘的花朵，人物的服饰、皮肤、头发都与金色底纹及右侧板画中优雅摇曳的人物形象形成对比。类似人物及画作风格也可见于《特洛伊罗斯与克瑞西达》（*Troilus and Criseyde*）以及为贝德福德公爵约翰所作的赞美诗和时祷书等手稿中。上述作品的表现方式与《利特灵顿祷告书》（*Litlington Missal*）、诺里奇大教堂的板画，以及后来巴丁汉教堂的洗礼盘艺术风格截然不同：后者人物风格更加粗糙、扁平；前者风靡于欧洲宫廷，被称为国际哥特式（International Gothic），但与中世纪其他艺术风格相比，该艺术风格也并没有在国际上得到更广泛的传播，而且也并非只为宫廷所有。这个时期，大量来自不同国家、拥有不同背景的艺术家前往英国，使得英国艺术风格变化多样。诺里奇、约克等城镇生产画作和彩绘玻璃的工坊蓬勃发展；伦敦市内，来自神圣罗马帝国和荷兰的艺术家比比皆是，满足了人们对于书籍和绘画制作的大量需求。这些艺术家给英国带来了柔和的艺术风格，人物形象温文尔雅，植被明亮葱郁，

---

[1] livery collar，中世纪起欧洲出现的一种服装配饰，形态扁平，长且宽，压在制服外侧，用于象征身份。

[2] white hart，白色雄鹿，是理查二世的个人纹章。

具体案例可参见《贝德福德时祷书》（*Bedford Hours*）。此外，该风格在彩绘玻璃的创作中也非常流行。当下整个欧洲普遍倾向于为神明画像配上当代服饰以增强宗教经历的现实感，该趋势经由热衷于描绘精细细节和逼真面庞的荷兰艺术风格得以加强。威斯敏斯特大厅的国王雕像（14世纪80年代）和温彻斯特大教堂的大东窗上的人像（15世纪70年代）都体现出自然主义的表达手法。《威尔顿双联画》中理查二世的画像以及他的铜像栩栩如生，说明当时人们已经能够接受如此逼真的人像艺术造型。但温彻斯特大教堂的大东窗上规模较小的装饰性人物则表明，只有在某些恰当场景中人们才会使用现实主义手法，当时现实主义尚未普及。

看起来颇为血腥的雪花石膏耶稣受难像、施洗约翰（John the Baptist）的断头像，还有诸如伯里圣埃德蒙斯教堂内约翰·巴雷特（John Baret）棺木上被虫子啃噬的尸体像等均属于现实主义风格。这些作品说明恐怖、令人毛骨悚然的现实主义发展到了顶峰。令人胆寒的尸体雕像对浮华虚荣之风起到训诫作用，作品《三位生者与三位死者》（*Three Living and the Three Dead*）也是如此。当然，中世纪晚期虔信的艺术表达方式也可以是令人感到舒适安全的，具体案例可参见肯特郡科巴姆家族（Cobham family）的学院和教堂内摆放的各式纪念铜碑。出资人越富裕，其谦逊虔诚便会得到越广泛的宣扬。贵族的牧师会教堂常建于城堡旁并与之相连，例如塔特舍尔城堡及福瑟陵格（Fotheringhay）城堡的约克学院（Yorkist College）都是如此，这种设计可以突出表明出资人在去世后同生前一样享有荣华。爱德华四世于1475年在温莎古堡内修建的圣乔治礼拜堂富丽堂皇，规模宛如一座大教堂，奢华程度超过亨利六世在伊顿和剑桥打造的礼拜堂，但仍不及后来亨利七世在威斯敏斯特建造的教堂。

这种对于外在形式的追求既不能说明出资人自私自利，也不意味着他们伪善、不够虔诚。一座15世纪中叶的墓葬礼拜堂至今仍保存完好，几乎未曾受到损坏，因此我们十分有幸能够从中发现一些东西。这个礼拜堂位于沃里克（Warwick）的圣玛利教堂（St Mary's Church）内，是沃里克伯爵理查德·博尚（Richard Beauchamp）的丧葬礼拜堂。礼拜堂专门供奉了圣母像（Virgin Annunciate），这在传统意义上代表着谦卑。彩绘玻璃上，天使正在唱歌，向圣母致敬；而礼拜堂东侧玻璃上则绘有伯爵及其家人，他们跪拜窗户表框上雕刻的基督像和九门天使像。礼拜堂中央是波贝克大理石制成的石墓。受同时期佛兰德斯艺术风格影响，礼拜堂内伯爵的黄铜雕像具有强烈的自然主义风格，雕像身披铠甲，脚下饰有徽章，凝视着圣母像。这个景象体现出一名士兵的虔信态度，他为基督效劳，并谦逊地祈求圣母为其祷告。博尚礼拜堂是英格兰为数不多的至今仍然能够让我们感受到中世纪宗教信仰、体现出艺术在表达宗教信仰方面起到的重要作用的建筑之一。

| 第八章 |

语言与文学

DEREK PEARSALL

　　"英语"源于5世纪、6世纪时定居于英格兰的日耳曼部落。与高卢的征服之路不同，法兰克人入侵高卢之后占领了使用拉丁语的高卢领地，直接采用了当地的语言。但在英格兰，不论是来自日德兰半岛的朱特人，还是来自德国西北部的撒克逊人、盎格鲁人，在征服英格兰时，都保持了自己的语言，没有采用当地的文化风俗。6世纪时，英格兰这片被外族征服的土地被称为"Anglia"（拉丁语），居民则被称为"Angli"或"Angli-Saxones"（意为"Anglia的撒克逊人"，用以区别于欧洲大陆的撒克逊人）；601年，教皇格雷戈里称肯特国王埃塞尔伯特为"rex Anglorum"（意为"盎格鲁国王"）；帮助我们了解英格兰被征服史的比德的著作，被称为"*Historia Ecclesiastica Gentis Anglorum*"。最早的记录显示，当地人将使用的语言称为"Englisc"，并模仿拉丁语将居民称为"Angel-Seaxan"，将脚下这片土地称为"Angelcynn"，后来公元1000年左右改称为"Englalande"。"盎格鲁-撒克逊"（Anglo-Saxon）既可以用于指称人、语言，也可以指自外族定居英格兰起至1066年诺曼征服之间的历史时期。1600年左右，早期英语学习复兴，"盎格鲁-撒克逊"流行起来，我们现在更倾向于将其称为"古英语"（Old English），用以与"中古英语"（Middle English，1100—1500年）相区别。

古英语

"英语"最初就由多种形式构成，而且随着欧洲大陆西日耳曼不同部落定居于英格兰，英语各种不同形式之间的差异日益增大。从现代英语和现代德语之间的系统变化来看，仍能发现当时各语言形式之间的差异，例如leap/laufen、open/offen、water/wasser、ten/zebn。我们现在所谓的古英语是一种完全屈折语（inflected language），具有屈折名词、形容词、动词和完全屈折的定冠词。古英语中的形容词具有强弱词尾变化（declension，在不同的句法情况下强弱变格不同），例如："drifan-draf-drifen"，在现代英语中为"drive-drove-driven"（强变格）；"lufian-lufode-gelufod"，在现代英语中为"love-loved-loved"（弱变格）。语法上还有阴阳性区别（wif和cild都是中性词，但是wifmann，即woman是阳性的），人称代词有双重形式，但使用较少。最早的文字（例如公元700年鲁斯韦尔十字碑上的文字）是如尼字母形式（runes），对用作铭文的拉丁字母进行了发展，但很快便还是采用了正统的拉丁字母，只是额外增加了几个如尼字母，如þ（thorn，现代英语中的th）、ð（eth，现代英语中的th）、ƿ（wynn，现代英语中的w）。下文摘自比德《英吉利教会史》，描述了亨吉斯特和霍萨（Hengest and Horsa）是如何逐渐无法忍受国王沃蒂根（Vortigern）的，另附阿尔弗雷德时期的英译本，对比原文和译文可以发现古英语与现代英语之间的区别：

And þa wæron Seaxan secende intingan and towyrde heora

gedales wið Brittas. Cyðdon him openlice and sædon, buton hi him maran andlyfne sealdon, þæt hi woldan him sylfe niman and hergian þær hi hit findan mihton. And sona ða beotunge dædum gefyldon; bærndon and hergedon and slogan fram eastsæ oð westsæ, and him nænig wiðstod.

And then were the Saxons seeking cause and occasion of their separation from the British. They made known openly to them and said that unless they gave them more to live on they would seize and plunder for themselves where they might find it. And soon they fulfilled the threat with deeds; they burned and plundered and slew from the east sea to the west sea, and none withstood them.

阿尔弗雷德翻译时使用的是威塞克斯王国的西撒克逊语。分布在英格兰各地的日耳曼人族群仍继续使用自己的语言，如肯特方言（日德兰语的一种方言）、西撒克逊语（很快便兼并了另一门撒克逊方言）、诺森布里亚语及麦西亚语（两个盎格鲁王国的语言）。除西撒克逊语外，其他几门语言几乎都未能留存下来，西撒克逊语则主要通过特许状、卢恩字母铭文及双语对照版本的拉丁福音书得以留存下来。阿尔弗雷德统治期间，西撒克逊语确立了自己的地位，成为全国各地的书面用语，一直保持至诺曼征服之后。

古英语几乎没有吸纳英格兰土著凯尔特人的语言，只使用了凯尔特语种几条河流的名字（例如Avon、Esk、Usk、Wye）。通过罗马时期遗留的产物（weall在现代英语中为wall，stræt在现代英语中为street）和后期教会影响（biscop源于拉丁语的episcopus），西撒克逊语中引入了部分拉丁语。同现代德语一样，古英语拓展词汇量的方法主要是采用复合法而非借词法，例如tungol-cræftiga，即"star-crafte one"，指的就是天文学家。借词则主要源于与西撒克逊语联系最紧密的斯堪的纳维亚语，自9世纪起，斯堪的纳维亚人主要居住于英格兰的北部和东部，甚至如今的现代英语中还有很多词能够看出是从斯堪的纳维亚语演变而来的，如含有sk-的sky、skin、skirt，还有更常用的they、them、their、are等都源于斯堪的纳维亚语。

古英语诗歌的开端：《贝奥武甫》

英语诗歌起源于日耳曼日常的头韵式诗歌。这种诗歌往往是口头造句，朗朗上口便于记忆，内容通常是赞美诗，虽然体裁并不明显，但从现存的书面文件中还能找到这类诗歌的踪影。诗歌采用四重音形式（four-stress line），这种早期日耳曼诗歌形式在古撒克逊语、古高地德语（Old High German）、古冰岛语及古英语中非常常见。诗歌主题主要是4世纪至6世纪部落大迁徙（Völkerwanderung）的传说，以及歌颂西格蒙德（Sigemund）、赫雷莫德（Heremod）、厄尔曼纳里克（Eormenric）、英格尔德（Ingeld）等大迁徙中的英雄人物。《贝奥武甫》、《戴欧》（Deor）、《威兹瑟斯》[1]（Widsith）等诗歌中都包含了上述英雄人物的典故。这些典故由于神秘罕见，也成了现存遗迹中著名英雄叙事诗的主体。英雄叙事诗通常篇幅较短，用于对英雄歌功颂德，或讲述英雄如何经受住了考验，弘扬他们所体现出的优良品质。吟游诗人经常在餐厅为国王和士兵传唱这类诗歌。《贝奥武甫》中，贝奥武甫战胜哥伦多（Grendel）后，希奥罗特（Heorot）大殿的庆祝典礼上，吟游诗人讲述了经典故事芬斯堡之战（Battle of Finnesburh）。类似的叙事性诗歌理想化地体现了尚武社会的行为风尚，直至7世纪，日耳曼部落依然同诗歌描述

---

[1] 这首诗描写的是一位吟游诗人，诗中包含了一些古老的口头诗句。

的一样。由于诗歌均是靠口头传唱的，只有通过文字记录才能长期流传，这就意味着它们一定会受到记录文字文化的影响，并被改编为基督教文学的形式。《芬斯堡之战》或许是个例外，这首英雄叙事诗由于过于"原汁原味"，而且流传下来的诗歌形式与诗歌内容太不相符，以至于必须参考《贝奥武甫》中描写的相关情节，才能还原出诗歌内容。

虽然毋庸置疑，在外族移居英格兰之前，当地人们就已经能够读写拉丁语基督教文学，而且爱尔兰、威尔士等地的拉丁语使用传统也能够证明这一点（如547年威尔士的修士吉尔达斯曾用拉丁语写作，抨击英格兰），但他们何时具备英语的读写能力（用英语书写）则要追溯至597年奥古斯丁一行人来到英格兰传教之时。英语读写能力的发展，从本质上来看就是基督教作品读写能力的同步发展。其他文化和语言，如古爱尔兰语和古冰岛语，在基督教传入当地之前，就已经有大量故事或其他资料是使用当地语言书写的，但英语却没有。英语诗歌始于卡德蒙（Caedmon）的《吠陀经》（*Hymn of Creation*）。据比德描述，卡德蒙是惠特比修道院的修士之一，当时院长是希尔德（Hild，657—680年在任）。卡德蒙一直认为自己歌技不好，对此深感惭愧，所以快轮到他吟诵的时候，卡德蒙便离开大厅，去牛棚看牛，在那儿他遇到了天使，并在天使的指挥下唱诵了《吠陀经》。比德将卡德蒙唱的《吠陀经》翻译为拉丁语，又用诺森布里亚方言誊写了一遍，成了《英吉利教会史》中现存的最早的拉丁文手稿（737年）。不论比德的故事是真是假，至少为英语提供了一个有力的起源。

我们对古英语诗歌的了解几乎全部归功于四部手抄本，这些手抄本是10世纪末期修道院复兴时制作的，它们现如今分别藏于牛津博德利图书馆（Bodleian Library，MS Junius XI）、伦敦大英图书馆（British Library，MS Cotton Vitellius A.xv）、意大利北部圣欧瑟伯主教座堂图书馆（Vercelli cathedral library）以及埃克塞特大教堂图书馆。上述手抄本中包含的诗歌可追溯到8世纪至10世纪，其中最著名的是《贝奥武甫》。

《贝奥武甫》讲述了一位非英籍英雄屠龙和斩杀怪物的故事，贝奥武甫是为了宣扬基督教中的英雄价值观而被创造出来的人物，与传统的日耳曼历史背景毫不相干。贝奥武甫致力于消灭怪兽（"上帝的敌人"哥伦多），而且为人慷慨忠诚，有毅力且性格温和，不像阿喀琉斯（Achilles）、格拉提斯（Grettir）、库胡林（Cuchulainn）那样狡猾、冷酷无情。诗歌中描写的世界被特意看作一个异教徒世界，但根据其要弘扬的价值观，这个异教徒世界不可避免地最终受到基督教启示并皈依基督教（诗中描写异教徒去世时，"选择了上帝的光"）。贝奥武甫为自己国家及别国奋战所展现出的英雄主义与古老的日耳曼文学中为家族世仇而战的英雄人物形成鲜明对比，这些英雄人物在故事中往往是通过频繁暗指来体现的。日耳曼式诗歌中运用大量修饰，并充分利用隐喻性复合词或词缀（如hron-rad，现代英语为"whale-road"，意为"海洋"；woruld-candel意为"太阳"）以及类似句法变体，因此形成了一种极为矫揉造作的诗歌风格。

　　《贝奥武甫》写于8世纪，与当时人们学习基督教拉丁语的历史息息相关。自奥古斯丁到达英格兰传播基督教开始，英格兰便掀起了学习拉丁语的潮流。669年，大主教塔苏斯的西奥多（Theodore of Tarsus）和修道院院长哈德良（Hadrian）被派往英格兰以巩固奥古斯丁的传教成果，他们进行了教育创新，使得英国人学习拉丁语的热情更加高涨。7世纪英格兰最伟大的学者奥尔德海姆[1]（Aldhelm）便是在坎特伯雷接受了哈德良的教导（并非像此前人们所想的那样师从威尔士学者）。奥尔德海姆为巴金修道院的修女写了一篇论著《论贞洁》（De Virginitate），还撰有布道文章，并依照爱尔兰-拉丁文学的体例为诺森布里亚国王奥尔德弗雷斯（Aldfrith）写了一封关于诗韵的信件。爱尔兰-拉丁文学对诺森布里亚也影响颇深，8世纪初期在成立了芒克威尔茅斯修道院（Wearmouth monastery，674年）和贾罗修道院（685年）后，诺森布里亚掀起了学

---

[1] 卒于709年。

习拉丁文的热潮。其中流传至今的最有名的产物便是《林迪斯法恩福音书》，书中还用诺森布里亚方言进行了注释，最杰出的学者则是享誉欧洲的比德。比德著有诗歌和散文，用以记录圣卡斯伯特的生平，撰写了关于语法和韵律的文章、一系列布道书籍、《圣经》注释书籍，以及专著《论事物本质》（*De Natura Rerum*）和杰出代表作《英吉利教会史》。8世纪末期，阿尔昆（Alcuin）成了约克的一名学者，后来他受查理大帝之邀前往法国开展了教育改革项目。

《贝奥武甫》正是在人们学习拉丁文热情高涨之时创作出来的。这个时期拉丁语与其他地方方言的基督教文化差异不大：据说奥尔德海姆曾用方言吟诵诗歌，比德用英语写了五行头韵诗《死亡之歌》（*Death-Song*），阿尔弗雷德大帝认为热爱"撒克逊诗歌"与学习基督教拉丁文化并不冲突。这个时期的修道院也乐于吸收方言诗歌。与10世纪相比，此时的修道院没有那么艰苦朴素，它们愿意接纳已经退位的国王等世俗信徒，而且很多修士并未参与任何教派，也不会拉丁语。显然修道院的标准和要求有所降低了：比德最后一部作品就是写给约克大主教埃格伯特的信件，向他抱怨修道院已经变成贵族家族的后花园了。797年阿尔昆写给林迪斯法恩主教的著名信件中写道："英格尔德跟基督有什么关系呢？"（Quid Hinieldus cum Christo?）他抱怨相比于福音书中的故事，修士们更喜欢在餐厅阅读日耳曼传说中的英雄故事。也正是通过这封信，我们得知了《贝奥武甫》是在哪里创作，又是从哪里流传开来的。

宗教诗歌

修道院日常诵读的经文材料大多数都是宗教作品，其中数量最多的当数《圣经》诗歌（《创世记》《出埃及记》《但以理书》等内容），比德还为这些诗歌的起源创作了一首令人难忘的叙事诗歌。此外还包括讲述圣古斯拉克（Guthlac）、安德烈亚斯（Andreas）等圣人生平的作品；包括灵修诗，如《十字架之梦》，部分刻于鲁斯韦尔十字碑之上，如同十字架"在吟诵"一样，还有关于基督降临的诗歌《基督I》（Christ I）；更普遍的宗教和教导材料是以说教和反思为主题的诗歌、格言诗和谜语。上述材料全部收录于10世纪的手抄本中。这些诗歌的作者中，唯一一位我们知道姓名的是基涅武甫（Cynewulf），他的四首诗歌——《使徒的命运》（The Fates of the Apostles）、《埃琳娜》（Elene）、《朱莉安娜》（Juliana）、《基督升天》（Christ II）都有署名。基涅武甫大约生于9世纪初期，是一位修道士诗人。诗歌《埃琳娜》描述圣海伦娜[1]（St Helena）找到了真正的十字架，显然是为5月3日光荣十字圣架节（Feast of the Invention of the Holy Cross）而作的诵读材料。

宗教诗歌的风格、用词及英雄形象较为传统：亚伯拉罕（Abraham）和摩西（Moses）是日耳曼首领，使徒则是武装护送随从。诗歌效果有时会有些矛盾，例如"久经沙场的勇士"安德烈亚斯拥有多个英雄称号，在他逼近圣马太被囚禁城镇的城门时，不知为何上帝赋予了他隐身的能力，未费一兵一卒，甚至安德烈亚斯一句话都没说，守卫们便因圣灵力量死掉了。但瑕不掩瑜，宗教诗人们推动了英雄诗歌的发展，此前基督教拉丁文学中，朱科文（Juvencus）、塞杜留斯（Sedulius）、普鲁登修斯（Prudentius）等诗人都是杜撰故事，但如今的宗教诗歌则基于一些现实故事进行了创作。宗教诗歌并不是对《圣经》的阐释，诗歌结构讲究，作者在诗歌中展现出对当地方言的尊重，但方言随后消失了两个世纪，弥尔顿还曾为重建方言付出良多。体现英雄主义的方式不拘一格：《十字架之梦》中，基督被作者大胆设计为一个年轻的英雄，他爬上并主动拥抱了十字架；而《流浪者》（The Wanderer）、《航海者》（The Seafarer）、《废墟》（The Ruin）等挽歌，则通过描写流放、失去统治权等场景以及

---

[1] 即埃琳娜。

描绘早已空空荡荡、变为废墟的米德厅（mead-hall）让人能够反思生命短暂、世事无常。

阿尔弗雷德大帝与修道院复兴

850年丹麦人入侵英格兰后，修道院及书籍遭到毁坏，导致人们学习热情减弱（可能西麦西亚除外），不论拉丁语还是地方语言发展都受到了打击。阿尔弗雷德大帝在格雷戈里著作《教牧关怀》的译著前言中描写了他继位时，学习风气不佳的境况。正是阿尔弗雷德推动了古英语的形成（此前只有零星法律、特许状及《圣经》注释文本中的古英语得以留存下来），弥补了维京人入侵对拉丁文化造成的损害。阿尔弗雷德的复兴计划考虑周密，他亲自翻译或是命人翻译了基督教拉丁文化中的基本必读书籍，例如比德的《英吉利教会史》、奥罗修斯（Orosius）的《世界通史》[*Historiae Adversum Paganos*，431年；阿尔弗雷德还在此书中加入了奥赫瑟尔（Ohthere）和沃夫斯坦前往白海、波罗的海的旅程]、牧师指导手册《教牧关怀》、格雷戈里的《对话》（*Dialogues*）、奥古斯丁的《独白》（*Soliloquies*）以及波依提乌[1]（Boethius）的《哲学的慰藉》（*Consolation of Philosophy*）。在这些经典著作的译本中，阿尔弗雷德还加入了自己的思考，加入了那些在磨难中仍令人坚信的信仰。《巴黎诗篇》（*Paris Psalter*）和波依提乌富有韵律感的诗歌可能也是由阿尔弗雷德翻译的。阿尔弗雷德最卓越的工作便是组织编纂了《盎格鲁-撒克逊编年史》，这为盎格鲁-撒克逊英格兰日后取得的辉煌成就奠定了基础。《盎格鲁-撒克逊编年史》包含了最早期到当时的历史记录，参考了比德的作品、普遍的历史事件、简明的编年史（如*An Easter Table Chronicle*）、

---

[1] 卒于525年。

西撒克逊族谱以及早期留存下来的一篇杰出文章《基涅武甫和基涅赫德》
（*Cynewulf and Cyneheard*，755年）。《盎格鲁-撒克逊编年史》开篇描
述了阿尔弗雷德抗击丹麦人的故事，以及包含了埃丁顿战役和《韦德莫尔
条约》（*Peace of Wedmore*，878年）的史诗故事。编纂完成后，阿尔弗
雷德向当时尚存的几个主要学习中心分发了《盎格鲁-撒克逊编年史》的
副本，其内容一直更新至诺曼征服期间。至少阿尔弗雷德之后的两个世纪
内，没有任何一部英语作品可以与《盎格鲁-撒克逊编年史》相媲美。

阿尔弗雷德力挫丹麦军，给威塞克斯带来了稳定，也为10世纪邓
斯坦、奥斯瓦尔德和埃塞尔沃尔德发起的修道院复兴创造了有利条件。
在这几位大主教的有力引领及王室的大力支持下，修复及新建的修道院
抵挡住了丹麦人自980年开始重新展开的进攻。那时的修道院文化与8世
纪已经不可同日而语，更加注重教育和管理方面而非学习和精神需求，
且规矩繁多，在975年所著的《规章》（*Regularis Concordia*）中就编汇
了修道院的日常条例。修道院复兴并未能促进英语诗歌发展，虽然制作
了四部手抄本，但它们并非修道院复兴的主流作品，也很少被人阅读或
关注。还有几首杰出诗歌是按照古老而传统的方式创作的，如《凤凰》
（*The Phoenix*），由拉克坦提乌斯（Lactantius）的拉丁语作品翻译而
来，表达了看到象征着复活的凤凰的喜悦之情；《圣经》故事《犹滴传》
（*Judith*），非常契合异教徒入侵的时代，它描写的犹滴忠贞圣洁，赫罗
弗尼斯（Holofernes）则终日醉酒狂欢、荒淫无度，两者形成鲜明对比；
还有极具戏剧色彩的诗歌《堕落》（*Fall*），这首诗歌译自撒克逊古老
原著，并在朱尼厄斯手稿（Junius manuscript）中被加入旧版《创世记》
中，诗歌细致地刻画了撒旦的形象及心理活动，以及亚当和夏娃受到的
诱惑。《盎格鲁-撒克逊编年史》中还收录了《布鲁南博尔之战》（*The
Battle of Brunanburh*），庆祝937年埃塞尔斯坦的大获全胜，以及著名英语
英雄史诗《莫尔登之战》（*The Battle of Maldon*），描写了991年，丹麦
军队突袭伯诺特厄尔（Earl Byrhtnoth）的军队，后者全线溃败，由此进入

了丹麦征服英格兰的最后阶段。这个故事描写了一场几乎没有胜算的战役，顽强抵抗者伯霍沃特（Byrhtwold）在战前抱着必死的决心留下了千古名句：

Hige sceal þe heardra, heorte þe cenre,

Mod sceal þe mare, þe ure mægen lytlað.

The mind must be more resolute, courage keener, spirit greater,

as out strength grows less.

晚期古英语散文

修道院复兴期间，发展活力最大的便是散文。大部分散文都用当地语言创作，其中埃尔弗里克和沃夫斯坦利用散文形式创作了大量教育、劝诫、说服型文章，与几乎无人问津的诗歌手抄本形成鲜明对比。至13世纪，埃尔弗里克的文章一直广泛传播，人们将他的作品制成了多部手抄本，并加以涂饰和注释。1005年，埃尔弗里克成为牛津附近恩舍姆修道院的院长，他著有两套布道书籍、一系列关于圣人生平的著作，并翻译了《旧约》的大部分内容。埃尔弗里克写作风格平实、语言流畅，在故事精彩之处或教义高潮部分，风格又变换为具有韵律感的半头韵散文。他还撰写了《语录》（Colloquy），用于教导修道院内的男孩们学习拉丁语。约克大主教沃夫斯坦（卒于1023年）的作品语气更强，更注重修辞，常采用双重音结构。1014年谴责英国人腐败、软弱并抨击他们屈服于丹麦人的著名作品《给英格兰人的布道书》（Sermo Lupi ad Anglos），是沃夫斯坦风格的典型代表。此外，沃夫斯坦还著有布道书，以及阐述了社会不同阶层各自责任与权利的《政体构成》（Institutes of Polity）。

修道院复兴期间，除了埃尔弗里克和沃夫斯坦的作品，还有例如拉姆西修道院伯费尔特（Byrhtferth）的天文学手册和出乎意料留存下来的传奇故事散文《泰尔王阿波罗纽斯》（*Apollonius of Tyre*）等众多优秀作品。这个时期的文章风格与此前有所不同，8世纪时的学者及宗教诗人写作风格中包含基督教罗马风格和日耳曼风格，而埃尔弗里克等则采用拉丁语《圣经》注释、评论、布道等方式"接近"使用英语的读者。他为世俗信徒和未接受教育的牧师打造了成体系的教会知识课程。埃尔弗里克不为同阶层神职人员或修士写作，而是一心为了需要教育的读者笔耕不辍。晚期古英语散文开启了英国散文、诗篇长达三个世纪的教育之路。科技方面，比德的科学论著在欧洲的思想文化史中具有重要地位。此外还有埃尔弗里克的*De Temporibus Anni*，而伯费尔特的《手册》（*Manual*）则是为"uplendiscum preostum and iunge mynstermen"（指乡村牧师和修道院年轻学生）所作的天文学入门书籍。

诺曼征服的影响：拉丁语与盎格鲁–诺曼语（至1200年）

　　虽然古英语从未取代拉丁语成为高等教育用语，但在盎格鲁–撒克逊后期，古英语已经成为威塞克斯的书面用语，广泛应用于法律、教会、教育、行政以及历史和文学作品中。随着诺曼征服，使用诺曼法语的诺曼人迁移至英格兰成为统治阶级，英语地位降低，变为被统治人民的语言；拉丁语则在英格兰恢复了其在欧洲的地位，变回教育用语，此前广泛使用古英语的领域，如今又改为使用拉丁语。英语首次遭到全面镇压，虽然在诺曼影响稍小的西部地区，英语仍保有一席之地，但其地位已经边缘化。在随后的两个世纪里，英语发展时起时落，表明政权变换对欧洲的语言发展也有所影响。此时的英格兰属于盎格鲁–诺曼王朝，从政治上讲，它属于欧洲的一部分，这在罗马时期之后还从未出现过；从文化上讲，它也属于欧洲的一部分，但并未占据重要地位，甚至一直到1024年失去诺曼底，对欧洲文化而言仍然微不足道。

此前广泛使用古英语的三个方面，即记录历史、制定法律和政治文件中，古英语向拉丁语的转换非常明显。《盎格鲁-撒克逊编年史》在为数不多的修道院中得以继续编纂，在彼得伯勒一直编纂至1154年，但这个时期所有的重要作品全部都使用拉丁语，12世纪成了盎格鲁-拉丁历史编纂的黄金时代。史书主要是在王室及贵族的资助下，从国家角度由修道院人员编汇，记录了英格兰、国王及教会的历史。12世纪初期的史书编纂人员，如达勒姆的赛蒙（Simeon of Durham）、伍斯特的弗洛伦斯都遵从于历史学家坎特伯雷的艾德玛（Eadmer of Canterbury）、奥德里克·维塔利斯（一位住在诺曼底的英国修士）等。历史学家们记录着他们的时代最新发生的事件，艾德玛记录到了1122年，奥德里克记录至1141年。马姆斯伯里的威廉记录英格兰国王史至1142年；亨廷顿执事亨利的《英格兰史》（*History of the English*）记录至1154年；纽堡的威廉记录至1198年。威廉历来享有客观的名声，他曾对蒙茅斯的杰弗里进行严厉抨击。杰弗里于1138年完成的《不列颠诸王史》（*Hitoria Regum Britanniae*）大部分内容都是自己杜撰的，书中称不列颠的国王是特洛伊王子布鲁图斯（Brutus）的后裔，还通过早期历史及传说中的种种迹象将亚瑟描写成带领不列颠人抵抗撒克逊人的民族英雄。在杰弗里的笔下，亚瑟的传奇故事具有让人无法抗拒的魅力，虽然杰弗里的《不列颠诸王史》与历史并不相符，但在中世纪文学作品中依然具有重要地位。

同历史文献一样，法律条款及政治文件也从古英语改由拉丁语书写，最典型的案例是1086年英格兰国王命人调查土地拥有情况后编纂的《末日审判书》。此时法律更加严格，拉内弗·德·格兰维尔（Ranulph de Glanvill）在12世纪末期编著了《论英格兰王国的法律和习惯》（*The Treatise on the Laws and Customs of the Kingdom of England*），紧接着13世纪中叶，亨利·德·布拉克顿（Henry de Bracton）便编著了权威著作《英格兰的法律与习俗》（*On the Laws and Customs of England*）。政治论著方面，索尔兹伯里的约翰可以算是12世纪盎格鲁-拉丁政治制度领域的代表性人物，可与11世纪的沃夫斯坦相媲美。约翰曾先后在巴黎和沙特尔学习，与托马斯·贝克特过从甚密，他目睹了1170年托马斯被刺杀，并根据托马斯的一生经历为他写了传记。约翰后来成为沙特尔的主教（1176—1180年在任），他是在英国出生但旅居欧洲的学者的典范。约翰还著有关于逻辑及亚里士多德哲学的书籍《元逻辑》（*Metalogicon*）及政治学著作《论政府原理》（*Policraticus*），这两本书均受到了12世纪"文艺复兴"学派人文主义及文雅风格的影响。

经过斯蒂芬（卒于1154年）时期的乱世之后，英格兰迎来了辉煌的安茹王朝。在亨利二世及其王后阿基坦的埃莉诺（Eleanor of Aquitaine）的王廷内，拉丁语成为一门通用语言。瓦尔特·梅普[1]是宫廷内一名出色的作家，著有多篇宫廷秘闻和讽刺诗歌，其中最著名的是一部逸事编汇《宫廷见闻》（*De Nugis Curialium*）。奈杰尔·维特克（Nigel Wireker）是讽刺诗人，用拉丁语创作诗歌对修士进行讽刺，他的作品《愚人之镜》（*Speculum Stultorum*，1190年）讲述了蠢驴Burnellus的探险旅程。威尔士的杰拉德（拉丁语为Giraldus Cambrensis）也是一位文职官员，他曾一心想要成为牧师，他的一生动荡不安，最著名的作品是他出访爱尔兰和威尔士的两部回忆录〔分别为《爱尔兰地理志》（*Topograpbia Hibernica*）和《威尔士巡游记》（*Itierarium Cambriae*）〕，其作品体现了强烈的个人色彩。布鲁瓦的彼得（Peter of Blois，卒于1212年）同样任职于亨利二世的宫廷之内，其精心撰写的《书信》（*Letters*）使他在文学界占据了一席之地。还有一些作家并不像上述作家一样与王室关系密切，但也推动了拉丁文学的繁荣发展，例如拉丁语史诗《特洛伊》（*Troy*，1210年）的作者埃克塞特的约瑟夫（Joseph of Exeter）、自然历史书籍《物性论》（*De Naturis Rerum*）的作者亚历山大·尼卡姆（Alexander Neckam），以及两

---

[1] 1181—1192年声名最旺。

位论述诗歌创作艺术的作家温索夫的杰弗里（Geoffrey of Vinsauf）和加兰的约翰（John of Garland）。上述作家均与法国联系紧密，或是曾在法国学习、生活。

宫廷文化中，盎格鲁-诺曼语也不容忽视，可以与拉丁语一较高下。尤其是在女性读者及资助者众多的爱情诗歌、浪漫文学中，盎格鲁-诺曼语应用广泛，而且很快便取得了不俗成就。盎格鲁-诺曼语是统治阶级的母语，12世纪、13世纪时在英格兰方言中享有崇高地位，并渗透到了英格兰社会中层及下层阶级。当时如果想要接受教育或是在文学领域有所造诣，就一定要学习盎格鲁-诺曼语。当然英语依然为很多人所用，双语成为普遍现象，多种语言在英格兰和谐共存。日常生活中，一个人有可能会使用好几种不同的语言，同一户人家不同成员之间也有可能使用不同语言。不过说起来有些讽刺，恰好是1204年英格兰失去盎格鲁-诺曼语的发源地诺曼底之后，这门语言进入了鼎盛时期。13世纪末期，盎格鲁-诺曼语出现式微的迹象，人们开始讲究语法和词汇，盎格鲁-诺曼语成为上流社会专用语言，普通人无法学习。英语与盎格鲁-诺曼语的地位开始发生转变，身在英国却不使用本土语言英语的现象遭到人们反对，如《亚瑟与梅林》（*Arthour and Merlin*，1290年）的作者表示决心要用英语写作：

> Riʒt is þatt Inglische understond,
>
> Þat was born in Inglond;
>
> Freynsche use þis gentilman
>
> Ac everich Inglische Inglische can.

虽然不应低估此时盎格鲁-诺曼语的地位，但其在英国广泛使用的时日已经所剩无几了。

12世纪安茹王朝时期，盎格鲁-诺曼语诗歌成就瞩目。杰西曼·维斯（Jerseyman Wace）将杰弗里的《不列颠诸王史》翻译为盎格鲁-诺曼语诗歌《不列颠传说》（*Roman de Brut*）并于1155年献给了阿基坦的埃莉诺；杰弗里·盖尔玛（Geoffrei Gaimar）撰写了一部更加考究的史书《英格兰历史》（*Estoire des Engleis*，1150年）；约旦·方托斯姆（Jordan Fantosme）记录了亨利二世与苏格兰人之间的战役（1175年）。亨利二世与埃莉诺时期还不乏优秀的浪漫文学作品，例如托马斯及贝鲁（Béroul）描写的崔斯坦（*Tristan*）的爱情故事（托马斯只写了部分内容）、另一位托马斯所作的《号角传奇》（*Romance of Horn*）、休·德·罗特兰德（Hue de Rotelande）所作的*Ipomedon*及*Protheselaus*，还有玛丽·德·法兰西（Marie de France）所作的叙事诗集（*Lais*；从名字可以看出，玛丽一生的大部分时光是在英格兰度过的）。戏剧化地表现出《堕落》剧情并加以心理描述的《亚当剧》（*Jeu d'Adam*，又名*Mystere d'Adam*，创作于1140年）所用的语言也是盎格鲁-诺曼语；12世纪依据著名古法语诗歌《罗兰之歌》（*Chanson de Roland*）最古老、可信的版本制作了盎格鲁-诺曼语手抄本。

诺曼征服对英语的影响

盎格鲁-撒克逊时代最后两个世纪中，由于已经确立了标准的英语书写用语，所以口语的自然变化令人难以察觉。诺曼征服后，英语失去了从前的地位，不再是主要书写用语，口语便恢复了传统地位，决定了书写内容。此前两个世纪内及诺曼征服后，英语已经发生变化，此时通过书面用语充分显现出来。这就能说明为什么中古英语由古英语演变而来，但二者看起来则差异甚大，为什么中古英语看起来与现代英语相似，而古英语看起来则像是另外一门语言。

这个阶段，英语变化最大的就是外形及拼写方式。西撒克逊语的标准拼写未能体现出发音的区别，如今拼写方式较以往有所改变或完全不同，便能区分开不同发音，以字母c为例：当位于某些前元音之前时，c如今被盎格鲁–诺曼语中引进的新字母k取代（cene变为kene）；位于其他前元音之前、需要颚化的c［ch］如今拼写方式变为ch（cyrice变为chirche），相似情况中的sc［sh］变为sh（sceal变为shal）。有些单词中部分辅音发音此前在西撒克逊语中并未体现出来，但如今则通过拼写有所体现（如lufian变为luvien）。同样，元音的体现形式也有很大变化，例如字母æ（aesc）停止使用，短元音改由a表达，长元音改由e或ea表达。古英语字母y所表示的发音（类似现代法语中单词tu里u的发音）在不同方言中发展出不同发音，如今这些发音分别由e、u、i等不同字母表示（如synn在肯特语中为senne，在英格兰西部和南部地区为sunne，在东部和北部地区为sinne）。字母y则用作其他用途，代替了字母i，在长度较短的单词中尤为常见。其他变化更多只是和字形有关，字形变化对英语的外在表现形式产生了极大影响。字母ƿ（wynn）很快便消失并由盎格鲁–诺曼语中的u代替；字母ȝ（yogh）得以保留，但拼写方式变成ȝe，而且其在古英语中所代表的一系列发音如今更多由字母h、gh、w或y所表示；字母ð（eth）很快便被th取代；þ（thorn）也同样由th表示，但þ本身也保留了下来，一直到15世纪，只不过拼写方式变为þe和þt。

更重要的变化在于语法和句法变化，这两方面的变化使得中古英语的结构与古英语截然不同（古英语是综合性语言"synthetic language"），但与现代英语更为相似（现代英语是分析性语言"analytic language"）。其中一个重要变化是减少了屈折变化的数量，屈折变化在古英语晚期甚至是书面语中已经非常发达。此外还减少了仅剩的几个屈折变化（-e、-es、-en）的使用频率。形容词和定冠词不再具有词尾变化（所以语法中也不再具有词性的概念）；几乎所有名词的屈折变化都变为了一种单一形式；古英语中越来越多的强变化动词变为了弱变化词（如burn、walk、weep）。由于屈折变化减少，已经无法像古英语（或拉丁语）一样单靠词形表达出句子各成分之间的关系，所以词序变得尤为重要，通过词序才能看出主语、谓语、宾语之间的关系，以及形容词与名词之间的修饰关系。其他句法关系则主要通过名词短语体现，因此介词、冠词等"小词"的数量增多。经过变化之后的英语，结构更加灵活，也具有了更强的适应性。

古老的语言结构变得包容性更强，屈折变化语法简化使得外来词能够更加容易地进入新的英语体系中。古英语词汇大幅减少（虽然从古英语演变而来的单词仍占据了英语词汇的主体），数千法语单词涌入英语之中。有些单词能够猜出是由某个阶层引入的〔如男爵（baron）、贵族（noble）、仆人（servant）、王室（royal）、统治（reign）〕；有些单词由于过于基础，以至于会让人们误以为它们本身就源于英语〔如哭（cry）、傻瓜（fool）、毁坏（ruin）、平静（calm）、残酷（cruel）、安全（safe）〕，甚至因此认为英语和法语这两门语言关系紧密、交互融合。通常新引进的外来词会对应一个本土的近义词，导致英语具有丰富的同义词对（如hearty和cordial），这也成了英语独有的特点和宝贵的财富。有时外来词有可能从诺曼法语中引入英语，随后又将同一个词的巴黎法语等的另一个形式再次引入，构成了有趣的词对（如catel与chattel，warden与guardian）。此外英语中也有从拉丁语引入的外来词，一开始拉丁语外来词数量较少，但在14世纪、15世纪，由于英语在科技和教育领域取代了拉丁语的传统地位，扮演了日益重要的角色，拉丁语词汇被大量引入英语中。

诺曼征服对各地方言同样具有影响。古老的西撒克逊书面语（Schriftsprache）令人们忽视了各方言之间的差异，但如今由于缺少标准的书写语言来整合不同方言，方言间区别加大。中古英语主要包含五个方言——肯特方言、南部方言、东中部方言、西中部方言和北部方言，彼此之间发音、语法屈折变化、词汇的差异较大，以至于直至14世纪末期，乔叟发自肺腑地抱怨"英语太过多样"[1]。盎格鲁-诺曼语成为英格兰的

---

[1] 出自《特洛伊罗斯与克瑞西达》，创作于1793—1794年。

通用语言，很多人都能理解这门语言，因此盎格鲁-诺曼语长期享有崇高地位。

后征服时代的古英语诗歌与散文

从11世纪《盎格鲁-撒克逊编年史》中的诗歌，尤其有关国王去世的诗歌来看，很明显古英语诗歌的"经典"形式已经不复存在，或者也可以说，更加简单的双重音结构又重新流行起来。诺曼征服之后，从过渡时期的诗歌来看，对于诗歌重音的形式要求有所放宽，头韵变得不规律，偶尔使用韵脚和半谐音（assonance）。此外，诗句形式完全改变，每一行诗句都变成了完整句；而在此前的经典形式中，为追求头韵效果，每一行诗句可能并不完整，存在跨行现象（enjambement）。同语言一样，每一行诗句的形式也变得更加松散，但注重每一行的结构完整性。伍斯特手抄本中埃尔弗里克所作的《语法》（*Grammar*）收录的两首诗歌体现出了当时正在发生的种种变化，其中一首诗便表达了外国教师到达英格兰后，人们对于盎格鲁-撒克逊文学学习热情日益减弱的悲痛之情。自此头韵只是可供诗人们选择的一种韵律方式而已，诗人们仍有多种其他方式可以选择。例如《阿尔弗雷德箴言》（*The Proverbs of Alfred*，1180年）编汇了说教格言，体现出修道院文学风格；又如《动物寓言》（*Bestiary*）中，不仅使用了英格兰诗歌的韵律形式，还运用了拉丁诗歌及法国诗歌的韵律形式。13世纪时，头韵诗歌既有遵从标准形式的，也有形式相对松散的。莱亚门（Laȝamon）的著名作品《不列颠传说》（*Brut*）中，头韵也只是诗人运用的其中一种韵律方式而已。但1350年后，头韵形式复兴。

直至12世纪初期，为数不多的修道院还在延续古英语散文形式，《盎格鲁-撒克逊编年史》的彼得伯勒抄本中的条目甚至记录到了1154年，当然这时运用的语言早已发生巨大变化。12世纪，埃尔弗里克的布道书仍是人们临摹抄写的目标。13世纪初期，伍斯特的本笃会修道院内，人们依然还在阅读古英语散文并为其添加注释。埃尔弗里克的半头韵散文（与诗歌区分并不明显）对一直以来便十分抵制新文学风格的伍斯特西南区具有特殊影响。13世纪20—50年代，该地区涌现出一批女性宗教文学，如一系列描写圣朱莉安娜（St Juliana）、圣凯瑟琳（St Katherine）、圣玛格丽特（St Margaret）等殉道贞女生平的作品，一部关于贞洁的论著（*Hali Meidenhad*）以及一本关于保持心灵纯洁的寓言（*Sawles Warde*）。还有一部《女修士指南》（*Ancrene Wisse*，英语为*Guide for Anchoresses*），语言优美成熟，同中世纪其他英语作品一样，风格平实，同上述几部作品一起，它们被称为"凯瑟琳派"（Katherine Group）。这些作品所用语言可追溯至古英语中的西麦西亚方言，该语言得到高度发展，但未能流传下去。圣徒生平故事写作手法采用富有韵律感的头韵诗歌形式，与关于耶稣受难的另一批叙事抒情诗歌有着千丝万缕的联系。后者的受众也是女性，创作时还利用了女性对于耶稣的爱意来激发女性对于耶稣的忠诚。这类诗歌相较于严格遵守诗歌结构的作品而言，更加能够接纳语言上的演变，在14世纪时应用于《论神之爱》（*A Talking of the Love of God*）等作品中并得到了发展。而形式受到更多约束的作品《女修士指南》，则通过人们多次抄写，成了英国传统宗教诗歌的一部分。

13世纪：三语文化?

盎格鲁-诺曼文学中也有同《阿尔弗雷德箴言》《动物寓言》等12世纪英语诗歌相似的作品，例如桑松·德·南特伊（Sanson de Nanteuil）、菲利普·德·塔昂（Philippe de Thaon）等人的作品（在这儿我们有必要了解作家的盎格鲁-诺曼姓名而非英语姓名），以及吉夏尔·德·比尤利（Guischard de Beaulieu）的著作*Romaunz de Temtacioun de Secle*中的说教文章《道德诗》（*Poema Morale*）。这些作品均是或可能是出自修士之手。即便是在12世纪盛行使用拉丁语和盎格鲁–诺曼语的教堂中，英语仍然占有一席之地，例如探讨认真对待生活、享受生活的好处的英语辩论诗歌《猫头鹰与夜莺》（*The Owl and the Nightingale*）与查德里（Chardri）所作的盎格鲁–诺曼语诗歌《小论》（*Le Petit Plet*）、瓦尔特·梅普等拉丁语作者的作品相较而言，毫不逊色。12世纪末期某些时刻，可能拉丁语与盎格鲁–诺曼语地位不相上下，但此后一个世纪中，由于1236年亨利三世迎娶了王后普罗旺斯的埃莉诺（Eleanor of Provence）及其他事件，盎格鲁–诺曼语开始占据主导地位。

当然，受地区因素影响，英语在某些地区依然保持了较高的文学用语地位。例如在英格兰西部，尤其是中部地区的西南领域，英语依然享有崇高声望，"凯瑟琳派"的作品要优于盎格鲁–诺曼作品，而且"凯瑟琳派"作家还精通拉丁语的教义写作。杰西曼·维斯将杰弗里的拉丁语作品《不列颠诸王史》翻译为盎格鲁–诺曼语，1320—1350年伍斯特郡的一位牧师莱亚门又将维斯的法译本翻译为了英文。该英译本可能是唯一一部歌颂亚瑟王战争胜利的作品，也是这个主题最伟大的作品，是一首真正的民族史诗。相较于维斯的法译本，莱亚门的英译本缺少宫廷风格，但更善于叙述战争场面，更具有英雄史诗特质。这并不代表英语文化的文明程度更低，而是由于作者个人的语言风格不同。莱亚门精通法语及拉丁语诗歌，但他还是坚持成为一名英语诗人。作为英语诗人，其地位并不高。杰弗里的拉丁语原著具有近200部手抄本，维斯的法译本有26部手抄本，而莱亚门的英译本只有2部手抄本。13世纪后半叶还有一部作品能够说明在全国盛行用拉丁语和盎格鲁–诺曼语书写历史作品的背景下，西部修道院内仍然在使用英语，那就是格洛斯特的罗伯特（Robert of Gloucester）所作的《编年史》。

各修会修士前往英格兰（1221年多明我会修士、1224年方济各会修士到达英格兰），将三语投入了实际运用。修士们积极布道，广泛宣传修会教义，他们搜集诗歌、歌曲、故事、说教文章等素材，针对不同受众让这些素材为自己所用。这些素材就涵盖了英语、拉丁语和盎格鲁-诺曼语三种语言。他们的部分作品至今尚存于世（保存在剑桥大学三一学院的MS B.14.39、伦敦大英图书馆的MS Cotton Caligula A.ix、牛津大学耶稣学院的MS 29等），这些作品主题繁多，形式多样，包括布道诗歌、说教性逸事、诗歌散文专著以及写给基督和圣母玛利亚的赞美诗。黑尔斯的托马斯[1]（Thomas of Hales）创作的《爱之歌》（*Luve-Ron*）是典型的方济各会作品，这首"爱之歌"是为一位贵族女性所作的，她深思生命稍纵即逝的道理之后，领悟到了耶稣才是她的"真爱"（*soth leofmon*）。修士们为了让自己的布道深入人心，也为了让自己成为灵魂导师，还搜罗了并不特别具有教化意义的素材。正是这些包罗万象的材料证明了13世纪英语也曾应用于数量众多的非宗教文学作品中——动物寓言故事［《狼与狐狸》（*The Fox and the Wolf*）］、讽刺故事诗［《西里斯女伯爵》（*Dame Sirith*）］、叙事歌谣［《犹大》（*Judas*）］及讽刺滑稽诗［《科凯恩的土地》（*The Land of Cokaygne*）］。显然由于保存不当，很多优秀的英语作品无法为后人所知，而拉丁语和盎格鲁-诺曼语作品得益于享有的社会和文化地位，能够通过更妥当的渠道保存和进行广泛传播。

其他领域的作品也有对双语或者三语的运用。例如阿宾顿的圣埃德蒙（Edmund of Abingdon）所作的《宗教学说》（*Speculum Religiosorum*）为了让非修道院人员、非牧师等读者能够阅读顺畅，采用了两种当地语言书写；格雷瑟姆的罗伯特（Robert of Greetham）在著作《镜子》（*Miroir*）中用盎格鲁-诺曼语书写了布道诗歌，这些诗歌几乎被原封不动地改编为了英语；林肯主教罗伯特·格罗斯泰斯特（Robert Grosseteste）的寓言诗《爱之堡》（*Chateau d'Amour*）也进行了类似的改编，虽然失

---

[1] 也用拉丁语和盎格鲁-诺曼语写作。

去了译本的语言特色，在形式上有所欠缺，但内容基本一致。家喻户晓的歌谣《春日已降临》（*Sumer is i-cumen in*）得以流传下来，说明三门语言实现了交汇融合，这种情况只有在出自雷丁修道院的一系列音乐作品中有所体现，其文本所用语言为拉丁语和盎格鲁–诺曼语。

1258年亨利三世颁布的《条例》（*Proclamation*）更加正式地体现出英语、拉丁语、盎格鲁–诺曼语之间的关系。《条例》用书面形式记录了亨利三世与大贵族在牛津达成的协议，被发给了英格兰各地区郡长。《条例》由英法双语写成，此外还运用了拉丁语。英语版本拼写奇怪，说明政府的抄写员对于英语的书写形式并不熟悉，但显然他们肯定由于某些政治原因曾学习过如何运用英语书写文稿（亨利王廷过于"法国化"一直为人所诟病）。人们注重书面记录在此也值得一提。从前，人们要达成一个协定，通常是靠各参与方的口头说辞遵守协定；到了12世纪、13世纪，随着接受过高等教育的教士及非教会抄写员数量增多，人们加强了对书面文件的重视程度。《大宪章》（1215年）便是一个家喻户晓的案例，展现出大贵族们决心要通过书面形式记录下从约翰王手中夺取权益的过程；社会底层也出现过相似案例，1381年农民起义（Peasants' Revolt）中，来自埃塞克斯和肯特的抗议者广泛散布起义文件《约翰·鲍尔的书信》（*Letters of John Ball*），以此表明他们也精通压迫阶级的书面用语文化。

英格兰历史肯定是要突出英语的书面用语地位的，但在13世纪，文化的真正中心并不在于书写，而在于其他方面，其中拉丁语和盎格鲁–诺曼语一直占据着统治地位，不容我们忽视。历史著作中，拉丁语的地位无可撼动。圣奥尔本斯修士马修·帕里斯[1]成就卓越，超过了此前12世纪的众多修士，他维系了与欧洲大陆的往来，尽管对亨利三世的政策进行了严厉抨击，马修还是于1247年受邀成了王室座上客。在学术界，拉丁语同样占据重要地位。英格兰与欧洲大陆的学界融为一体，从黑尔斯的亚历山大[2]

---

[1] 卒于1259年。
[2] 卒于1254年。

（Alexander of Hales）到邓斯·司各脱[1]（John Duns Scotus），许多英格兰学者都在巴黎度过了人生大部分时光。不过罗伯特·格罗斯泰斯特[2]与众不同，他在牛津一所方济各会学校任教，并将其打造成享誉欧洲的学术中心。罗伯特对亚里士多德的哲学思想进行评注，并著有科学论著，还推动了希腊语相关研究。他教导出一名杰出的学生罗吉尔·培根[3]（Roger Bacon），后者是当时最重要的世俗学者。此外，拉丁语在王廷内部依然保持了12世纪的光彩，例如亨利三世时期阿夫朗什的亨利（Henry of Avranches）、康沃尔的迈克尔（Michael of Cornwall）所作的讽刺诗或在特殊场合所作的诗歌，仍然使用的是拉丁语。

由于此时的英格兰王廷已经完全"法国化"，盎格鲁-诺曼语在王廷和贵族阶级内部无可避免地会全面超越拉丁语。马修·帕里斯将西多会教士里沃兹修道院院长艾尔雷德所著的拉丁语作品《国王圣爱德华史》（Seint Aedward le Rei）翻译为盎格鲁-诺曼语并进献给了亨利三世的王后普罗旺斯的埃莉诺，拉丁语诗人霍夫登的约翰（John of Hoveden）同样用盎格鲁-诺曼语为王后创作了一首灵修诗《夜莺》（Rossignos）。威廉·马歇尔[4]、威廉·朗斯沃德[5]（William Longespee）等当代英雄的生平成为近现代浪漫史诗的主题。当时全国上下的贵族都要求诗人为他们的祖先创作浪漫诗歌，如Gui de Warewic、Fouke Fitzwarine等。古代的著名历史故事也被写成了盎格鲁-诺曼语诗歌，如肯特的托马斯（Thomas of Kent）所作的《骑士传说》（Roman de Toute Chevalerie）。可以说，整个13世纪中，盎格鲁-诺曼的说教文章、宗教诗歌、学术作品、文学作品等占据了统治地位。

英语的文学作品相较而言就比较落后。虽然同盎格鲁-诺曼作品一

---

[1] 卒于1308年。
[2] 卒于1253年。
[3] 卒于1294年。
[4] 卒于1219年。
[5] 卒于1226年。

样，英语创作也是为了给世俗信徒和修士提供教育，但它几乎得不到任何王室和贵族资助。1216年，拉特兰公会要求每年必须进行忏悔，因此教导人们如何进行忏悔的作品迎来了创作机遇。诗歌《处罚罪孽》（*Handlyng Synne*，1303年）由罗伯特·曼宁（Robert Mannyng）译自盎格鲁–诺曼作品*Manuel des Pechiez*（1206年），用于指导人们忏悔，诗中穿插了大量案例，风格生动活泼。曼宁后来（1338年）又翻译了兰托夫特的彼得（Peter of Langtoft）的盎格鲁–诺曼作品《编年史》。13世纪与14世纪之交，英语作品迎来了第一次爆发，其中既有记载了圣人生平、用于布道的诗歌集《南英传奇人物》（*South English Legendary*），又有《圣经》故事和教义汇编巨作《世界的运行者》（*Cursor Mundi*），这是诺曼征服后英格兰本土第一本用英语完成的著作。13世纪末期开始出现英语浪漫主义作品，质量与盎格鲁–诺曼作品不相上下，深受地方绅士及城镇居民喜爱，受众阶层也相差无几。其中从盎格鲁–诺曼作品改编而来的典型代表作有*King Horn*、*Havelok*，还有改编自盎格鲁–诺曼著名的浪漫英雄故事《沃里克的盖伊》（*Guy of Warwick*）。

英语的胜利

13世纪，英语的光芒一直为盎格鲁–诺曼语所掩盖，但到了14世纪，英语开始逐渐恢复其地位，毋庸置疑地成为英国人主要的文学用语，后来甚至成了唯一文学用语。当然，拉丁语依然保留着其在学术界、神学领域和修道院历史作品中的地位，例如切斯特（Chester）修士拉努尔夫·希格登[1]（Ranulph Higden）所作的《宇宙春秋》（*Polychronicon*）用语为拉丁语。最著名的"现代"神学家著作也是使用的拉丁语，如奥卡姆的

---

[1] 卒于1364年。

威廉[1]（William of Ockham）及其反对者坎特伯雷大主教托马斯·布拉德华[2]（Thomas Bradwardine）的作品。尼古拉斯·特里维特[3]（Nicholas Trivet）、罗伯特·霍尔科特[4]（Robert Holcot）等修士崇尚"人文主义"，热衷于神话和古典作品，他们的作品全部使用拉丁语；达勒姆主教贝里的理查德（Richard of Bury）所著的《书之爱》（Philobiblon，1345年），内容便是介绍他喜爱的拉丁语书籍。此外，盎格鲁-诺曼语正快速失去其口语地位，慢慢地也不再能够吸引王室及贵族支持。虽然直至15世纪，政府及法律文本中仍在使用盎格鲁-诺曼语，但高尔的《人类的镜子》（Mirour de l'Omme，1375年）已经是最后一部盎格鲁-诺曼语作品。而且值得注意的是，高尔在创作时，试图使用欧洲大陆的法语而非盎格鲁-诺曼语，因为正如乔叟对修女院院长的描述那样，后者被人嘲笑是"土话"。

1330年到1340年间，两部重要手抄本充分体现出英语与盎格鲁-诺曼语之间地位的转变。一部是如今收藏于大英图书馆的《哈雷抄本》[5]（MS Harley 2253）。这部手抄本为什罗浦郡（Sherophshire）一个家庭所作，汇集了英语和盎格鲁-诺曼语诗歌，内容涵盖爱情、宗教、政治及讽刺诗。这可能是最重要的一部英国诗歌手写抄本，因为虽然大多数宗教诗歌在其他手抄本中也有所体现，但只有这部《哈雷抄本》保存了世俗诗歌，成为我们了解乔叟时代之前世俗诗歌及爱情诗歌的重要途径。手抄本中的诗歌风格或诙谐，或精致，或辛辣，其中许多诗歌的手抄稿制作精良、技艺精湛，其头韵配以华丽装饰。《哈雷抄本》证明在英格兰西部，英语文学依然保持了与盎格鲁-诺曼文学相同甚至更高的地位。另一部重要手抄本是《奥金莱克抄本》（Auchinleck MS，现藏于爱丁堡苏格兰国

---

[1] 卒于1349年。
[2] 卒于1349年。
[3] 卒于1334年，存疑。
[4] 卒于1349年。
[5] Harley scribe，也称Harley lyrics。

家图书馆，书号为MS 19.2.1）。这部手抄本是在伦敦为一个未受过教育的、非贵族阶级顾客制作的，表明英语已经在大城市的文学文化生活中占据了一定地位。《奥金莱克抄本》中几乎所有内容都是英语诗歌，其中许多是说教和虔信主题，但最重要的内容应数浪漫诗歌，即从法语和盎格鲁－诺曼爱情、骑士精神诗歌翻译而来的英译本，这些诗歌大部分是为了制作手抄本或取悦新兴的中产阶级读者而特意翻译的。手抄本中的诗歌（几乎所有）或是采用了四重音对句的简短形式，或是采用了当时兴起不久的"尾韵诗"格式（tail-rhyme）。《奥金莱克抄本》标志着英语浪漫诗歌和散文在宫廷文学和骑士文学领域实现了巨大进步。

英语还一直用于宗教指导。14世纪，宗教主题的英语书籍百花齐放。《良心之刺》（*The Prick of Conscience*）是一部劝诫人们忏悔的作品，具有127部手抄本，是中世纪英语诗歌中拥有最多手抄本的作品（如果将抄写全部和部分内容都算在内的话，《坎特伯雷故事集》的手抄本也不到90本）。类似的忏悔书、教会作品、基督生平故事、训诫诗歌及散文、关于受难日的诗歌等作品还收录在了一部教会手抄本巨作——《弗农手抄本》（Vernon MS，现藏于牛津大学伯德雷恩图书馆，书号MS Eng. poet.a.i）中。这部手抄本于1380年前后为中部一家修道院所作，源于名为"sowlehele"的心灵健康计划。14世纪修士用英语创作诗歌、赞美诗或对基督教义进行诗意表达的传统此时仍得以延续，进行这类创作的作家有奥斯丁教士肖勒姆的威廉[1]（William of Shoreham）、方济各会修士威廉·赫勒伯特[2]（William Herebert）。

中古英语作品中，诗歌使用长于说教的文体，散文通常是针对更加专业的精英阶层读者，但总体而言，此前由拉丁语主导的散文领域，如今处处可以看到英语的身影。哈姆波勒的隐士理查德·罗尔（Richard Rolle of Hampole）用拉丁语撰写专著、评述和诗歌，同时主要为方便女

---

[1] 卒于1320年。
[2] 卒于1333年。

性隐士阅读，他也用英语创作，其英语作品充满激情，注重头韵。相较于其他诗人，理查德为推动英语书写神秘主义和灵修作品做出了更多贡献。14世纪下半叶，继理查德之后，又出现了三位伟大的神秘主义英语作家，他们是《灵程进阶》（*The Scale of Perfection*）的作者瓦尔特·希尔顿、修女诺维奇的朱利安［著有《神圣之爱的启示》（*The Revelations of Divine Love*）］以及创作了冥想高阶论著《未知之云》（*The Cloud of Unkonwing*）的作家（但我们不知道他的姓名）。此外，14世纪80年代，威克利夫将《圣经》译为英语，这个大胆的举动体现出英语日益增长的重要性，也让威克利夫的罗拉德派被打上了异教的标签，预示了150年后英国将发生的宗教改革。英语散文还应用于其他新兴、争议更小的领域。例如非常著名的英语版《曼德维尔爵士游记》（*Mandeville's Travels*），这可能是继古英语作品《泰尔的阿波罗尼乌斯》（*Apollonius of Tyre*）之后第一部"娱乐性"散文；还有约翰·特雷维萨（John Trevisa）翻译的大量作品，如希格登著作《宇宙春秋》的英译本及巴托洛梅乌斯·安格利克（Bartholomaeus Anglicus）所著百科全书的英译本《关于事物的性质》（*Of the Properties of Things*）。

头韵诗歌

1350年后，从格洛斯特到兰开斯特等英格兰西部地区（并不完全限于西部地区），头韵诗歌复兴。头韵诗歌本就植根于西部地区，同时受到西部修道院教学及历史编纂传统的有力影响，加之贵族和绅士资助由盎格鲁-诺曼文学转向英语创作，头韵诗歌得以再次发展。此时的头韵诗歌保留了以前无头韵诗句及某些"诗歌用词"的用法，但与以前的头韵诗歌相比，仍是一种崭新的形式，而且诗歌风格更加成熟。14世纪的头韵诗歌代表作品有：讨论14世纪50年代英格兰经济情况的《聚敛者与挥霍者》

（*Winner and Waster*）；富有诗意，极具英雄主义和悲怆色彩，重述了亚瑟王故事的《亚瑟王之死》（*Morte Arthure*）；描述了特洛伊、亚历山大和围困耶路撒冷等故事的诗歌，其语言的丰富程度足以与拉丁语原版相媲美；还有一首浪漫主义爱情诗歌《帕勒恩的威廉》（*William of Palerne*，1350年）。这首爱情诗歌是直接受到贵族资助的启发而创作的，但此时蓬勃发展的头韵诗歌大多仍是以历史和道德意识主题为主。诗歌文笔成熟，体现出诗人的博学多识，多为修道院修士而非王廷官员所作，所以以爱情不是主要题材，诗歌的受众也不以女性为主。此次"复兴"中最伟大的诗歌均具有上述特点，大英博物馆MS Cotton Nero A.x收录了其中四首，应为同一位诗人所作。这四首诗歌中，《忍耐》（*Patience*）和《圣洁》（*Cleanness*）对《圣经》故事进行了戏剧化的重述；《珍珠》（*Pearl*）是英语诗歌中的一个杰作，通过讲述从失去心爱之人到获得精神慰藉的痛苦过程，为严苛的反伯拉纠主义（anti-Pelagianism）神学增添了人文色彩；《高文爵士与绿骑士》是中世纪时期浪漫主义文学作品中最灵动、最戏剧化的诗歌，冷静且有分寸地展现出了骑士精神的美与光彩，以及不足之处。如果没有这四首诗歌，头韵诗歌"复兴"在英国的诗歌史上可能只是巴洛克风格的一部分而已；但这四首诗歌的存在，使得头韵诗歌"复兴"成了英国诗歌史上的重要事件。

《农夫皮尔斯》也是头韵诗，但是除此之外与其他"复兴"的"经典"头韵诗几乎没有更多共同点。作者威廉·兰格伦一生的大部分时间在伦敦度过，作为牧师，他一生都没有得到任何职位，人们对他几乎一无所知。《农夫皮尔斯》具有多个修订版本，目前有A、B、C三个版本传世，内容引人入胜，讲述了一系列梦境。这些梦境描述了一个贪婪腐败的世界；人们试图改变这个世界，并通过诚实的农夫建立起一个真正的基督教团体；但这次探索以失败告终，此后便转向探寻自我，从个人自身去寻找"真、善、公平"的根源所在。这首诗风格及结构都很独特，推动人们进行了一场思想和灵魂的基督教朝圣。

受《农夫皮尔斯》的影响，15世纪涌现出一批抱怨、批判教会和国家滥用职权的讽刺诗（如*Richard the Redeless*、*Mum and Sothsegger*、*Pierce the Ploughmans Crede*），其中一些诗歌明显具有罗拉德派色彩。15世纪依然存在严格遵守头韵诗歌风格及格式的作品，而且随着乔叟风格的诗歌从城镇向外传播开来，头韵诗歌的影响扩散至北方，直至苏格兰（相关作品如*The Awntyrs off Arthure*、*Golagros and Gawain*）。

宫廷诗歌

英语要在文学中占据统治地位面临的最后一个障碍就是宫廷文学，直至理查二世统治时期，英格兰王廷内部仍然以说法语为主。14世纪60年代，菲莉帕王后（Queen Philippa）座下的著名文匠是法国诗人让·弗鲁瓦萨尔；诗人高尔依然认为应该用法语创作，1375年前后他的第一首主要诗歌作品所用语言为法语。不论如何，王廷用语总有一天会变为英语，杰弗里·乔叟（Geoffrey Chaucer，1343—1400）的一生恰巧经历了这个转变过程，所以看起来就像是乔叟引领了这个变化。早期乔叟任职于王廷时，诗歌用语应该是法语，但是1369年，他决定使用英语创作，写下了《公爵夫人之书》（*The Book of the Duchess*）祭奠冈特的约翰的妻子，自此英语诗歌开始蓬勃发展。乔叟的诗歌创作极少直接受王室资助，他的作品中看起来最"王廷"的一部当数1381年到1386年间创作的《特洛伊罗斯与克瑞西达》，这首诗是专门为乔叟在伦敦的朋友高尔及斯特鲁德（Ralph Strode）所作。但由于乔叟一生大部分时间都供职于王廷，所以从这个角度来讲，他还是接受了王室资助，也是王室"圈子"里的一员：《贤妇传说》（*The Legend of Good Women*，1386—1387年）的开场白是为理查二世的王后安妮所作，爱情诗歌《声誉之堂》（*The House of Fame*）及《众鸟之会》（*The Parliament of Fowls*）大概也是为王室而作的。乔叟后期与王室的关系日渐疏远，晚年作品《坎特伯雷故事集》（*The Canterbury Tales*）采用了欧洲叙事风格，探索了社会不同阶层的人，与正流行的《特洛伊罗斯与克瑞西达》的浪漫爱情风格截然不同。

谈及英语诗歌地位的转变，我们不得不将乔叟视为"宫廷诗人"，但这样会让我们忽视乔叟取得的更重要的成就，即让英语融入了现代法语和意大利语诗歌的潮流之中，让英语成为中世纪拉丁语及其他地方语言作品的一部分，从而变得更加"欧洲化"，还开创了"英雄双韵体"，这种格律形式此后垄断了英国古典时期诗坛。乔叟还翻译了多部欧洲经典著作，如纪尧姆·德·洛里斯（Guillaume de Lorris）的《玫瑰传奇》（*Roman de la Rose*，1230年）、让·德·摩恩（Jean de Meun）对于《玫瑰传奇》的续写（1275年），以及波依提乌的《哲学的慰藉》。这些译著与乔叟其他作品相比，成就相当，都具有重要价值。乔叟于1372—1373年间及1378年到访意大利，这帮助他加深了对但丁、彼特拉克及薄伽丘作品的理解，开阔了眼界，由此乔叟才成了一名诗人，而不仅仅是王室或教会的一名普通成员。乔叟能够意识到诗歌的重要性，以及自己作为诗人的重大意义。此后直至斯宾塞，英国诗人均未能做到这一点。

乔叟对15世纪宫廷诗歌带来了重大影响，但作为一位宫廷诗人，他对同时代诗人的影响非常有限。乔叟的钦慕者和模仿者中，只有一两位成了诗人，但成就并不突出，如约翰·克兰弗爵士，著有《丘比特之书》（*The Book of Cupid*），亨利·斯科根（Henry Scogan）以及诗歌《爱的誓约》（*Testament of Love*）的作者托马斯·乌斯克[1]（Thomas Usk）。乔叟追随者中最著名的诗人便是约翰·高尔，他著有法语讽刺诗《人类的镜子》和拉丁语诗歌《呼号者的声音》（*Vox Clamantis*），并且在乔叟开创英语诗歌先河之后，高尔也紧随其后创作了英语诗歌《一个情人的忏

---

[1] 1388年被处死。

悔》（*Confessio Amantis*）。最初这首英语诗歌是写给理查二世的，后来高尔对理查二世深感失望，于是转而投靠了兰开斯特的亨利（日后的亨利四世）。《一个情人的忏悔》以七宗罪为标题，以一个情人忏悔的方式，编排了大量故事，展现出了爱情及整个社会群体中的美好品德。这部作品体现了欧洲古老的文学风格，运用了双对联短句而非五步格诗的形式，但其按照乔叟的标准而言，仍是一部杰出的诗作。

15世纪

宫廷诗歌的潮流在15世纪时得以延续，乔叟的爱情诗歌风格依然流行，其追随者非常活跃。比如约翰·利德盖特（John Lydgate），著有《黑骑士的不平》（*The Complaint Black Knight*）、《玻璃神殿》（*The Temple of Glass*）、《理查德·鲁斯爵士》（*Sir Richard Roos*），并将阿兰·夏蒂埃（Alain Chartier）的法语著作《无情的妖女》（*La Belle Dame sans Merci*）译为了英语；又如苏格兰国王詹姆斯一世［King James I of Scotland，著有《国王书》（*The Kingis Quair*）］。此外还有众多未署名的宫廷爱情寓言诗，如《花与叶》（*The Flower and the Leaf*）、《女士们的集会》（*The Assembly of Ladies*）。但在兰开斯特和约克王朝期间，宫廷诗歌并不流行，由于国王们忙于巩固岌岌可危的政权，资助诗歌创作主要用于政治宣传和民族身份的建立。掌玺大臣托马斯·霍克利夫（Thomas Hoccleve，1369—1426）因其非常具有乔叟“自传”风格的一系列诗歌（如*La Male Règle*）而闻名于世，他的《王子军团》（*Regiment of Princes*，1411—1412年）旨在为威尔士亲王树立一个未来能成为可靠明君的形象；贝里修士约翰·利德盖特（1371—1449）的《特洛伊纪事》（*Troy-Book*）则是应亨利五世的要求而作，旨在为英语树立文学用语新地位，与拉丁语和法语相抗衡。利德盖特的作品数量巨大，作为乔叟的追随者，他致力于取得超越乔叟的成就。利德盖特偶尔也应资助人的要求进行创作，亨利六世的顾问们曾聘请他以亨利六世的法国国王身份、以1429年的加冕礼为主题创作诗歌，这对诗人来说也是一种荣耀。后来利德盖特还应格洛斯特公爵汉弗莱的要求，根据薄伽丘拉丁语文章《名人命运》（*De Casibus Illustrium Virorum*）的法译本[1]，将其翻译为英语，题为《王子的陨落》（*The Fall of Princes*），以此证明公爵大力支持意大利人文主义文学的发展。利德盖特最杰出的作品是宗教诗歌，平时他看起来似乎只是一个平平无奇的修士，但为圣母玛利亚所作的赞美诗《圣母的生活》（*Life of Our Lady*）展现出了他作为诗人的才华。

整个15世纪，王室和贵族的资助对于文学创作而言仍然十分重要，但是文学文化的受众已经明显开始转向大众群体。15世纪初期，文学作品手抄本的商业化生产迅速增长，既是为了满足大众对于乔叟、高尔等人诗歌作品的需求，更是由于各阶层英语读者大幅增加，要填补英语读物的空白。翻译的发展迎来了黄金时代，英语不仅在灵修作品和说教作品中占据更重要的地位［如1408年左右，加尔都西会修士尼克·洛夫（Nicholas Love）将拉丁语作品《基督生平沉思》（*Meditationes Vitae Christi*）译为英语；纪尧姆·德·德吉勒维尔（Guillaume de Deguileville）的寓言诗《朝圣》（*Pelerinages*）被译为多个英语版本］，还取代了法语在浪漫文学和宫廷文学中的地位，以及拉丁语在历史、政府、教育、科学、医疗、哲学、园艺［帕拉狄乌斯（Palladius）的《论农业》］、军事理论［维盖提乌斯（Vegetius）的《论军事》］以及经济政策（如*The Libel of English Policy*）等领域的地位。亨利六世王朝的首席法官约翰·福特斯丘爵士（Sir John Fortescue）用英语和拉丁语完成了关于宪法和政体的著作（作于1471年的*Monarchia*可能是沃夫斯坦时期之后第一部用英语撰写的法律论著）。主教雷金纳德·佩科克（Reginald Pecock）还尝试用英语撰写一

---

[1] 译者为洛朗·德·普雷法特（Laurent de Premierfait）。

部神学学术作品（作于1455年，*The Repressor of Overmuch Blaming of the Clergy*）。最能体现出英语地位变化的事件，其一与奥尔良公爵查理一世有关，阿金库尔战役之后，查理被俘，在囚禁于英格兰期间（1415—1440），他决定学习用英语写诗；另外一件则是出现了英语作品外译的情况，例如加尔都西会修士詹姆斯·格林哈尔（James Greenhalgh）在15世纪末，将《未知之云》（*The Cloud of Unknowing*）译为了拉丁语。

　　英语作品大爆发意味着15世纪时遗留至今的作品，比之前一千年遗留下的作品都多。虽然有一部分英语作品是14世纪完成的，但大部分是源于15世纪的新作品。15世纪数量众多的作家为人所知，其中少数同乔叟一样任职于王室，例如霍克利夫、乔治·阿什比（George Ashby）；大多数还是神职人员，如利德盖特、约翰·沃尔顿[1]（John Walton）、约翰·奥德利（John Awdelay，fl.1426年）、本尼迪克·伯格（Benedict Burgh，fl.1450年）、奥斯本·博克南（Osbern Bokenham，1443—1447年创作了*Legends of Holy Women*系列故事）以及约翰·卡普格拉夫[2]（John Capgrave）。15世纪首次出现了英语戏剧作品，约克及韦克菲尔德的戏剧演出以及神秘戏剧和道德剧等连环剧［如"N-Town"连环剧、《毅力之堡》（*The Castle of Perseverance*）、《人类》（*Mankind*）］都具有了书面记录。此前口口相传的歌谣首次出现了书面文字版本，内容涉及格言、日历、计算、预测、符咒等，有些歌谣内容较为粗鄙。此外，信件［《帕斯顿信札》（*Paston letters*）］、口头叙述作品（《玛格芮·坎普传记》）等一些短暂出现的文件首次得以保存下来。

　　15世纪对于英语及英语文学而言最重要的时间是1476年。这一年，威廉·卡克斯顿（William Caxton）将印刷术引入了英国。15世纪初，英语已经开始依据伦敦东中部方言（east midland dialect）变得日益标准化：一

---

[1] 卒于1410年，波依提乌诗歌的译者。
[2] 1393—1464年，林恩的奥斯汀修道士；著有一部长篇英语《编年史》，同时还有多部英语、拉丁语作品。

方面，乔叟、高尔及霍克利夫的作品在伦敦进行专业化印制，其系统的语法结构和拼写形式为形成标准化的英语带来重大影响；另一方面，亨利五世决定将英语变为档案馆（Chancery）及官方文件的书面用语，也对英语的标准化起到了重要作用。但此时英语拼写仍存在较大差异，乔叟出于韵律考量而保留的语法词尾-e也造成了些许混乱；各地方言之间不同之处明显，如动词现在时第三人称单数的变化形式，在南方是在词尾加-th，而北方是加-s。卡克斯顿清晰地认识到语言标准化对于印刷而言至关重要，于是便讲述了一则故事以警示标准化的重要性：一位来自约克郡的商人行至肯特，他想要"eggys"，但旅店女主人告诉他自己不会法语，"商人很生气，他没说法语，只是想要鸡蛋而已，店主却听不懂"。如果商人说的是"eyren"，店主便能听懂了，可惜当时语言尚未统一。

卡克斯顿及其追随者对英语文学文化产生了重大影响，开辟了新的历史。改变并未立刻显现：卡克斯顿出版社的作品以及卡克斯顿自己的译作主要集中于历史书籍、诗歌、浪漫主义作品、说教及宗教作品，这些作品至15世纪中叶才成为英国人的主要读物。只有托马斯·马洛礼爵士（Sir Thomas Malory）的《亚瑟王之死》印刷后在勃艮第地区广泛流传，这在印刷史上史无前例，成了浪漫散文中得以大规模流行的典范。随着印刷术的发展，生产规模、作者的作用及影响力、读者的作用及本质都发生了变化，从而推动了新型文学文化的发展。

编后语

  1485年8月，一位本无成功希望的篡位者，兰开斯特派首领里士满伯爵亨利·都铎在博斯沃思战役中打败了理查三世。这场战争战况激烈，但规模并不大，双方军队都未超过8000人，理查三世的全部实力甚至都未能发挥出来，但其结果却意义重大——自1066年以来首位英格兰国王在自己的国家遇害，政治变革的浪潮风起云涌，英格兰开启了一个全新的朝代。

  起初，亨利七世的地位并不稳固，他根基太浅，说不准执政时间还不如理查三世长。但短短几年内，亨利就确立了自己的优势。1487年的斯托克（Stoke）战役中，亨利打败了林肯伯爵和冒名顶替者兰伯特·西内尔（the pretender Lambert Simnel），取得了决定性的胜利，十年后又在康沃尔平定了一场民众叛乱。此外，亨利也不需要像爱德华四世那样面对"过于强势的"臣民，此前的斗争已经替他铲除了大多数对手。由于并非受益于某位雄心勃勃的支持者才得以继位，亨利无须受制于人，可以坚定不移地实行自己的统治。亨利上位以后开源节流，扩充皇家自营地，并对开支加以管控，国家财务状况迅速改善，这对亨利而言也是一大帮助。此外，亨利还致力于打造强大且崇高的王室形象，威斯敏斯特教堂以其姓名命名的礼拜堂充分证明了这一点。至1509年亨利去世时，臣民们（如果还算不上喜爱他的话）也可以说是对他产生了敬重之情。

从政治的角度看，毋庸置疑，1485年是一个重大转折点。1399年兰开斯特公爵亨利篡位埋下了英格兰长期内乱的祸根，从15世纪50年代圣奥尔本斯战役开始，内乱频发，直至博斯沃思战役才得以了结，此后英格兰局势在斯托克战役中进一步得以巩固。但只从政治角度解读该时期的历史是远远不够的，从更加宏观的角度来看，1485年便没有那么至关重要了。我们很难将1485年与影响深远的进步联系在一起，而经济方面，关键转变则发生在一个多世纪之前，即黑死病之后的三十年左右。正是在瘟疫反复出现的那些年，工资大幅上涨、劳工立法出台、庄园领地开始租赁，而15世纪末期几乎没有可与之相比的经济发展。宗教信仰和教会组织方面同样也几乎没有任何重要发展的迹象，传统的"天主教"继续蓬勃发展，教区教堂——甚至是几座修道院——进行了重建和修缮。馈赠和施恩仍按照修道士的方式进行，人们还在收集圣人遗物、向圣人图像供奉供品。诚然我们可以观察到民众表达虔信的方式、习惯或风尚发生了些许变化，例如崇敬某些圣徒的信徒增多，而某些圣徒的追随者则减少了。此外，士绅阶层中，敬拜神明的一些旧式的共同习惯也逐渐消失。但总体而言，中世纪宗教生活一直在不断变化，此时的变化相较于五十年之后发生的巨变而言微不足道，当时的人们恐怕也很难预见此后的变化。

文化生活方面也不例外，博斯沃思战役时期同样未发生特别重要的变化。建筑领域，哥特风格仍然占据了主导地位，如同一个世纪以前一样，网格状窗饰、大量使用镶板，以及标准化的造型依然是建筑物的主要特点。此时，人们对意大利建筑中使用的古典词汇几乎未展现出兴趣。绘画领域也继续延续了传统风格，装饰僵硬、沉重，表面纹理密集，绘画质量不高。伊顿公学礼拜堂中的画作尚不能说明绘画风格或方法有所改变，直至荷尔拜因到达亨利八世王廷，英国绘画领域才发生了一场重大的革命。

正是鉴于上述考量，许多历史学家疑惑15世纪80年代是否算得上是英国历史的一个转折点。甚至1485年在政治方面的重要性也受到了质疑：有人认为，亨利七世的统治与约克王朝国王的统治并无二致，政府结构几乎没有发生改变，直至16世纪30年代及其后，才展开了真正的政府"革命"。无论这些论点是否令人信服——16世纪初期的英格兰政治史也极具争议——但至少能够确定有几个领域的确发生了重大变化。其中，第一是人口方面，第二则与引入印刷术有关。

中世纪晚期人口变化尚未有确切数据可以进行证实，但大家对其变化趋势已达成了广泛共识。14世纪初期，英格兰人口为600万～700万，随后由于饥荒和瘟疫接踵而至，人口数量在半个世纪内缩减了约一半。由于疫情反复，至14世纪60年代，英格兰人口仍在持续下降，直至15世纪才得以稳定。此前5世纪、6世纪时虽然也经历了人口下降，但很快人口数量又迅速攀升。直至14世纪60年代，情况则大相径庭：不知是因为死亡率较高，还是因为人们的寿命预期发生变化，一个世纪中人口数量始终保持在较低水平，直到15世纪的最后几十年，才再次回升。起初人口增幅甚微，几乎无法令人察觉，后来开始变大。至16世纪，人口增长迅速。至英国内战时期，人口数量已增至525万。人口大幅增长也带来了一些影响：土地压力增加、实际工资下降、国家不得不出台法律管控流浪人群等。1650年的英国与1450年的英国已截然不同，造成这种情况的人口变化趋势是长期存在的，但由于该变化起源于中世纪末最后几十年，意义便格外重大。

重塑15世纪80年代后的英格兰的另一项发展便是印刷术。中世纪时，书籍、小册子、宣言等都是手工制作而成的。技术上的制约并未对图书贸易增长产生影响，在伦敦、牛津和剑桥等需求量较大的城镇，抄写员纷纷成立工作室并制作了多本流行作品。但低下的生产效率自然而然也限制了产品供应量，中世纪末期引入的印刷术改变了这一情况，人们得以开始考虑大规模生产书籍。1476年，威廉·卡克斯顿在威斯敏斯特教堂的缮写室成立了第一所印刷工作室，很快沃恩·德·沃德（Wynken de Worde）和理查德·潘纯（Richard Pynson）等人也纷纷效仿。他们出版的作品风格不尽相同。例如博斯沃思战役那年，卡克斯顿出版了马洛礼的名著《亚瑟王之死》。但总体而言，近一半出版物都是有关虔信和敬拜神明的手册。引入印刷术带来的影响最初似乎只是满足了现有市场需求，但从长远角度来看，这项技术重塑并扩张了书籍市场。此外，学习方式、宗教方式和政治交流方式也随之改变。可以毫不夸张地说，如果没有印刷术，恐怕也很难想象此后能够兴起新教、掀起宗教改革运动。15世纪一项简单的技术进步，竟引发了16世纪影响深远的政治和宗教革命。

15世纪中后期，欧洲许多其他地区正在发生重大变化，政治领域尤为明显。在伊比利亚半岛，费尔南多（Ferdinand）与伊莎贝拉（Isabella）联姻促成了阿拉贡与卡斯蒂利亚的联合。在比利牛斯山脉以北，英法及其盟国之间结束百年战争促成了法国外交政策的重大调整，法国将军事力量转移至意大利，并最终在那里引发了一场大规模战争。上述事件对地中海世界的政治、经济发展都具有重要意义，但对未来影响最大、最具象征意义的，应当是克里斯托弗·哥伦布到达美洲，欧洲人民将眼光转向了外部世界。西班牙的费尔南多和伊丽莎白希望增加贸易收入，于是赞助了哥伦布的航行。紧随哥伦布之后还有许多西班牙舰队和一些葡萄牙舰队前往了美洲。英国人并未参与最早的探索阶段，但亨利七世并不想错过探索新市场和贸易路线的机会，于是在1497年，一位热那亚商人约翰·卡博特找到他申请专利许可证以驾驶五艘船前往"基督徒尚不了解的地方"航行时，亨利七世欣然同意了。卡博特于5月2日从布里斯托尔启航，经过近4900千米的航行，在六周之后于尚未建立殖民地的纽芬兰岛登陆，这是英国船员第一次踏上新大陆。发现新大陆最重要的意义在于，标志着英国历史从中世纪过渡到了近代早期。在此后的一个世纪里，英国在探索新大陆和殖民过程中以最为积极的姿态发挥了作用。亨利对于卡博特的支持表明了英国人对于探索新大陆兴趣渐浓。15世纪90年代,以欧洲为中心的时代即将结束,新时代的帷幕缓缓拉开,人们将发现自己处于一个虽不熟悉但更加广阔的舞台之中。

拓展阅读

第一章　中世纪英格兰：身份、政治和社会

关于身份问题可参阅M. T. Clanchy, *England and its Rulers 1066-1292*
(London, 1983)。诺曼征服前的历史，尤其推荐阅读P. Wormald, "The
Making of England", *History Today*, 45 (Feb. 1995), 26-32，以及收录于
Alfred the Great. Asser's Life of King Alfred and Other Contemporary Sources,
ed. S. Keynes (Harmondsworth, 1983) 的阿尔弗雷德大帝的亲笔作品。英
格兰与其他国家的外交关系可以参阅N. E. Saul (ed.), *England in Europe
1066-1453* (London, 1994) 以及M, Jones and M. Vale (eds.), *England and
her Neighbours 1066-1453* (London, 1989)。还可参阅R. W. Southern的著
作*Medieval Humanism and Other Studies* (Oxford, 1970) 中相关文章。关
于英格兰教会的形成历史，可参阅P. Heath, *Church and Realm, 1272-1461*
(London, 1988)。视觉艺术相关内容可参阅本书中第七章"视觉艺术"。

第二章 盎格鲁–撒克逊英格兰（500—1066）

盎格鲁–撒克逊时期的许多书面材料经翻译后收录于D. Whitelock (ed.), *English Historical Documents*. vol. i, 2nd rev. edn. (London, 1979) 中。比德的《英吉利教会史》可参阅J. McClure and R. Collins (Oxford, 1994) 的平装译著版，其中进行了详细的注释。关于该时期历史，最经典的通用读物是J. Campbell (ed.), *The Anglo Saxons* (London, 1983, repr. in paperback Harmondsworth, 1990)，其中还包含了P. Wormald撰写的文章，此外E. John. F. M. Stenton, *Anglo-Saxon England*, 3rd edn. (Oxford, 1971) 也是描述盎格鲁–撒克逊时期的经典著作。P. Sawyer所著的*From Roman Britain to Anglo–Saxon England* (London, 1978) 及*The Age of the Vikings*, 2nd edn. (London, 1971) 是能够引发读者兴趣的两本读物。此外，关于整个盎格鲁–撒克逊时期的历史，可参阅J. Campbell, *Essays in Anglo-Saxon History* (London, 1986)、N. Brooks, *The Early History of the Church of Canterbury* (Leicester, 1984)、P. Stafford, *The East Midlands in the Early Middle Ages* (Leicester, 1985)、H. Leyser, *Medieval Women: A Social History of Women in England 450–1500* (London, 1995)；盎格鲁–撒克逊初期历史可参阅C. J. Arnold, *The Archaeology of the Early Anglo-Saxon Kingdoms* (London, 1988)、D. Kirby, *The Earliest English Kings* (London, 1991)、H. Mayr-Harting, *The Coming of Christianity of Anglo-Saxon England*, 2nd rev. edn. (London, 1990)、S. Bassett (ed.), *The Origins of Anglo-Saxon Kingdoms* (Leicester, 1989)，以及一本较为引人争议的著作N. Higham, *An English Empire: Bede and the Early Anglo-Saxon Kings* (Manchester, 1995)。关于萨顿胡船葬，可参阅R. Bruce-Mitford, *The Sutton Hoo Ship-Burial* (3 vols. London, 1974–1983)，最新考古发现可参阅M. Carver (ed.), *The Age of Sutton Hoo* (Woodbridge, 1992) 及C. B. Kendall and P. S. Wells (eds.), *Voyage to the Other World: The Legacy of Sutton Hoo* (Minneapolis, 1992)。盎格鲁–撒克逊后期历史可参阅

P. Stafford, *Unification and Conquest* (London, 1989)。关于该时期的视觉艺术，可参阅C. R. Dodwell, *Anglo-Saxon Art: A New Perspective* (Manchester, 1982)，以及大英博物馆和大英图书馆的两篇展览目录：J. Backhouse, D. H. Turner, and L. Webster (eds.), *The Golden Age of Anglo-Saxon Art* (London, 1984)、L. Webster and J. Backhouse (eds.), *The Making of England: Anglo-Saxon Art and Culture AD 600–900* (London, 1991)。

第三章 诺曼征服（1066—1215）

F. Barlow, *Edward the Confessor* (London, 1970)、D. C. Douglas, *William the Conqueror* (London, 1964) 虽没有全部接受，但也接受了大部分诺曼人称王的主张，V. H. Galbraith, *Domesday Book: Its Place in Administrative History* (Oxford, 1974) 则在尾页提出了相反意见。如需了解盎格鲁-撒克逊英格兰，可参阅最经典的著作F. W. Maitland, *Domesday Book and Beyond: Three Essays in the Early History of England* (Cambridge, 1897；该书于1987年增添了J. C. Holt所撰的一篇介绍性文章后，又重新发行)。近期的作品中，B. Golding, *Conquest and Colonisation: The Normans in Britain, 1066-1100* (London, 1994) 对诺曼征服进行了深入调研。A. Williams, *The English and the Norman Conquest* (Woodbridge, 1995) 受一本鲜为人知的经典著作E. A. Freeman, *The Norman Conquest* (6 vols. Oxford, 1867–1879) 启发，从被征服者的角度对诺曼征服进行了描述。R. Fleming, *Kings and Lords in Conquest England* (Cambridge, 1991) 则重点描述了诺曼征服后贵族土地所有权发生的巨变。如需了解诺曼贵族眼中征服的新世界，可参阅F. M. Stenton, *The First Century of English Feudalism*, 2nd edn. (Oxford, 1961)、J. Hudson, *Land, Law and Lordship in Anglo-Norman England* (Oxford, 1993)，以及J. C. Holt收录在*Colonial England* (London,

1996) 的文章，后者是经典读物。其中Holt所写的 "Politics and Property in Early Medieval England" 在本书中进行了再版重印，是过去50年该主题最重要的两篇文章之一。该文章阐述了英格兰与诺曼底分裂带来的影响（也谈及了其他许多方面），并且反驳了J. Le Patourel权威著作*The Norman Empire* (Oxford, 1976) 的核心论点。

关于《末日审判书》，可参阅V. H. Galbraith, *The Making of Domesday Book* (Oxford, 1961)、R. Welldon Finn, *The Domesday Inquest and the Making of Domesday Book* (London, 1961) 以及J. C. Holt (ed.), *Domesday Studies* (Woodbridge, 1987)。

C. W. Hollister, *Monarchy, Magnates and Institutions* (London, 1986) 中收录的文章是了解亨利一世时期贵族的最佳读物；如需了解亨利一世的政府，可参阅J. Green, *The Government of England under Henry I* (Cambridge, 1986)。如需了解斯蒂芬统治时期，可参阅并对于H. A. Cronne, *The Reign of Stephen* (London, 1970) 与R. H. C. Davis, *King Stephen*, 3rd edn. (London, 1990)。此外Davis与J. O. Prestwich在*English Historical Review* (1988–1990) 中意见相左，也证明J. H. Round, *Geoffrey de Mandeville: A Study in the Anarchy* (London, 1892) 非常值得一阅。关于斯蒂芬时期历史，最新的文集是E. King (ed.), *The Anarchy of King Stephen's Reign* (Oxford, 1994)。

关于亨利二世继位至签订《大宪章》时期的历史，可参阅J. E. A. Joliffe, *Angevin Kingship*, 2nd edn. (London, 1963)；此外，J. C. Holt, *Magna Carta*, 2nd edn. (Cambridge, 1992) 内容更广泛，相较而言更胜一筹。如需了解法律制度改革所带来的影响，可参阅S. F. C. Milsom, *The Legal Framework of English Feudalism* (Cambridge, 1976)，还可参阅Milsom的灵感来源：S. E. Thorne, "English Feudalism and Estates in Land", *Cambridge Law Journal*, 6 (1959)，后者是近50年最重要的文献之一。如需了解《大宪章》，除了Holt所作的*Magna Carta*，还可参阅其另一本描写了约翰王统治时期贵族不满情绪的著作*The Northerners*, 2nd edn. (Oxford, 1992)，以及在*Colonial*

England 中再版重印的杰出文献 "Magna Carta 1215-1217: The Legal and Social Context"。如需了解直至这一时期末期数量大幅增长的相关政府记录，可参阅 M. T. Clanchy, *From Memory to Written Record*, 2nd edn. (Oxford, 1993)。

第四章 中世纪英格兰后期（1215—1485）

M. H. Keen, *England in the Later Middle Ages* (London, 1973) 以及 A. Tuck, *Crown and Nobility 1272-1461* (London, 1985) 对中世纪晚期英格兰政治历史进行了详尽的考察；A. L. Brown, *The Government of Late Medieval England 1272-1461* (London, 1989) 细致描述了王室管理，G. L. Harriss, *King, Parliament and Public Finance in Medieval England to 1369* (Oxford, 1975) 阐述了王室财政，R. G. Davis and J. H. Denton (eds.), *The English Parliament in the Middle Ages* (Manchester, 1982) 则描述了议会的发展。关于不同国王个人统治时期的历史，可参阅 M. Prestwich, *Edward I* (London, 1988)、W. M. Ormrod, *The Reign of Edward III* (London, 1991)、C. Allmand, *Henry V* (London, 1992)、G. L. Harriss (ed.), *Henry V: The Practice of Kingship* (Oxford, 1985)、R. A. Griffiths, *The Reign of King Henry VI* (London, 1981)、C. Ross, *Edward IV* (London, 1974)、R. Horrox, *Richard III: A Study of Service* (Cambridge, 1989)。关于英国与法国以及不列颠群岛国家之间的关系，可参阅 M. Vale, *The Angevin Legacy and the Hundred Years War 1250-1340* (Oxford, 1989)、C. Allmand, *The Hundred Years War (*London, 1988)、A. Curry, *The Hundred Years War (*London, 1993)、R. Frame, *The Political Development of the British Isles 1100-1400* (Oxford, 1990)。关于国王与贵族的关系，可参阅 K. B. McFarlane, *The Nobility of Later Medieval England* (Oxford, 1973)、C. Given-Wilson, *The*

English Nobility in the Late Middle Ages (London, 1987)。此外，以下是关于中世纪晚期英格兰政治史一些更具体方面的重要著作：S. Walker, *The Lancastrian Affinity 1361–1399* (Oxford, 1990)、E. Powell, *Kinship, Law and Society: Criminal Justice in the Reign of Henry V* (Oxford, 1989)、A. J. Pollard, *The Wars of the Rose* (London, 1988)。

第五章 社会经济

只有一本著作描述了整个中世纪英格兰社会经济情况，即D. Hinton, *Archaeology, Economy, and Society: England from the Fifth to the Fifteenth Century* (London, 1990)，这本著作对于研究诺曼征服前英格兰社会及经济状况尤为重要。如需了解1066年之后英格兰社会及经济状况，可参阅 J. L. Bolton, *The Medieval English Economy* (London, 1980)，该著作内容最为全面。R. H. Britnell, *The Commercialisation of English Society* (Cambridge, 1993) 及M. M. Postan, *The Medieval Economy and Society* (London, 1972) 对中世纪英格兰社会经济情况进行了重要解读，二者可选其一进行阅读。C. Platt, *Medieval England: A Social History and Archaeology from the Conquest to 1600* (London, 1978) 及J. M. Steane, *The Archaeology of Medieval England and Wales* (London, 1985) 对考古证据进行了调查。G. Astill and A. Grant (eds.), *The Countryside of Medieval England* (Oxford, 1988) 则将考古证据和文献相结合，进行了深入挖掘。E. Miller and J. Hatcher, *Medieval England: Rural Society and Economic Change, 1086–1348* (London, 1978) 及*Medieval England: Towns, Commerce and Crafts, 1086–1348* (London, 1995) 描述了中世纪经济繁荣期的历史。M. KEEN, *English Society in the Later Middle Ages 1348–1500* (Harmondsworth, 1990) 对中世纪后期社会情况进行了调查，C. Dyer, *Standards of Living in the Later Middle Ages: Social Change in*

England c.1200–1520 (Cambridge, 1989) 则通过经济学方法进行了更加细致的调研。如需了解其他更具体的方面，可参阅R. Holt and G. Rosser (eds.), *The Medieval Town: A Reader in English Urban History 1200–1540* (London, 1990)、R. H. Hilton, *Bondmen Made Free: Medieval Peasant Movement and the English Rising of 1381* (London, 1973)、B. M. S. Campbell, *Before the Black Death: Studies in the "Crisis" of the Early Fourteenth Century* (Manchester, 1991)。

第六章　信仰、宗教及教会

盎格鲁-撒克逊时期的很多原始资料可参阅其译本，其中比较著名的作品是Bede, *The Ecclesiastical History of the English People*, ed. J. McClure and R. Collins (London, 1994) 以及Adomnan of Iona, *Life of St. Columba*, ed. and trans. R. Sharpe (Harmondsworth, 1995)。诺曼征服后时期可参阅P. Matarasso, *The Cistercian World: Monastic Writings of the Twelfth Century* (Harmondsworth, 1993)，其中很多选用的文章与英格兰有关。如需14世纪、15世纪资料，可参阅R. N. Swanson (ed. and trans.), *Catholic England: Faith, Religion and Observance before the Reformation* (Manchester, 1993)。关于宗教虔信，可参阅M. Kempe, *The Book of Margery Kempe*, ed. and trans. B. Windeatt (Harmondsworth, 1985) 以及Julian of Norwich, *Revelations of Divine Love*, ed. and trans. C. Wolters (Harmondsworth, 1966)。如需盎格鲁-撒克逊时期的二次文献，可参阅J. Campbell (ed.), *The Anglo-Saxons*, 2nd edn. (London, 1991)。关于英格兰皈依基督教的历史，可参阅H. Mayr-Harting, *The Coming of Christianity to Anglo-Saxon England*, 3rd edn. (London, 1991)；教区形成的历史，可参阅J. Blair (ed.), *Minsters and Parish Churches: The Local Church in Transition 950–1200* (Oxford, 1988)。如需11世纪、12世纪

的资料，可参阅F. Barlow, *The English Church 1000–1066* (London, 1963) 以及同作者的*The English Church 1066–1154* (London, 1979)。D. Knowles, *The Monastic Order in England*, 2nd edn. (Cambridge, 1963) 一直是该时期英格兰宗教史的经典读物，但应配合阅读J. Burton, *Monastic and Religious Orders in Britain 1000–1300* (Cambridge, 1994) 加以补充。关于宗教和信众，可参阅R. Finucane, *Miracles and Pilgrims: Popular Beliefs in Medieval England* (London, 1995) 以及P. J. P. Goldberg (ed.), *Woman is a Worthy Wight* (Stroud, 1992) 中P. Biller所作的 "Marriage Patterns and Women's Lives: A Sketch of Pastoral Geography"。关于索尔兹伯里，可参阅T. Webber, *Scribes and Scholars at Salisbury Cathedral, c.1075–c.1125* (Oxford, 1992)、T. Cocke and P. Kidson, *Salisbury Cathedral: Perspectives on the Architectural History* (London, 1993)、A. Brown, *Popular Piety in Late Medieval England: The Diocese of Salisbury 1250–1550* (Oxford, 1995)。如需14世纪的资料，W. A. Pantin, *The English Church in the Fourteenth Century* (Cambridge, 1955) 是必读书目。关于威克利夫及其影响，可参阅A. Hudson, *The Premature Reformation: Wycliffite Texts and Lollard History* (Oxford, 1988)。E. Duffy, *The Stripping of the Altars* (New Haven and London, 1992) 也是关于14世纪英格兰宗教史的著作，但角度独特，独具吸引力。此外，R. W. Southern, *Western Society and the Church in the Middle Ages* (Harmondsworth, 1970) 介绍了中世纪西方宗教史的大背景。

第七章 视觉艺术

关于中世纪英格兰视觉艺术史，可参阅C. Platt, *The Architecture of Medieval Britain: A Social History* (New Haven and London, 1990)、M. Rickert, *Painting in Britain: The Middle Ages* (Harmondsworth, 1965)、

L. Stone, *Sculpture in Britain: The Middle Ages* (Harmondsworth, 1972)、
G. Webb, *Architecture in Britain: The Middle Ages* (Harmondsworth, 1965)。
此外，R. Marks, *Stained Glass in England during the Middles Ages* (London,
1993) 不仅谈到了艺术风格，还涉及图腾、艺术资助、玻璃制造技术。

盎格鲁-撒克逊艺术风格

关于盎格鲁-撒克逊艺术的更多详细介绍，可参阅C. R. Dodwell,
Anglo-Saxon Art (Manchester, 1982)、E. Fernie, *The Architecture of the
Anglo-Saxons* (London, 1983)。此外，还有两场展览的目录通过大量
图示详尽地介绍了盎格鲁-撒克逊艺术的最新研究：早期风格可参阅
L. Webster and J. Backhouse (eds.), *The Making of England: Anglo-Saxon Art
and Culture AD 600–900* (British Museum, London, 1991)，晚期风格可参阅
J. Backhouse, D. H. Turner, and L. Webster (eds.) *The Golden Age of Anglo-
Saxon Art 966–1066* (British Museum, London, 1984)。

罗马式（盎格鲁-诺曼）

关于罗马式艺术风格总体概述，可以参阅G. Zarnecki, J. Holt and
T. Holland (eds.), *English Romanesque Art* (Hayward Gallery, London, 1984)。
T. S. R. Boase, *English Art, 1107–1216* (Oxford, 1953) 也能够令读者获益匪
浅。此外，S. Macready and F. H. Thompson (eds.), *Art and Patronage in the
English Romanesque* (Soc. of Antiquaries Occasional Paper, 8; London, 1986)
中还囊括了内容广泛的专业性研究。

哥特式

具有大量图示的展览目录J. Alexander and P. Binski (eds.), *Age of Chivalry*
(Royal Academy, London, 1987) 是对于直至14世纪末期哥特式建筑及艺
术作品介绍最为详尽的作品。P. Brieger, *English Art, 1216–1307* (Oxford,

1957) 是目前为止介绍13世纪哥特式艺术的最佳著作；关于中世纪后期哥特式艺术，可以参阅J. Evans, *English Art, 1307–1461* (Oxford, 1949)，虽然这本著作某些方面已经有些过时，但是其中仍然包含了很多其他书目所缺少的内容。如需了解欧洲建筑，可参阅C. Wilson, *The Gothic Cathedral: The Architecture of the Great Church 1130–1530* (London, 1990) 以及 J. Bony, *The English Decorated Style: Gothic Architecture Transformed, 1250–1350* (Oxford, 1979)，后者主要聚焦于一段时间。此外，N. Coldstream, *The Decorated Style: Architecture and Ornament 1240–1360* (London, 1994) 展现出一个与众不同的视角；J. Harvey, *The Perpendicular Style 1330–1485* (London, 1978) 则主要关注各种建筑的细节特征。R. Marks and N. Morgan, *The Golden Age of English Manuscript Painting 1200–1500* (London, 1981) 具有大量彩色图片，对哥特式艺术进行了简明扼要的介绍。有关世俗艺术的作品数量较少，其中J. Stratford, *The Bedford Inventories: The Worldly Goods of John, Duke of Bedford, Regent of France (1389–1435)* (London, 1993) 将相近的艺术品通过图示进行了对比，由于大部分作品已经遗失，该书提供了非常具有价值的信息。关于中世纪艺术实践，可参阅J. Blair and N. Ramsay (eds.), *English Medieval Industries: Craftsmen, Techniques, Products* (London, 1991)，该著作所关注的并非艺术风格发展史，而是聚焦于艺术品生产技术和组织模式。此外，大英博物馆的中世纪工匠系列也通过类似方式用大量图片介绍了工匠、生产方式和组织模式，该系列展览有 P. Binski, *Painters* (London, 1991)、S. Brown and D. O'Connor, *Glass-Painters* (London, 1991)、J. Cherry, *Goldsmiths* (London, 1992)、N. Coldstream, *Masons and Sculptors* (London, 1991)、C. De Hamel, *Scribes and Illuminators* (London, 1992)、E. Eames, *English Tilers* (London, 1992)、K. Staniland, *Embroiderers* (London, 1991)。

第八章 语言与文学

关于古英语的介绍，可参阅Bruce Mitchell and F. C. Robinson, *Guide to Old English*, 4th edn. (Oxford, 1986)；中古英语可参阅N. F. Blake (ed.), *The Cambridge History of the English Language 1066–1476* (Cambridge, 1992)；中世纪晚期英语可参阅David Burnley的著作*Guide to Chaucer's Language* (London, 1983)。S. A. J. Bradley, *Anglo-Saxon Poetry* (London, 1982) 囊括了大部分古英语诗歌的现代英语译本，Michael Alexander, *Old English Literature* (London, 1983) 则对该时期文学进行了介绍。如需了解公元500—1500年文学发展，可参阅W. F. Bolton (ed.), *Sphere History of Literature: The Middle Ages*, rev. edn. (London, 1986)；该时期诗歌作品可参阅Derek Pearsall, *Old English and Middle English Poetry* (London, 1977)。J. A. W. Bennett and G. V. Smithers (eds.), *Early Middle English Verse and Prose* (Oxford, 1966)、K. Sisam (ed.), *Fourteenth-Century Verse and Prose* (Oxford, 1921)、D. Gray (ed.), *The Oxford Book of Late Medieval Verse and Prose* (Oxford, 1985)、E. P. Hammond (ed.), *English Verse between Chaucer and Surrey* (Durham, DC, 1927) 以及Alexandra Barratt (ed.), *Women's Writing in Middle English* (London, 1994) 等作品选取了中世纪英语文章为范例。J. A. W. Bennett (with Douglass Gray), *Middle English Literature* (Oxford, 1986)、J. A. Burrow, *Medieval Writers and their Work* (Oxford, 1982) 对中世纪英语进行了介绍并进行了相关调查。Boris Ford (ed.), *The New Pelican Guide to English Literature*, i, pt. I, *Chaucer and the Alliterative Tradition* (Harmondsworth, 1982) 中选取了具有代表性的文章和案例。Elizabeth Salter在*English and International: Studies in the Literature, Art and Patronage of Medieval England* (Cambridge, 1988) 中详述了12世纪、13世纪的文学文化。A. S. G. Edwards (ed.), *Middle English Prose* (New Brunswick, NJ, 1984) 中收录了散文。R. Beadle (ed.), *The Cambridge Companion to*

Medieval English Theatre (Cambridge, 1994) 则收录了戏剧作品。如需了解中世纪后期诗歌，可参阅A. C. Spearing, Medieval to Renaissance in English Poetry (Cambridge, 1985)。如需了解关于乔叟及中世纪后期文学历史解读的一些现代发展，可参阅David Aers, Community, Gender and Individual Identity (London, 1988)、Lee Patterson, Negotiating the Past: The Historical Understanding of Medieval Literature (Madison, Wis., 1989) 以及Patterson在 Literary Practice and Social Change in Britain 1380–1530 (Berkeley and Los Angeles, 1990) 中收录的文章。Michael Clanchy在其著作From Memory to Written Record (London, 1979) 中对至1307年之前文学创作的发展及态度变化进行了阐释，意义重大。Jeremy Griffiths and Derek Pearsall (eds.), Book Production and Publishing in Britain 1375–1475 (Cambridge, 1989) 中则有文章介绍了关于中世纪后期图书制作的相关调查。

大事年表

597年	爱奥那的圣科伦巴去世
	圣奥古斯丁到达坎特伯雷
635年	爱奥那修士们前往林迪斯法恩
664年	召开惠特比宗教会议，奥斯维国王依据罗马习俗确定了复活节日期
668年	西奥多成为坎特伯雷大主教
687年	圣卡斯伯特逝世
718年	圣卜尼法斯开始在盎格鲁–撒克逊人中传教
731年	比德完成《英吉利教会史》
787年	奥法的儿子埃格弗里斯加冕为王
796年	奥法逝世
825年	埃伦登战役
865年	维京军队在东盎格利亚过冬
871年	威塞克斯国王埃塞尔雷德逝世，阿尔弗雷德继位
878年	西撒克逊于埃丁顿获胜，维京首领古思伦投降
899年	阿尔弗雷德逝世，长者爱德华继位
964年	威彻斯特世俗神职人员遭到驱逐
970年	《教规》完成起草
973年	埃德加国王于巴斯加冕

（续表）

991年	莫尔登之战
1016年	埃塞尔雷德及埃德蒙逝世，克努特继位
1035年	克努特逝世
1040年	哈德克努特逝世，忏悔者爱德华继位
1066年	忏悔者爱德华逝世，哈罗德继位，诺曼入侵
1070年	兰弗朗克出任坎特伯雷大主教
1073年	格雷戈里七世成为教皇
1085年	《末日审判书》计划启动
1086年	索尔兹伯里盟约
1087年	威廉一世逝世，威廉二世继位
1096年	罗贝尔·柯索斯参加第一次十字军东征，威廉二世继承诺曼底
1100年	威廉二世逝世，亨利一世继位
1106年	廷切布雷战役
	平信徒授衣礼纷争得以解决
1120年	白船海难
1131年	里沃兹修道院成立
1135年	亨利一世逝世，斯蒂芬继位
1139年	玛蒂尔达到达英格兰
1141年	斯蒂芬于林肯被俘
1144年	安茹伯爵杰弗里掌控诺曼底
1148年	玛蒂尔达离开英格兰
1153年	安茹伯爵亨利率军到达英格兰；签订《温彻斯特条约》
1154年	斯蒂芬逝世，亨利二世继位
1170年	托马斯·贝克特在坎特伯雷大教堂遇害
1173—1174年	针对亨利二世大叛乱

1189年	亨利二世逝世，理查一世继位
1194年	理查十字军东征被囚禁后回国
1199年	理查一世逝世，约翰王继位
1204年	英格兰战败，诺曼底并入法国
1214年	布汶战役
1215年	英诺森三世在罗马举行第四次拉特兰公会议；约翰王签订《大宪章》
1216年	约翰王逝世，亨利三世继位
1221年	多明我会修士到达英格兰
1224年	方济各会修士到达英格兰
1227年	亨利三世亲政
1244年	"纸质宪法"呈递亨利三世
1245年	威斯敏斯特教堂开始重建
1258年	《牛津条例》出台
1264年	西蒙·德·孟福尔在刘易斯打败了王室军队
1265年	西蒙·德·孟福尔于伊夫舍姆逝世
1272年	亨利三世逝世，爱德华一世继位
1284年	颁布《威尔士法令》
1292年	约翰·巴里奥当选苏格兰国王
1294年	英法战争爆发（直至1303年结束）
1296年	苏格兰抗英战争爆发
1306年	罗伯特·布鲁斯成为苏格兰国王
1307年	爱德华一世逝世，爱德华二世继位
1312年	皮尔斯·加韦斯顿遇害
1314年	班诺克本战役
1318年	基督圣体圣血节传入英格兰

（续表）

1322年	兰开斯特的托马斯被处死
1326年	伊莎贝拉和莫蒂默返回英格兰
1327年	爱德华二世退位，爱德华三世继位
1329年	罗伯特·布鲁斯逝世
1333年	英格兰在哈利顿山战役中战胜了苏格兰
1337年	百年战争爆发
1340年	英军赢得斯勒伊斯海战
1346年	英军赢得克雷西战役及内维尔十字战役
1348年	英格兰暴发黑死病
1356年	英军赢得普瓦捷会战
1360年	签署《布勒丁尼和约》
1369年	英法再次开战
1376年	"优良议会"召开；"黑太子"逝世
1377年	爱德华三世逝世，理查二世继位
1381年	农民起义
1384年	约翰·威克利夫逝世
1387年	拉多科桥战役
1388年	"无情议会"召开
1396年	与法国签订二十八年停战协定
1399年	理查二世被废，亨利四世继位
1400年	欧文·格兰道尔在威尔士叛乱
1401年	对异教徒引入死刑
1408年	诺森伯兰郡厄尔亨利·珀西逝世
1413年	亨利四世逝世，亨利五世继位
1414年	罗拉德起义

（续表）

1415年	英军赢得阿金库尔战役
1419年	勃艮第公爵约翰于蒙特罗遇刺
1420年	《特鲁瓦条约》
1422年	亨利五世逝世，亨利六世继位
1429年	圣女贞德解奥尔良之围
1435年	签订《阿拉斯和约》，法国内战结束
1437年	亨利六世亲政
1449年	查理七世举兵诺曼底
1450年	萨福克公爵遇刺；杰克·凯德起义
1453年	英国失去加斯科尼；亨利六世第一次精神病发作
1455年	圣奥尔本斯爆发玫瑰战争第一场战役
1460年	约克公爵理查要求成为英格兰国王
1461年	亨利六世被废，爱德华四世继位
1470年	爱德华四世逃亡，亨利六世复位
1471年	爱德华四世复位，亨利六世逝世
1483年	爱德华四世、爱德华五世逝世，理查三世继位
1485年	理查三世逝世，亨利七世继位

英国为什么分为英格兰、苏格兰、威尔士和北爱尔兰

王室世系表[1]

威塞克斯国王及至1066年英格兰国王

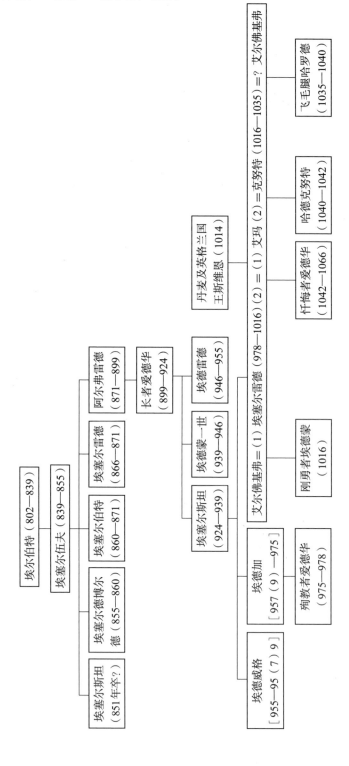

[1] 王室世系表中人物名后括注的起止年均表示在位时间。——编者注

272

诺曼及安茹王朝国王

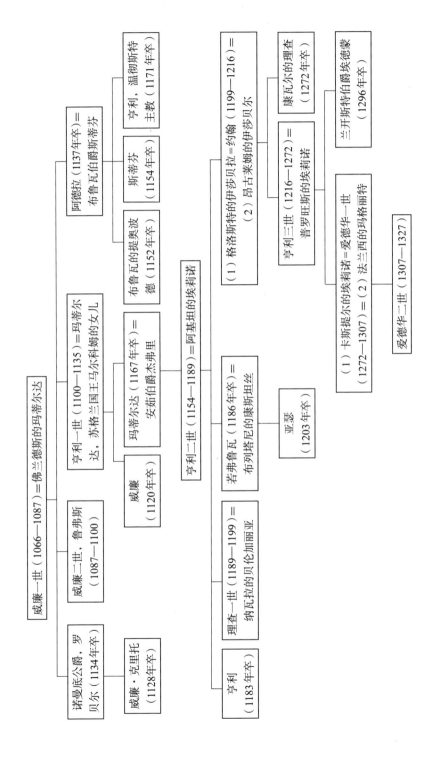

英国为什么分为英格兰、苏格兰、威尔士和北爱尔兰

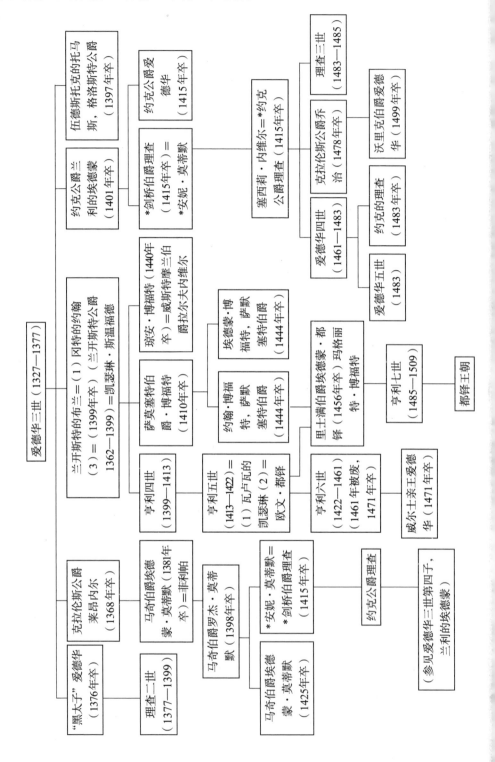

爱德华三世及其后代

爱德华三世（1327—1377）